불이해탈의 등불

옮긴이 ● 대성(大晟)

선불교와 비이원적 베단타의 내적 동질성에 관심을 가지고 라마나 마하르쉬의 '아루나찰라 총서'와 마하라지 계열의 '마하라지 전서'를 집중 번역하면서, 성엄선사의 『마음의 노래』, 『지혜의 검』, 『선의 지혜』, 『대의단의 타파, 무방법의 방법』, 『부처 마음 얻기』, 『비추는 침묵』 등 '성엄선서' 시리즈와 『눈 속의 발자국』, 『바른 믿음의 불교』를 번역했다. 그 밖에도 중국 허운선사의 『참선요지』와 『방편개시』, 감산대사의 『감산자전』, 혜능대사의 『그대가 부처다: 영어와 함께 보는 육조단경, 금강경구결』 등을 옮겼다.

불이해탈의 등불

지은이 | 스리 까라빠뜨라 스와미 외(外)
옮긴이 | 대성(大晟)
펴낸이 | 이효정
펴낸곳 | 도서출판 탐구사

초판 발행 2022년 8월 22일

등록 | 2007년 5월 25일(제208-90-12722호)
주소 | 04097 서울 마포구 광성로 28, 102동 703호(신수동, 마포벽산 e솔렌스힐)
전화 | 02-702-3557 Fax | 02-702-3558
e-mail | tamgusa@naver.com

* 값은 뒤표지에 있습니다. 잘못된 책은 바꾸어 드립니다.

ISBN 978-89-89942-58-0 03270

아루나찰라 총서 14

불이해탈의 등불
不二解脫

스리 까라빠뜨라 스와미 외 지음
스와미 라마나난다 사라스와띠 외 영역(英譯)
대성(大晟) 옮김

탐구사

1. *Advaita Bodha Deepika - The Lamp of Non-dual Knowledge*
   By Sri Karapatra Swami; English translation by Sri Ramanananda Saraswathi

2. *Kaivalya Navaneeta - The Cream of Emancipation*
   By Tandavaraya Swami; English translation by Sri Ramanananda Saraswathi

3. *Yoga Vasishta Sara*
   English translation by Sri Sureshananda Swami

4. *The Essence of Ribhu Gita*
   English translation by N. R. Krishnamoorthi Aiyer

5. *Sorupa Saram*
   By Sorupananda; English translation by T.V. Venkatasubramanian, Robert Burtler and David Godman

6. *All Is One (Ellam Ondre)*
   By Vaiyai R. Subramaniam

Published by V. S. Ramanan,
President, Board of Trustees, Tiruvannamalai, Tamil Nadu 606 603, India

Copyright © Sri Ramanasramam.
Korean translation copyright © 2022 Tamgusa Publishing.

이 책의 한국어판 저작권은 Sri Ramanasramam과의 계약에 의해 도서출판 탐구사에 있습니다.
저작권법에 의해 보호되는 저작물이므로, 책 내용의 전부나 일부를 무단 전재하거나 복사하는 것은 허용되지 않습니다.

차례

1
불이각등 不二覺燈 ‖ Advaita Bodha Deepika

서언 · 13
머리글 · 17
제1장 덧씌움 · 19
제2장 덧씌움의 제거 · 45
제3장 수행修行—성취의 수단 · 55
제4장 청문聽聞 · 79
제5장 성찰省察 · 99
제6장 원습소멸原習消滅 · 113
제7장 직접체험 · 120
제8장 심멸心滅—마음의 소멸 · 137
부록 1 · 145   부록 2 · 146

2
해탈정수 解脫精髓 ‖ Kaivalya Navaneeta

간행사 · 149
머리말 · 151

제1편 진리의 해설 · 155
제2편 의심의 제거 · 174
부록 1 & 2 · 216

3

요가 바시슈타 요지 ‖ Yoga Vasistha Sara

간행사 · 219
머리말 · 221
제1장 무욕 · 223
제2장 세계의 비실재성 · 226
제3장 해탈자의 특징 · 230
제4장 마음의 해소 · 233
제5장 원습의 소멸 · 236
제6장 진아에 대한 명상 · 238
제7장 정화의 방법 · 240
제8장 진아에 대한 숭배 · 242
제9장 진아에 대한 설명 · 244
제10장 열반 · 248

4

리부 기타의 핵심 ‖ The Essence of Ribhu Gita

서언 · 255
서문 · 257
기원시 · 259

리부 기타의 핵심 · 261

5
소루빠 사람 ‖ Sorupa Saram

머리말 · 287
진아에 바치는 기원시 · 299
본문 · 299
이 저작을 공부하는 이익 · 328

6
모두가 하나다 ‖ All Is One (Ellam Ondre)

간행사 · 331
행복 · 332
서문 · 333
1. 하나 · 335
2. 그대 · 338
3. 하느님 · 342
4. 평안 · 349
5. 행위 · 354
6. 아상我相 · 359
영원한 삶에 관하여 · 364

옮긴이의 말 · 365

일러두기

1. 본문의 괄호 안에 있는 말 중 본문과 같은 크기의 글자로 된 것은 원문에 있는 것이고, 본문보다 작은 글자로 된 것은 역자가 보충한 것이다.
2. 본문에서 **돋움체**로 표시된 말은 원문에서 대문자로 시작하거나 대문자로만 표기된 것과, 핵심 용어들 중 옮긴이가 부각한 것이다. 원문에서 이탤릭체로 강조한 단어는 **약간 굵은 글씨**로 표시했다.
3. 각주들 중 역주는 *T.*(Translator의 약자)로 표시했다.

1

불이각등
不二覺燈

Advaita Bodha Deepika

스리 까라빠뜨라 스와미 원저原著
스와미 라마난다 사라스와띠 영역英譯

Advaita Bodha Deepika
The Lamp of Non-dual Knowledge

By Sri Karapatra Swami

Translated into English by
Sri Ramanananda Saraswathi (Munagala Venkataramiah)

(First edition, 1960; Revised Ninth edition, 2017)

서언

원래 스리 샹까라짜리야(Sri Shankaracharya)와 여타 큰 진인들은 베단타 경전들에 대한 주석과 같은 여러 저작을 지어, 진아탐구를 하는 사람들이 그들의 목적을 달성할 수 있게 하는 방법들을 제시했다.

나중에 스리 까라빠뜨라 스와미(Sri Karapatra Swami)가 그런 저작들에서 주목할 만한 점들을 산스크리트 운문으로 집약하여 12개 장으로 된 저작 한 편을 짓고 『불이각등不二覺燈(Sri Advaita Bodha Deepika)』이라고 하였다.

그 뒤에 또 어떤 위대한 분이 이것을 타밀어 산문으로 번역한 것으로 보인다. 알 수 없는 이유로 그 번역본의 8개 장 정도만 출간본으로 발견되는데, 그 장명章名은 이러하다.

1. 덧씌움(Adhyaropa)
2. 소거消去(Apavada) — 덧씌움의 제거
3. 수행修行(Sadhana) — 성취의 수단
4. 청문聽聞(Sravana) — 신에 관해 듣고, 읽고, 이야기하기
5. 성찰省察(Manana) — 청문한 것에 대해 성찰하기.
6. 원습소멸(Vasanakshaya) — 원습原習을 절멸하기.
7. 직접체험(Sakshatkara) — 직접적인 깨달음.
8. 심멸心滅(Manonasa) — 마음의 소멸.

이 저작에서 저자는, 1) 무지가 어떻게 비이원적인 진아의 참된 성품을 흐릿하게 하는지, 2) 그것이 어떻게 그 은폐적 측면에 의해 진아를 덮어

서 "그것[진아]은 존재하지 않는다"와 "그것은 빛나지 않는다"는 두 가지 결과를 낳는 한편, 마음의 형상을 한 그것의 다른 측면에 의해서는 개인·이스와라(Iswara-하느님)·세계를 투사投射하여 그들을 실재하는 것처럼 보이게 하고, 그리하여 환幻을 일으키는지, 3) 어떻게 온전히 자격을 갖춘 사람만이 이 지知를 얻을 근기가 되는지, 4) 경전 공부만 한 학자는 왜 그런 근기가 안 되는지, 5) 어떻게 탐구(진아탐구)가 지知를 얻기 위한 주된 수단인지, 6) 어떻게 이 탐구가 진리를 듣고, 성찰하고, 내관內觀하는 것과 삼매三昧로 이루어지는지, 7) 들음(청문)에 의해 얻은 간접지間接知가 어떻게 "그것은 존재하지 않는다"는 관념을 종식시키며, 성찰—곧 "나는 누구인가?"의 탐구와 내면 추구—에 의해 얻은 직접지直接知가 어떻게 "그것은 빛을 발하지 않는다"는 그릇된 관념을 파괴하는지, 8) "그대가 그것이다"에서 '그대'에 대한 지知가 어떻게 '그것'에 대한 지知와 같은지, 9) 어떻게 명상(일여내관)에 의해서, 수행의 장애였던 갖가지 습習이 사멸하고 그 개인의 한정적 부가물(upadhi)인 마음도 사멸하며, 결국 브라만[신]에 대한 걸림 없는 깨달음에 의해 그 구도자가 생사윤회를 형성하는 세 가지 업業(Karma)의 속박에서 벗어나는지, 10) 어떻게 진아에게는 실은 속박도 없고 해탈도 없으며, 어떤 방식으로 마음을 소멸해야 하는지를 설명하고 있다.

바가반의 헌신자인 스리 라마나난다 사라스와띠[무나갈라 벤까따라마이아]는 이것이 해탈 추구자들에게 도움이 될 것이라고 생각하여, 현재 구해볼 수 있는 이 저작의 8개 장을 스리 라마나의 은총 아래에서 영어로 옮겼다. 유상삼매·무상삼매·생전해탈·무신해탈 등 마지막 4개 장은 타밀어·텔루구어나 산스크리트어 필사본으로 발견되지 않았기에 영어로 옮겨지지 못했다. 산실散失된 장들에 대한 정보를 진지하게 찾고 있고, 그런 정보에 대해서는 본 발행인이 깊이 감사드릴 것이다.

마하르쉬께서 살펴보고 돌려주실 수 있도록 이 책의 원본 산스크리트 필사본들을 국가 도서관에서 대출하여 우리에게 보내주신 바로다(Baroda)의 마하라니 스리마띠 샨따 데비(Smt. Shanta Devi) 예하(隸下)와 트라반코르(Travancore-트리반드룸)의 마하라자 예하께 감사의 말씀을 드린다.

이 책은 스리 마하르쉬께서 높이 평가하신 몇 안 되는 저작의 하나이며, 이 번역은 당신의 친존에서 철저히 수정된 것이다. 그래서 우리는 독자들이 여기서 이익을 얻을 것이라는 온전한 확신을 가지고 이 소책자를 펴내는 바이다.

발행인

불이각등 不二覺燈

(The Lamp of Non-dual Knowledge)

머리글

1. 지고의 주님이시자 모든 우주의 **피난처**이시고, 윤회(samsara)를 소멸하는 단 하나의 수단이시며, 코끼리 얼굴을 하신 **영원한 신 가네샤**의 성스러운 두 발에 절을 올립니다!

2. 찌담바람의 브라만(Chidambara Brahman)으로 알려져 계시고, 비이원적인 **지고아**(Supreme Self)의 **존재** 자체이자 그것의 **지복** 자체이시며, 인간들 중에서 으뜸가는 요기이신 분, 시작 없는 **무지**의 엄청난 어둠에 눈이 가려져 있던 바보인 저에게 당신의 빛의 시선으로 지知(Jnana)[지혜]라는 귀중한 보배를 얻게 하신, 성스러우신 **스승님**에 대해 명상합니다!

3. 당신의 연꽃 발에 묻은 먼지와 접촉하는 사람들은 언덕 없는 윤회계의 바다를 마치 지척지간인 듯 쉽게 건널 수 있는, 저 성스러우신 스승님에 대해 명상합니다.

4-5. 과거의 여러 생에 걸친 고행으로 (모든) 죄를 불태워 버림으로써 수행할 자격을 갖춘 사람들, 마음이 순수해져 있고 **실재**와 비실재를 분별하는 지성이 있으며, 이승이나 내세에서 얻는 쾌락에 무관심한 사

람들, 마음과 감각기관을 조복調伏 받았고, 정념을 제어했으며, 행위를 무가치한 짐인 양 내버렸고, 믿음이 확고하고 마음이 고요한 가운데 속박에서의 해탈을 열렬히 추구하는 사람들에게, 12장의 적은 분량으로 된 이 책『불이각등(Sri Advaita Bodha Deepika)』을 바치는 바이다.

6. 비이원론(Advaita)에 대한 다수의 저작이 스리 샹까라짜리야(샹까라), 비디야라니야(Vidyaranya)1) 같은 예전의 스승들에 의해 세상에 나왔지만, 자애로운 어버이가 혀 짧은 자식의 어설픈 말을 즐겁게 듣듯이, 관대한 마음을 가진 선량한 이들은 이 책이 비록 완전하지는 않다 해도 그런대로 읽으실 수 있을 것이다.

---

1) T. 14세기 인도의 성자. 비자야나가르 왕국의 창건을 도왔고, 스링게리 사원의 제12대 샹까라짜리야였다.『빤짜다시(Panchadasi)』등 다수의 저작을 남겼다.

제1장 덧씌움

7. 세 가지 고초苦楚(tapa-traya)[1]로 인해 큰 고통을 겪었기에, 속박에서 해방되어 이 고통스런 삶에서 벗어나기를 간절히 희구하는 한 제자가 네 가지 수행을 오래 하여 근기가 성숙되자, 유능한 스승을 찾아가서 이렇게 기원한다.

8-12. 주님, 스승님, 자비의 바다이시여, 당신께 귀의하오니 부디 저를 구제해 주십시오!

스승: 무엇에서 그대를 구제해 달라는 것인가?

제자: 반복되는 탄생과 죽음의 두려움에서 구제해 주십시오.

스승: 윤회(samsara)를 떠나고, 두려워하지 말라.

제자: 이 윤회의 큰 바다를 건너지 못해 생사가 되풀이되는 것이 두렵습니다. 그래서 당신께 귀의한 것입니다. 당신께서 저를 구해 주셔야 합니다!

스승: 내가 그대에게 무엇을 해줄 수 있는가?

제자: 저를 구제해 주십시오. 저에게는 달리 피난처가 없습니다. 제 머리에 불이 붙으면 그 불길을 끌 수 있는 것은 물뿐이듯이, 세 가지 고초의 불이 붙은 저와 같은 사람들에게는 당신 같으신 **진인**이 유일한 피난처입니다. 당신께서는 윤회의 환幻에서 벗어나 마음이 고

---

[1] T. (1) 자신의 신체적, 정신적 원인에서 오는 것, (2) 다른 존재나 원소 또는 물질에서 오는 것, (3) 행성, 신 또는 초자연적 행위자로부터 오는 것.

요하시고, 시작도 끝도 없는 비할 바 없는 **브라만의 지복** 안에 깊이 잠겨 계십니다. 분명히 당신께서는 이 불쌍한 중생을 구제하실 수 있습니다. 부디 그렇게 해 주십시오!

스승: 그대가 고통 받는다 한들 그것이 나에게 무슨 상관인가?

제자: 당신 같으신 성자님들은 남들이 고통 받는 것을 차마 보지 못하십니다. 마치 자식이 고통 받는 것을 아버지가 보지 못하듯이 말입니다. 모든 존재들에 대한 당신의 사랑은 동기가 없습니다. 당신께서는 모두에게 공통되는 **스승**(Guru)이시고, 이 윤회의 바다 위로 저희들을 건네주는 유일한 배이십니다.

스승: 그러면 무엇이 그대에게 고통을 겪게 하는가?

제자: 저는 고통스런 윤회라고 하는 잔혹한 뱀에 물려 정신이 아뜩하고 괴롭습니다. 스승님, 부디 저를 이 불타는 지옥에서 구해 주시고, 어떻게 해야 제가 벗어날 수 있는지 부디 말씀해 주십시오.

13-17. 스승: 잘 말했다, 아들이여! 그대는 영리하고 자세가 잘 되어 있다. 제자가 되려고 그대의 능력을 증명할 필요는 없다. 그대가 하는 말들이 그대는 근기가 된다는 것을 분명히 보여준다. 자, 내 자식이여, 여기를 보라.

존재-지知-지복(Being-Knowledge-Bliss)이라는 **지고아**(지고의 진아) 안에서 누가 윤회하는 존재일 수 있는가? 이 윤회가 어떻게 있을 수 있는가? 무엇이 그것을 일으킬 수 있었겠는가? 그리고 그것이 어떻게, 그리고 어디서 스스로 일어날 수 있겠는가? 비이원적 **실재**가 어떻게 미혹될 수 있겠는가? 깊은 잠 속에서 아무것도 분리되어 있지 않았고, 결코 변하지 않았으며, 평화롭게 푹 잠을 잔 바보가 잠에서 깨어나자 "아, 내가 사라졌다!"고 소리친다. 불변이고 무형이며 **지고의 지복**스러운 진아인 그대가 어떻게, "나는 윤회한다, 나는 불행하다!" 등으로 외칠 수 있는가? 진실로 탄생도 죽음도 없고, 태어나거나 죽는 자도 없다. 그런 것은 아무것도 없다!

제자: 그러면 무엇이 존재합니까?

스승: 시작도 끝도 없고, 비이원적이고, 결코 속박되어 있지 않으며, 늘 자유롭고, 순수하고, 자각하고 있고, 유일하고, 위없는, **지복**이며 **지**知인 것만이 존재한다.

18. 제자: 만약 그렇다면, 이 강력하고 엄청난 윤회라는 미혹이 어떻게 저를 장마철의 구름 더미같이 짙은 어둠 속에 덮어 가리는지 말씀해 주십시오.

19-20. 스승: 이 환幻[마야]의 힘에 대해 무슨 말을 할 수 있겠는가! 마치 (어두운 데서) 기둥을 사람으로 착각하듯이, 그대는 비이원적이고 완전한 진아를 한 개인으로 착각한다. 그렇게 미혹되어 있기 때문에 불행한 것이다. 그런데 이 환幻은 어떻게 일어나는가? 잠 속의 꿈처럼 이 거짓된 윤회도 무지의 환幻 속에서 나타나지만, 그 무지 자체가 실재하지 않는다. 그래서 그런 착각이 있는 것이다.

21-24. 제자: 무지란 무엇입니까?

스승: 들어 보라. 몸 안에서 하나의 유령인 '거짓-나'가 나타나 몸을 그 자신이라고 주장하는데, 그것을 개아個我(jiva)라고 한다. 이 개아는 늘 밖을 향하고 있으면서 세계를 실재한다고 여기고, 그 자신을 행위자이자 쾌락과 고통의 향유자로 간주하여 이런저런 것을 욕망하지만, 분별력이 없어 한 번도 자신의 참된 성품을 기억하지 못하고, "나는 누구인가? 이 세계란 무엇인가?"라고 묻지 못하면서, 그 자신을 모른 채 윤회계 속을 방황하기만 한다. 진아에 대한 그런 망각이 무지이다.

25. 제자: 모든 경전에서는 이 윤회계가 **마야**의 작품이라고 선언하는데

당신께서는 그것이 무지의 소산이라고 말씀하십니다. 그 두 가지 진술은 어떻게 조화시킬 수 있습니까?

스승: 이 무지는 마야(Maya)·쁘라다나(Pradhana)[2]·아비약따(Avyakta-미현현자)·아비디야(Avidya-무지)·자연·어둠 등 여러 가지 이름으로 불린다. 따라서 윤회는 무지의 결과일 뿐이다.

26. **제자:** 이 무지는 어떻게 윤회를 투사합니까?

    스승: 무지에는 두 가지 측면이 있으니, 은폐(Avarana-실재를 가리기)와 투사投射(Vikshepa-현상계를 낳기)가 그것이다. 이것들로부터 윤회가 일어난다. 은폐는 두 가지 방식으로 작용한다. 한 가지 방식은 우리가 "그것은 없다"고 말하는 것이고, 다른 한 가지는 "그것이 빛나지 않는다"고 말하는 것이다.[3]

27-28. **제자:** 부디 그것을 설명해 주십시오.

    스승: 스승과 제자의 대화에서 진인이 비이원적 실재밖에 없다고 가르쳐 주어도, 무지한 제자는 "무엇이 비이원적 실재일 수 있을까? 아니다. 그럴 수 없다"고 생각한다. 시작 없는 은폐의 결과로, (스승이) 가르쳐 주어도 그 가르침이 무시되고 낡은 관념들이 지배한다. 그러한 무관심이 은폐의 첫 번째 측면이다.

29-30. 그 다음으로, 그는 경전과 자비로운 스승의 도움으로, 설명할 수는 없지만 진지하게 비이원적 실재를 믿게 된다. 하지만 깊이 천착하지 못하고 피상적 수준에 머물러 있으면서 "실재가 빛나지 않는다"고 말한다. 여기 그것이 빛나지 않는다는 것을 아는 지知가 있지만, 무지의 환幻은 지속된다. "그것이 빛나지 않는다"고 하는 이 환幻이 은폐의 두 번째 측면이다.

---

[2] T. 상키야(Samkhya) 학파에서 우주 창조의 원인력이자 원인 물질을 가리키는 용어이다.
[3] T. 은폐의 이 두 가지 방식을 asat avarana와 abhana avarana라고 한다. 146쪽 참조.

31-32. **제자**: 투사(Projection)란 무엇입니까?

스승: 인간은 불변이고 무형이며 위없고 **지복스러운** 비이원적 진아임에도, 자신을 팔다리가 달린 그 몸이고, 행위자이며 향유자라고 생각한다. 그리고 이 사람과 저 사람, 이것과 저것을 대상으로 보면서 미혹된다. 비이원적 **실재** 위에서 그것을 둘러싸고 있는 외적인 우주를 지각하는 이 미혹이 **투사**이다. 이것이 바로 **덧씌움**이다.

33. **제자**: 덧씌움(Superimposition)이란 무엇입니까?

스승: 밧줄을 뱀으로 여기고 기둥을 도둑으로 여기며 신기루를 물로 여기듯이, 존재하는 어떤 것을 존재하지 않는 어떤 것으로 착각하는 것이다. 실재하는 것 위에서 거짓된 것의 겉모습이 나타나는 것이 **덧씌움**이다.

34. **제자**: 여기서 실재하는 것, 곧 바탕 위의 실재하지 않는 덧씌움이라는 것은 무엇입니까?

스승: 비이원적인 **존재-지知-지복**, 곧 지고의 브라만이 **실재**이다. 뱀이라는 거짓된 이름과 형상이 밧줄 위에 덧씌워지듯이, 비이원적 **실재** 위에 지각력 있는 존재, 지각력 없는 존재의 범주가 덧씌워진다. 그리하여 우주로 나타나는 그 이름과 형상들이 이 덧씌움을 구성한다. 이것은 실재하지 않는 현상이다.

제자: 비이원적 **실재** 안에 누가 있어서 이 덧씌움을 일으킵니까?

스승: 그것은 **마야**다.

제자: 마야(Maya)란 무엇입니까?

35. **스승**: 그것은 앞에서 말한 브라만에 대한 무지이다.

제자: 이 무지는 무엇입니까?

스승: 진아가 곧 브라만인데도 진아(가 브라만이라는 것)에 대한 지知가 없다. 이 진아에 대한 지知를 가로막는 것이 **무지**이다.

제자: 이것이 어떻게 세계를 투사할 수 있습니까?

스승: 바탕, 즉 밧줄에 대한 무지가 뱀이라는 환상을 투사하듯이 브라만에 대한 무지가 이 세계를 투사한다.

36. 스승: 세계를 하나의 환幻으로 보아야 한다. 왜냐하면 세계는 덧씌워진 것이고, (그것을 지각하기) 이전이든 (그것을 안) 이후이든 세계는 존재하지 않기 때문이다.

제자: 어떻게 세계가 (그것을 지각하기) 이전이든 (그것을 안) 이후이든 존재하지 않는다고 말할 수 있습니까?

스승: 세계가 창조되려면 그것이 창조 이전에는 있을 수가 없다[즉, 그것은 창조와 동시에 혹은 그 이후에 존재하게 된다]. (세계의) 해체 시에도 그것은 존재할 수 없다. 지금 그 중간기에서는 세계가 그저 마법으로 생겨난 허공의 도시처럼 나타나 보인다. 깊은 잠, 기절 상태 혹은 삼매 속에서는 세계가 보이지 않는 까닭에, 바로 지금도 그것은 하나의 덧씌움에 지나지 않고, 따라서 하나의 환幻이라는 결론이 나온다.

37. 제자: 창조 이전과 해체 시에 세계가 없다면, 그때는 무엇이 존재할 수 있습니까?

스승: 허구가 아니고, 비이원적이며, 안팎으로 차별상差別相[동종차별(sajatiya bheda)·이종차별(vijatiya bheda)·내적차별(svagata bheda)][4]이 없는 근본적 존재, 곧 존재-지知-지복, 불변의 실재가 있을 뿐이다.

제자: 그것을 어떻게 압니까?

스승: 베다에서는 "창조 이전에는 순수한 존재만 있었다"[5]고 말한다. 『요가 바시슈타(Yoga Vasishta)』도 우리가 그것을 이해하도록 돕는다.

---

4) T. '동종차별'은 무수한 존재들 간의 이름(nama)의 차별, '이종차별'은 형상(rupa)의 차별, '내적차별'은 성질(guna)의 차별을 가리킨다고 한다.
5) T. 『브리하다라니야까 우파니샤드』, 1.4.1. 여기서 '베다'는 베다 안의 '우파니샤드'를 뜻한다.

제자: 어떻게 말입니까?

38. **스승:** 해체 시에는 전 우주가 흡수되고 유일한 실재만 남는데, 이 실재는 부동의 상태이며, 말과 생각을 넘어서 있고, 어둠도 밝음도 아니지만 완전하다고—즉, 표현할 수는 없지만 공허하지 않다고—『요가 바시슈타』에서 말하고 있다.

39. **제자:** 그러한 비이원성 안에서 어떻게 우주가 일어날 수 있습니까?

    스승: 앞에서 말한 밧줄 뱀의 경우에, 실재하는 바탕에 대한 무지가 밧줄 안에 숨겨져 있듯이, 근본적 실재 안에 마야라고도 하는 이 무지가 숨겨져 있다. 나중에 이것이 이 모든 이름과 형상들을 일으키는 것이다.

40-41. 독립적인 지知-지복-실재에 의존해 있는 이 마야에는 은폐와 투사의 두 측면이 있다. 은폐에 의해 마야의 바탕이 (우리의) 시야에서 감춰지고, 투사에 의해 미현현未顯現 마야가 마음으로서 현현된다. 그런 다음 이 마음이 자신의 원습原習을 가지고 유희하면, 이것이 온갖 이름과 형상으로 이루어진 이 우주의 투사이다.

42. **제자:** 다른 분도 이전에 이런 말씀을 한 적이 있습니까?

    스승: 그렇다. 바시슈타(Vasishta)가 라마에게 말했다.

    제자: 어떻게 말입니까?

43-50. **스승:** "브라만의 힘들은 무한하다(195쪽 참조). 그 힘들 중에서, 브라만이 그것을 통해 빛을 발하는 저 (은폐와 투사의) 힘이 드러난다"고 말이다.

    제자: 그 여러 가지 힘이란 어떤 것입니까?

    스승: 지각력 있는 존재들의 지각력, 공기의 움직임, 흙의 단단함, 물의 유동성, 불의 뜨거움, 허공의 빔[空], 산 것들이 부패하는 성질 등 많은 것이 잘 알려져 있다. 이런 성질들은 드러나지 않고 있다가

불이각등: 제1장 **25**

나중에 드러난다. 그것들은 마치 공작의 화려한 깃털이 그 알의 난황卵黃 속에 들어 있고, 장대한 반얀나무가 그 씨앗 안에 들어 있듯이, 그렇게 비이원적 브라만 안에 잠재되어 있었던 것이 틀림없다.

제자: 만일 모든 힘들이 유일한 브라만 안에 잠재되어 있다면 왜 그것들이 동시에 드러나지 않습니까?

스승: 나무·풀·약초·덩굴식물 등의 씨앗이 모두 흙 속에 들어 있지만 흙과 기후, 계절에 따라 그 중 일부만 싹이 트는 것을 보라. 그 힘들의 성질과 범위가 드러나는 것도 조건에 달려 있다. 브라만[마야의 모든 힘들의 바탕]이 '생각하는 힘'과 결합될 때는 이 힘이 마음으로서 드러난다. 그래서 오래 잠재되어 있던 마야가, 만물의 공통 근원인 지고의 브라만으로부터 홀연히 마음으로서 솟아나는 것이다. 그런 다음 이 마음이 모든 우주를 만들어낸다. 바시슈타가 그렇게 말한다.

51. **제자**: 마야의 투사력을 이루는 이 마음의 성품은 무엇입니까?

    스승: 관념 혹은 원습들을 회상하는 것이 마음의 성품이다. 마음은 그 내용으로 원습들을 가지고 있고, '주시하는 의식(주시자)' 안에서 '나'와 '이것'이라는 두 가지 상相으로 나타난다.

    제자: 그 상相들은 무엇입니까?

    스승: 그것은 '나'라는 개념과 '이것', '저것' 따위의 개념이다.

52. **제자**: 어떻게 이 '나'라는 상相이 '주시하는 의식' 위에 덧씌워집니까?

    스승: 자개에 덧씌워진 은빛이 자개를 은으로 보이게 하듯이, 근본적인 주시자(witness) 위의 '나'라는 상相도 그것을 '나', 즉 에고로 보이게 한다. 마치 주시자가 에고와 다르지 않고 에고 자체이기라도 한 듯이 말이다.

53. 귀신에 씐 사람은 미혹되어 완전히 딴 사람처럼 행동하듯이, '나'라는 상相에 씐 주시자도 자신의 참된 성품을 잊어버리고 자신을 에고

로 착각한다.

54. 제자: 불변의 주시자가 어떻게 자신을 가변적 에고로 착각할 수 있습니까?

스승: 망상에 빠진 사람이 자신을 공중에 뜬다고 생각하고, 술 취한 사람이 제정신이 아니며, 미친 사람이 횡설수설하고, 꿈꾸는 사람이 꿈속의 여행을 떠나고, 귀신에 씐 사람이 이상하게 행동하듯이, 주시자는 그 자신 오염되지 않고 불변인데도 에고라는 유령의 삿된 영향을 받아 '나'로 바뀐 것처럼 보인다.

55. 제자: 마음의 '나'라는 상相이 에고로 바뀐 주시자를 현출합니까, 아니면 그것 자체가 주시자 안에서 에고로 변화되어 나타납니까?

56-57. 스승: 지금 이 질문은 일어날 수 없다. 그것(마음의 '나'라는 상)은 진아와 별개의 존재성이 없어, 스스로 현현할 수 없기 때문이다. 따라서 진아를 마치 그것이 에고로 변모된 것처럼 현출할 수밖에 없다.

제자: 부디 그것을 더 설명해 주십시오.

스승: 밧줄 상의 무지 요인은 그 자신을 뱀으로 투사할 수 없고 밧줄을 뱀으로 보이게 해야 하고, 물에서의 그것(무지 요인)은 그 자체로는 현현하지 못하고 거품이나 물결로써 자신의 모습을 현현하며, 불에서의 그것은 그 자체로는 현현하지 못하고 불꽃으로 그 자신을 현현하고, 점토에서의 그것은 그 자체로는 현현하지 못하고 항아리로써 자신의 모습을 현현하듯이, 주시자 안의 그 힘도 그 자체로 (에고로) 현현하지는 못하고 주시자를 에고로 보이게 하는 것이다.[6]

---

[6] T. '무지 요인'이란 사물의 본질을 보지 못하고 변화된 형상만 보는 미혹된 마음을 가리킨다. 물과 거품, 불과 불길, 점토와 항아리는 밧줄과 뱀의 대비와는 다르지만, 물이 거품으로 나타나 보이는 것이지 그것을 지각하는 마음이 거품으로 변하는 것은 아니라는 취지에서 든 비유이다. 그리고 물이 거품으로 현현할 수 있는 것은 물 자체가 브라만의 한 현현이기 때문이다(투사력의 측면). 밧줄을 뱀으로 보이게 하는 힘과 주시자를 에고로 보이게 하는 힘은 공히 진아에 내재한 어떤 힘—은폐력—이다.

58-60. **제자**: 스승님, 어떻게 진아가 마야를 통해서 개인적 에고들로 파편화된다고 말할 수 있습니까? 진아는 다른 어떤 것과도 관계되지 않으며, 허공처럼 오염되지 않고 불변인데 말입니다. 마야가 어떻게 그것에 영향을 줄 수 있습니까? 진아의 파편화를 이야기하는 것은 "나는 어떤 사람이 허공을 붙잡아 그것으로 사람을 만들거나, 공기를 주물러 통을 만드는 것을 보았다"고 말하는 것만큼이나 터무니없지 않습니까? 저는 지금 윤회의 바다에 빠져 있습니다. 부디 저를 구조해 주십시오.

61. **스승**: 마야를 마야라고 부르는 것은, 그것이 불가능한 것을 가능케 하기 때문이다. 그것은 마치 마법사가 관중에게 허공에 있는 천상의 도시를 보게 하듯이, 늘 존재하지는 않는 것을 눈에 보이게 하는 능력이다. 사람도 그렇게 하는데 마야가 어찌 그렇게 하지 못하겠는가? 거기에는 불합리한 것이 전혀 없다.

62-66. **제자**: 부디 그것을 분명하게 설명해 주십시오.

스승: 그러면 꿈속의 장면을 만들어내는 잠의 힘을 생각해 보라. 어떤 사람이 닫힌 방 안의 침상에서 잠이 드는데, 꿈속에서는 새나 짐승의 형상을 하고 돌아다닌다. 꿈꾸는 사람은 자기 집 안에 있지만, 그 꿈은 그가 베나레스(바라나시)의 거리나 세투(Setu)[7]의 모래밭 위를 걷는 모습을 보여준다. 잠자는 사람은 변함없이 누워 있는데, 꿈속에서는 공중을 날기도 하고 심연에 거꾸로 처박히기도 하며, 자신의 손을 잘라 들고 다니기도 한다. 꿈 그 자체 속에서는 앞뒤가 맞고 안 맞고가 없다. 꿈속에서 보이는 것은 뭐든 적절한 것으로 보이고, 아무도 문제 삼지 않는다. 단순한 꿈조차 불가능한 것을 가능케 하

---

[7] *T*. 타밀나두 주 동남부의 스리랑카 쪽으로 섬들이 늘어선 곳. 옛날 라마와 그의 원숭이 군대가 이곳에 다리(setu)를 놓아 스리랑카로 건너갔다고 한다.

는데, **전능한 마야**가 형언할 수 없는 우주를 창조한다고 해서 놀랄 일이 있겠는가? 그것은 바로 **마야**의 성품인 것이다.

67-74. 그것을 알기 쉽게 설명하기 위해 『요가 바시슈타』에 나오는 이야기 하나를 간략하게 해주겠다. 한때 라바나(Lavana)라는 왕이 있었는데, 그는 익슈와꾸(Ikshvaku) 가문의 보배 같은 존재였다. 하루는 모든 사람이 궁정에 모인 가운데 한 마법사가 그의 앞에 나타났다. 그는 이내 왕에게 다가가 절을 하고 나서 말했다. "폐하, 제가 놀라운 것을 보여드리겠습니다. 이걸 보십시오!" 그는 즉시 공작 깃털로 만든 도리깨를 왕 앞에서 흔들었다. 왕은 정신이 혼미해지더니 자기 자신을 잊어버리고 특이한 꿈과 같은 거대한 환상을 보았다. 그는 눈앞에 말 한 마리가 있는 것을 보자, 그 말을 타고 숲 속으로 사냥을 갔다. 한참 사냥을 하고 나자 목이 말랐고, 물을 찾지 못한 그는 피로해졌다. 바로 그때 하급 카스트의 한 처녀가 옹기 접시에 거친 음식을 좀 담아 우연히 그곳에 나타났다. 허기와 갈증에 허덕이던 그는 즉시 카스트의 모든 제약과 자신의 품위 의식도 내버린 채 그녀에게 음식과 물을 좀 달라고 했다. 그녀는 그에게 자신을 부인으로 맞이하겠다면 그것을 주겠다고 했다. 왕은 주저 없이 동의했고, 그녀가 주는 음식을 받아먹은 다음 그녀의 마을로 갔다. 부부가 된 그들은 아들 둘과 딸 하나를 낳고 살았다.

그러는 동안 왕은 계속 옥좌에 앉아 있었다. 그러나 한 시간 반의 짧은 시간 동안 그는 여러 해에 걸친 또 하나의 비참한 환상의 삶을 살았던 것이다. 이런 식으로 바시슈타는 여러 가지 이야기를 라마에게 들려주어, 불가능한 것을 손쉽게 가능하게 하는 **마야**의 경이로운 유희를 그가 분명히 인식하도록 하였다.

75-76. 마음의 확산력(마야)을 넘어서는 어떤 환상도 없고, 거기에 미혹

되지 않는 사람도 없다. 그것의 특징은 불가능한 것을 성취하는 것
이다. 그 무엇도 그것의 힘을 피해갈 수 없다. (그래서) 늘 불변이고
오염되지 않은 **진아**조차도 변하고 오염되는 것처럼 보이게 되었다.
제자: 어떻게 그럴 수 있습니까?
스승: 나뉘지 않고 오염되지 않은 하늘이 어떻게 푸른지 보라. **지고
아**도 늘 순수하지만, 그 힘에 의해 에고가 부여되었고 개아로 행세하
게 된다. 마치 라바나 왕이 낮은 카스트의 비참한 존재로 살았듯이
말이다.

77. **제자:** 만일 **지고아**가 마음의 '나'라는 상相과 결합하면서 환적인 개아
가 되었다면, 그는 하나의 단일한 개아로 보여야 합니다. 그러나 많
은 개아들이 있습니다. 어떻게 단일한 **실재**가 무수한 개아들로 현현
할 수 있습니까?

78-80. **스승:** 단일한 개아의 환상이 순수한 **지고아** 안에서 작동을 시작
하자마자 그것은 자연히 **순수한 지**知**의 허공** 안에서 환적인 다른 개
아들을 낳는다. 개가 거울들이 벽을 이룬 방에 들어가면, 한 거울에
서 먼저 하나의 반사가 일어나고 이것이 일련의 반사작용에 의해 무
수한 반사를 일으킨다. 그래서 개는 수많은 다른 개들이 자신을 둘
러싸고 있는 것을 발견하고 으르렁거리며 싸울 태세를 보인다. 순수
하고 비이원적인 **의식의 허공**인 **진아**도 마찬가지이다. 한 개아의 환
幻이 다른 개아들의 환幻과 억지로 연관되는 것이다.

81-83. 또, 세계를 '너, 나, 그' 등으로 보는 습習은 꿈꾸는 자로 하여금
꿈속에서도 그와 비슷한 환적인 개체들을 보지 않을 수 없게 한다.
마찬가지로, 전생에 축적된 습들은 순수한 **지**知**-허공**(Knowledge-Ether)
일 뿐인 **진아**로 하여금 바로 지금도 무수한 환적 개아들을 보게 한
다. 그 자체 불가해한 **마야**의 범위를 그 무엇이 넘어설 수 있겠는가?

이제 이것은 끝났으니, 몸들과 (그것들이 거주하는) 영역들이 어떻게 창조되는지 들어 보라.

84-85. 지고아가 마야의 '나'라는 상相에 의해 '나'로 현출되듯이, 그것은 '이것'이라는 상相에 의해 삼라만상의 이 우주로 현출된다.

제자: 어떻게 말입니까?

스승: 다수성의 힘이 '이것'이라는 상相인데, 그것의 성품은 '이것'과 '저것'을 상상하는 것이다. 그것은 의식의 허공 안에서 무수한 습쩝을 '이것'과 '저것'으로 회상한다. 개아가 이러한 습쩝에 의해 추동되면, 그 자신 의식의 허공임에도 이제 개인적인 몸 따위와 외부 세계, 그리고 다양성으로 나타난다.

제자: 어떻게 말입니까?

86-89. 스승: 먼저, 나뉘지 않은 의식의 허공 안에서 마음이 나타난다. 그것의 움직임이 앞서 말한 습쩝들을 형성하는데, 그 습쩝은 "여기 감각기관과 팔다리를 가진 몸이 있다", "나는 이 몸이다", "여기 내 아버지가 있다", "나는 그의 아들이다", "내 나이는 몇이다", "이들은 나의 가족친지이고 친구들이다", "이것은 우리 집이다", "나와 너", "이것과 저것", "좋고 나쁨", "쾌락과 고통", "속박과 해탈", "계급(카스트), 신앙 및 의무", "신들, 인간들, 기타 중생들", "높거나 낮거나 그 중간", "향유자와 향유", "수백만의 영역들" 등 다양한 환적 형상들을 보여준다.

제자: 습쩝들 자체가 어떻게 이 방대한 우주로 나타날 수 있습니까?

90. 스승: 깊은 잠이 들어 움직이지 않고 행복한 상태에 있는 사람이, 일어나는 습쩝들에 의해 추동되면 중생과 세계들이 있는 환적인 꿈의 장면들을 보는데, 그것들은 그의 안에 있던 습쩝에 지나지 않는다. 그래서 생시의 상태에서도 이러한 중생과 세계들로 나타나는 습쩝에

의해 미혹되는 것이다.

91. **제자:** 그런데 스승님, 그 꿈은 생시의 상태에서 형성되어 잠재해 있던 마음의 인상들이 재생되는 것에 불과합니다. 그것은 과거의 경험들을 재생합니다. 따라서 꿈의 장면들은 마음의 창조물이라고 하는 것이 옳습니다. 생시의 세계에도 그것이 타당하다면, 이것도 어떤 과거의 인상들이 재생되는 것이 분명합니다. 이러한 생시의 경험들을 일으키는 그런 인상들은 어떤 것입니까?

92. **스승:** 생시 상태의 경험들이 꿈 세계를 일으키듯이 전생에 한 경험들이 이 생시 상태의 세계를 일으키지만, 그럼에도 그것은 환幻이다.

    제자: 현재의 경험이 이전 경험의 결과라면, 그 이전 경험을 일으킨 것은 무엇입니까?

    스승: 그것은 그 이전의 경험이고, 그런 식으로 계속 소급된다.

    제자: 그것은 창조가 일어난 때로 거슬러 오를 수 있습니다. 해체 시에는 이 모든 인상이 해소될 수밖에 없습니다. 그러면 무엇이 남아서 새로운 창조가 시작되게 했습니까?

    스승: 어느 날 수집된 그대의 인상들이 깊은 잠 속에 잠재되어 있다가 다음날 나타나듯이, 이전 겁劫(kalpa)의 인상들이 다음 겁에서 다시 나타난다. 이처럼 이 마야의 인상들에는 시작이 없고, 거듭 거듭 다시 나타나는 것이다.

93. **제자:** 스승님, 전날에 경험한 것들은 지금 기억할 수 있습니다. 그런데 우리가 전생에 한 경험들은 왜 기억하지 못합니까?

94-95. **스승:** 그것은 기억될 수 없다. 생시의 경험들이 꿈속에서 되풀이되지만 생시의 상태에서와 같이 이해되지 않고 다르게 이해되는 것을 생각해 보라. 왜인가? 잠이 그 경험들의 원래의 위상을 감추고 그것을 왜곡하는 까닭에 모든 차이가 생기기 때문이다. 그래서 꿈속

에서 되풀이되는 같은 경험도 (생시와는) 다르게 설정되고, (꾸던 꿈의 경로를) 종종 벗어나거나 이리저리 흔들린다. 마찬가지로, 전생에 한 경험들은 혼수상태와 죽음에 의해 영향을 받기 때문에 현재의 설정이 과거의 그것과 다르고, 다른 방식으로 되풀이되는 같은 경험이 과거를 회상시키지 못하는 것이다.

96. **제자**: 스승님, 꿈의 장면들은 마음의 창조물일 뿐이어서 일시적이고 이내 실재하지 않는 것으로서 배제됩니다. 그래서 그것들을 환幻이라고 하는 것은 적절합니다. 반대로 생시의 세계는 지속되는 것처럼 보이고, 모든 증거가 그것이 실재한다는 것을 보여줍니다. 어떻게 그것을 꿈과 같이 환적인 것으로 분류할 수 있습니까?

97-98. **스승**: 꿈 자체 속에서는 그 장면들이 (사실로) 검증되고 실재하는 것처럼 경험된다. 그때는 그것이 실재하지 않는다고 느껴지지 않는다. 마찬가지로, 이 생시의 세계도 그것을 경험할 때는 검증되고 실재하는 것처럼 보인다. 그러나 그대가 참된 성품으로 깨어날 때는 이 또한 실재하지 않는 것으로서 배제될 것이다.

제자: 그러면 꿈과 생시 상태 간의 차이는 무엇입니까?

99. **스승**: 둘 다 심적이고 환적인 것일 뿐이다. 이 점에서는 어떤 의문도 있을 수 없다. 생시의 세계는 오래가는 환幻이고 꿈은 짧은 환幻이라는 것뿐이다. 이것이 유일한 차이이고, 더는 어떤 차이도 없다.

100. **제자**: 생시가 하나의 꿈일 뿐이라면, 여기서 그 꿈을 꾸는 사람은 누구입니까?

스승: 이 모든 우주는 비이원적이고 오염되지 않은 지知-지복이 만든 꿈의 산물일 뿐이다.

제자: 그러나 꿈은 잠 속에서만 일어날 수 있습니다. 지고아가 이 꿈을 보기 위해 잠이 들었습니까?

스승: 우리의 잠은 시작 없는 옛적부터 지고아의 참된 성품을 숨겨온 그것의 무지에 상응한다. 그래서 그것은 이 우주라는 꿈을 꾼다. 꿈을 꾸는 사람이 미혹되어 자신을 그 꿈의 경험자라고 생각하듯이, 불변의 진아도 환幻에 의해 이 윤회를 경험하는 하나의 개아로 현출된다.

101. 그 개아는 꿈과 같은 몸·감각기관 등을 보고 미혹되어 자신이 몸·감각기관 등이라고 믿게 되며, 그것들을 가지고 생시·꿈·깊은 잠의 상태를 계속 돌고 돈다. 이것이 그의 윤회를 이룬다.

102-104. **제자:** 생시(*jagrat*)란 무엇입니까?

스승: 그것은 '나'라는 상相이 마음의 다른 모든 상相들 그리고 관계되는 대상들과 함께 있는 현상이다. 개인은 생시 상태의 거친 몸(조대신粗大身) 안에서 '나'라는 느낌을 취하면서, 생시 상태의 경험자인 **비슈와**(*visva*)라는 이름으로 통한다.

제자: 꿈이란 무엇입니까?

스승: 감각기관들이 외부적 활동에서 물러난 뒤, 생시 상태의 마음의 상相들이 형성한 인상들이 꿈의 어떤 장면들로 재생되는 것이다. 이 미세한 상태의 경험자를 **따이자사**(*taijasa*)라고 한다.

제자: 깊은 잠(*sushupti*)이란 무엇입니까?

스승: 마음의 모든 양상이 원인적 무지 속에 잠재해 있을 때 그것을 깊은 잠이라고 한다. 여기서는 **쁘라냐**(*prajna*)라고 하는 경험자가 진아의 지복을 갖는다.

105. 개아는 자신의 과거업의 작용으로 인해, 그것이 생시, 꿈 및 깊은 잠의 경험들을 안겨주는 대로 이 회전목마를 타고 빙빙 돈다. 이것이 윤회이다. 그와 마찬가지로, 개아는 과거업의 한 결과로 탄생과 죽음을 겪게 된다.

106. 그렇기는 하나 그것들은 미혹된 마음의 겉모습일 뿐, 실재하지 않는다. 그는 태어나고 죽는 것처럼 보이는 것이다.

제자: 탄생과 죽음이 어떻게 환幻일 수 있습니까?

스승: 내가 하는 말을 귀담아 들어 보라.

107-109. 개아가 잠에 빠질 때 생시 상태의 감각이 과거의 경험을 재생하기 위해 꿈의 새로운 감각에 자리를 내주거나, 아니면 모든 외부적 사물과 마음 활동을 완전 상실해 버리듯이, 죽기 전에 혼수상태에 압도될 때에도 현재의 감각은 상실되고 마음은 잠재적 상태에 놓이게 된다. 이것이 죽음이다. 마음이 새로운 환경에서 과거의 경험들을 다시 재생할 수 있게 될 때, 그 현상을 탄생이라고 한다. 탄생의 과정은 그 사람이 "여기 내 엄마가 있다. 나는 그녀의 자궁 속에 있다. 내 몸에 이 팔다리가 있다"고 생각할 때 시작된다. 그런 다음 그는 자신이 세상에 태어난다고 생각하고, 나중에는 "이분은 내 아버지다, 나는 그의 아들이다, 내 나이는 얼마다, 이 사람들은 내 가족 친지들이다, 이 좋은 집은 우리집이다" 등으로 말한다. 이런 일련의 새로운 환상은 죽기 전의 혼수상태에서 이전의 환상들을 상실하면서 시작되며, (그 내용은) 과거업의 결과에 따라 달라진다.

110-113. 죽기 전의 실재하지 않는 혼수상태에 압도된 개아는 과거의 여러 가지 업業에 따라 여러 가지 환상을 갖는다. 죽고 나서는 "여기는 천상이다, 아주 아름답다, 나는 천상에 있다, 나는 이제 멋진 천인天人이다, 수많은 어여쁜 천녀天女들이 내 시중을 든다, 나는 마실 감로甘露가 있다"고 믿거나, 아니면 "나는 저승세계에 있다. 여기 **죽음의 신**이 있다, 이들은 저승사자다, 오! 그들이 너무 잔인하구나! 나를 지옥에 쳐넣다니!"라고 믿거나, 아니면 "여기는 조상신들(*pitrs*)의 세계다", "여기는 **브라마**의 세계다", "**비슈누**의 세계다", "**시바**의

세계다" 등으로 믿는다. 이처럼 그들의 성품에 따라 과거업의 습習들이 탄생과 죽음, 천상이나 지옥 등의 세계로 가는 일로서 **진아** 앞에 현출되지만, 진아는 변치 않는 **의식의 허공**으로 늘 남아 있고, 그런 것들은 마음의 망상일 뿐 실재하지 않는다.

114. 의식의 허공인 진아 안에는, 마치 허공에서 보이는 천상의 도시 같은 우주라는 현상이 있다. 그것은 실재한다고 여겨지지만 실은 그렇지 않다. 이름과 형상들이 우주를 구성하며, 그 이상은 아무것도 아니다.

115. **제자**: 스승님, 저뿐만 아니라 다른 모든 사람들도 지각력 있는 존재와 지각력 없는 존재들로 이루어진 이 세계를 직접 경험하고, 그것이 검증된 것이며 실재하는 것이라고 받아들입니다. 어떻게 그것이 실재하지 않는다고 말할 수 있습니까?

116. **스승**: 세계와 그 안의 모든 것은 **의식의 허공** 위에 덧씌워진 것일 뿐이다.

   제자: 그것은 무엇에 의해 덧씌워집니까?

   스승: 진아에 대한 무지에 의해서이다.

   제자: 어떻게 덧씌워집니까?

   스승: 지각력 있는 존재와 지각력 없는 존재들을 그린 그림이 어떤 배경 위에서 하나의 장면을 현출하는 것과 같다.

117. **제자**: 경전에서는 이 온 우주가 **이스와라**(하느님)의 의지로 창조되었다고 하는 반면, 당신께서는 그것이 우리 자신의 무지에 의해 창조되었다고 말씀하십니다. 이 두 가지 진술은 어떻게 조화될 수 있습니까?

118. **스승**: 아무 모순이 없다. 경전에서 **이스와라**가 **마야**를 이용하여 5대 원소를 창조하고, 그것들을 다양한 방법으로 뒤섞어 우주의 다양한

모습을 만들어냈다고 말하는 것은 모두 거짓이다.

제자: 경전이 어떻게 거짓인 것을 이야기할 수 있습니까?

스승: 경전은 무지한 사람들을 위한 안내서이며, 표면적으로 보이는 것을 의미하지 않는다.

제자: 어째서 그렇습니까?

스승: 인간은 모든 면에서 완전한 **의식의 허공**이라는 자신의 참된 성품을 잊어버리고 **무지**에 의해 미혹되어, 자신을 하나의 몸 등과 동일시하고, 자신을 비천한 능력을 가진 하찮은 한 개인으로 간주한다. 그런 사람에게 그가 전 우주의 창조자라고 말해 주면, 그는 그런 관념을 비웃으면서 받아들이지 않을 것이다. 그래서 경전들은 그의 수준으로 내려가서 우주의 창조자로 **이스와라**를 상정한다. 그러나 그것은 진실이 아니다. 그러나 유능한 구도자에게는 경전이 진리를 드러낸다. 지금 그대는 전래 동화를 형이상학적 진리로 착각하고 있다. 이와 관련하여 그대는 『요가 바시슈타』에 나오는 아이의 이야기를 기억할지 모른다.

119-134. 제자: 그것은 어떤 이야기입니까?

스승: 그것은 이 우주의 공空함을 잘 보여주는 멋진 이야기이다. 그것을 들으면, 세계가 실재하고 **이스와라**가 그것을 창조했다는 거짓된 관념들이 모두 사라질 것이다. 간략히 표현해서, 그 이야기는 다음과 같다.

한 아이가 유모에게 재미있는 이야기를 해 달라고 했다. 그러자 유모가 이런 이야기를 들려주었다.

유모: 옛날 옛적에 더없이 강력한 왕이 살았는데, 그의 어머니는 아이를 낳지 못하는 여자였단다. 이 왕은 삼계三界를 모두 다스렸고, 그의 말은 삼계의 모든 왕들에게 법이었지. 이 석녀 어머니의 아들

은 세계들을 만들고 키워내고 다시 없애는 굉장한 환幻의 능력을 가지고 있었어. 그는 자기 마음대로 흰 몸, 노란 몸, 검은 몸의 세 가지 몸 중 아무 거나 취할 수 있었단다. 노란 몸을 취했을 때 그는 마법사처럼 도시 하나를 창조하고 싶은 충동을 느꼈지.

아이: 그 도시는 어디 있는데요?

유모: 공중에 걸려 있지.

아이: 그것을 뭐라고 부르는데요?

유모: 완전한 비실재란다.

아이: 그 도시는 어떻게 지어졌는데요?

유모: 그 도시에 14개의 왕도王道가 있는데, 각기 세 부분으로 이루어져 있단다. 거기에는 각기 많은 유원遊園과, 거대한 저택들과, 진주 꿰미들로 장식된 일곱 개의 호화로운 저수지가 있지. 두 개의 등불이—하나는 따뜻한 등불, 또 하나는 차가운 등불인데—항상 그 도시를 밝혀주고 있어. 여기에 그 석녀 어머니의 아들이 멋진 집을 많이 지었는데, 어떤 집들은 높은 곳에, 어떤 집들은 중간에, 어떤 집들은 낮은 지대에 있었지. 집집마다 검고 보드라운 지붕이 하나 있고, 아홉 개의 출입로가 있고, 바람이 들어오는 몇 개의 창문, 다섯 개의 등과 세 개의 흰 기둥, 그리고 멋지게 회를 칠한 벽들이 있단다. 그는 마법으로 무서운 유령들을 만들어냈는데, 한 명이 집 한 채씩 지킨단다. 새가 둥지로 들어가듯이, 그는 마음대로 어느 집이나 들어가서 신나게 놀 수 있어.

135-140. 그가 검은 몸을 할 때는 그 유령 경비원들을 통해 이 집들을 지킨단다. 흰 몸을 할 때는 순식간에 그 집들을 재로 만들어버리지. 이 석녀의 아들은 바보같이 그 도시를 마음 내키는 대로 짓고, 보호하고, 파괴하는데, 자기 일에 싫증이 나면 신기루의 출렁이는 물

속에 들어가 목욕을 한 다음, 허공에서 딴 꽃들을 자랑스럽게 몸에 걸친단다. 나는 그를 본 적이 있는데, 그가 곧 여기 와서 너에게 깨진 유리조각들의 광채로 만든 네 줄의 보석들과 자개 은으로 된 발목장식을 줄 거야.

아이는 그 이야기를 믿었고 기분이 좋았다. 이 세계를 실재한다고 여기는 바보도 그와 마찬가지다.

141-148. 제자: 이 이야기가 어떻게 그 점을 잘 보여줍니까?

스승: 그 이야기에서 그 아이는 세상의 무지한 인간이고, 유모는 이스와라의 창조에 대해 이야기하는 경전을 말한다. 석녀 어머니의 아들이란 마야에게서 태어난 이스와라며, 그의 세 가지 몸은 마야의 세 가지 성질이다. 그가 그 몸들을 취한다는 것은 **브라마·비슈누·루드라**(Rudra-시바)의 측면이다. 노란 몸을 하고 전 우주를 꿰고 있는 실인 **브라마**는, 그 이야기의 공중에 해당하는 의식의 허공 속에서 그것을 창조한다. 14개의 왕도는 14개의 세계8)를 말하고, 유원은 숲, 저택들은 산맥들이다. 두 개의 등은 해와 달, 진주 꿰미들로 장식된 호화로운 저수지란 수많은 강들이 흘러 들어가는 바다이다.

149-155. 높은 지대, 중간 지대, 낮은 지대에 지어진 집들은 천인·인간·짐승들의 몸이며, 세 개의 흰 기둥은 뼈들의 골격이고, 벽에 칠한 회는 피부이며, 검은 지붕은 검은 머리가 난 머리이다. 9개의 출입로는 몸 안의 9개 통로이고, 다섯 개의 등은 다섯 감각기관, 유령 경비원은 에고이다.

이제 석녀 어머니인 **마야**의 아들인 **이스와라** 왕은 몸들로 집들을 지어 놓고, **개아들**(Jivas)로서 마음대로 그 안에 들어가 유령인 에고

---

8) *T.* 뿌라나 등에서 말하는 14개의 세계는 인간계를 포함하여 위로 7세계, 아래로 7세계이다.

들을 벗하여 놀면서 아무 목적 없이 돌아다닌다.

156-160. 그는 검은 몸으로써 **비슈누**, 다른 말로 **비라뜨**(*Virat*)로서 활동하며, 우주를 유지한다. 흰 몸으로써는 **파괴자 루드라**, 곧 모두의 안에 있는 **내거자**內居者로서 전 우주를 그 자신 속으로 흡수한다. 이것은 그의 유희이며 그는 그것을 즐거워한다. 이 즐거움을 두고 왕이 신기루의 물에서 원기를 되찾는 것이라고 한다. 그의 자부심은 자신의 지배권에 대한 자부심이다. 허공에서 떨어지는 꽃들은 (그의) 속성들, 곧 전지全知함이자 전능함이다. 발목 장신구들은 천상과 지옥이고, 유리 광채의 네 줄은 **해탈**(*Mukti*)의 네 단계─곧 **살로끼야**(*Salokya*)[계급 평등], **사미삐야**(*Samipya*)[조건 평등], **사루삐야**(*Sarupya*)[능력 평등], **사유지야**(*Sayujya*)[최종적 합일]이다. 왕이 선물을 주러 올 거라는 기대는 신상숭배인데, 그것이 헌신자들의 기도를 성취시켜 준다.

이와 같이, 경전을 배우는 무지한 학인學人은 자신의 **무지**로 인해 미혹되어 세계가 실재한다고 믿게 된다.

161. 제자: 천상과 지옥, 그리고 지복[해탈]의 네 단계가 모두 거짓이라면, 왜 경전의 어떤 부분에서는 천상이나 지복을 얻는 방법들을 이야기합니까?

162-164. 스승: 자식이 복통으로 고생하는 것을 보면 자애로운 엄마는 아이에게 후추를 먹이고 싶지만, 아이가 후추를 싫어하고 꿀을 좋아한다는 것을 알고, 아이 입에 후추를 넣어주기 전에 꿀을 발라서 아이를 부드럽게 구슬린다. 그와 마찬가지로 경전들도 무지한 학인이 세간에서 고통 받는 것을 보고 자비심에서 그가 진리를 깨닫게 해주고 싶지만, 그가 세상을 좋아하고 비이원적 **실재**를─이것은 미묘하고 이해하기 힘들므로─싫어하는 것을 알고, 천상계 등의 달콤한 쾌락 등으로 부드럽게 구슬려 비이원적 **실재**를 드러내는 것이다.

165. **제자**: 천상계 등의 관념이 어떻게 그를 비이원적 **실재**로 이끌 수 있습니까?

스승: 올바른 행위로써 천상계를 얻는다. 고행과 **비슈누**에 대한 헌신으로써 지복의 네 단계를 얻는다. 그것을 알면 인간은 그 중에서 자신이 좋아하는 것을 수련한다. 여러 생에 걸친 거듭된 수행으로 그의 마음은 순수해져서 감각 쾌락으로부터 돌아서고, 비이원적 실재에 대한 위없는 가르침을 받는다.

166. **제자**: 스승님, 천상·지옥 등이 거짓이라는 것을 인정한다 해도, 어떻게 경전에서 그렇게 자주 이야기하는 **이스와라**까지 실재하지 않는다고 선언할 수 있습니까?

167. **스승**: 그런데, 이스와라를 온통 찬란한 모습으로 이야기하는 구절들에 이어서, 이스와라는 마야의 산물이고 개아는 무지의 산물이라는 다른 구절들이 나온다.

제자: 왜 경전은 서로 다른 취지의 구절들로 자기모순을 보입니까?

스승: 경전의 목적은 학인으로 하여금 선행·고행·헌신과 같은 그 자신의 노력을 통해 마음을 정화하도록 하는 것이다. 그를 구슬리기 위해 그런 것들이 즐거움을 산출한다고 말하는 것이다. 그런 것들 자체는 지각력이 없어 스스로 열매를 산출할 수 없다. 그래서 전능한 이스와라가 행위들의 열매를 나누어준다고 말한다. 그렇게 해서 이스와라가 등장하는 것이다. 나중에는 경전에서 개아·이스와라·세계(*jagat*)가 모두 똑같이 거짓이라고 말한다.

168. 환幻의 산물인 이스와라가 실재하지 않는 것은 잠의 산물인 꿈속의 대상들이 실재하지 않는 것과 같다. 그는 무지의 산물인 개아, 혹은 잠의 산물인 꿈속의 대상들과 같은 범주이다.

169-174. **제자**: 경전들은 이스와라가 마야의 산물이라고 하는데, 어떻게

우리가 그를 무지의 산물이라고 말할 수 있습니까?

스승: 진아에 대한 무지는 단독으로 혹은 전체로서 작용할 수 있다. 마치 우리가 나무를 한 그루씩 이야기할 수도 있고, 하나의 전체 숲을 이야기할 수도 있듯이 말이다. 모든 우주의 전체적인 무지를 마야라고 한다. 그 산물인 이스와라는 우주적 생시의 상태에서 비라뜨로 작용하며, 우주적 꿈의 상태에서는 히라냐가르바(Hiranyagarbha)로, 우주적 깊은 잠 속에서는 내거자內居者(의식으로서의 진아)로 작용한다. 그는 전지전능하다. 창조하려는 의지로 시작하여 모든 피조물 속에 들어가는 것으로 끝나는 것, 이것이 그의 윤회이다. 개인적 무지는 그냥 무지라고 한다. 그 산물인 개아는 생시·꿈·깊은 잠의 상태에서 각기 비슈와(visvat)·따이자사(taijasa)·쁘라냐(prajna)로 작용한다. 그의 지식과 능력은 제한되어 있다. 그는 행위자이자 향유자라고 이야기된다. 그의 윤회는 현재의 생시 활동과 최종적 해탈 사이에 있는 모든 것으로 구성된다. 이런 식으로 경전에서는 이스와라·개아·세계가 모두 환幻이라는 점을 분명히 하고 있다.

175-179. 제자: 이제 스승님, 밧줄의 무지가 뱀에 대한 환幻만 일으킬 수 있듯이, 우리의 무지는 자신이 하나의 개아라는 환幻을 퍼뜨릴 수 있습니다. 그러나 그것이 어떻게 이스와라와 세계에 대한 환幻까지 창조할 수 있습니까?

스승: 무지에는 부분이 없다. 그것은 하나의 전체로서 작용하며, 세 가지 환幻 모두를 동시에 산출한다. 개아가 생시와 꿈의 상태에서 나타나면, 이스와라와 세계도 나타난다. 개아가 해소되면 다른 것들도 해소된다. 이것은 우리가 생시와 꿈에 나타나는 것들을 경험하지만, 깊은 잠·기절 상태·죽음 그리고 삼매 속에서는 그것들이 사라진다는 것에 의해 입증된다.

더욱이 **지**知에 의해 개아성個我性이 최종적으로 절멸됨과 동시에 다른 것들도 그와 함께 최종적으로 절멸된다. 무지가 그에 수반되는 환幻들과 함께 완전히 상실된, 그리고 진아로서만 자각하고 있는 진인들은 비이원적 실재를 직접 체험한다. 따라서 진아에 대한 무지가 세 가지 환幻—개아·세계·이스와라—모두의 근본 원인임이 분명하다.

180. **제자**: 스승님, 이스와라가 무지의 환幻이라면 그는 환幻으로서 나타나야 하는데, 그러지 않고 우주의 기원이자 우리의 창조주로서 나타납니다. 이스와라와 세계가 공히 환적인 산물이라고 말하는 것은 사리에 맞지 않는 것 같습니다. 그는 우리의 창조계로 나타나는 것이 아니라 우리의 창조주로 나타납니다. 그것은 모순 아닙니까?

181-183. **스승**: 아니다. 꿈을 꾸는 사람이 꿈속에서 오래 전에 죽은 자기 아버지를 본다. 그 아버지는 자신이 꿈속의 한 환幻으로 창조한 것인데도, 꿈을 꾸는 사람은 그 사람이 아버지이고 자신은 아들이며, 자신이 그 아버지의 재산을 상속했다고 느낀다. 그 재산도 자신이 창조한 것인데 말이다. 이제 그 꿈을 꾸는 사람이 어떻게 개인과 사물들을 창조하여 자신을 그것들과 결부시키면서 그것들이 먼저 있었고 자신은 뒤에 나왔다고 생각하는지를 보라. 이스와라·세계·개아도 그와 마찬가지이다. 이것은 불가능한 것을 가능케 할 수 있는 **마야**의 장난일 뿐이다.

제자: 어떻게 해서 **마야**는 그렇게 강력합니까?

스승: 놀랄 것도 없다. 보통의 마법사가 어떻게 모든 사람이 보는 앞에서 허공에 천상의 도시를 창조하는지, 혹은 그대 자신이 어떻게 꿈속에서 그대 자신의 놀라운 세계를 창조할 수 있는지를 보라. 하찮은 능력을 가진 개인들에게도 그런 것이 가능하다면, 우주적인

물질적 원인인 **마야**에게 왜 그런 것이 가능하지 않겠는가? 결론적으로 말하면, **이스와라·개아·세계**를 포함한 이 모든 것은 그대의 무지에서 나온 환적인 겉모습들이 **하나인 실재**, 곧 진아 위에 덧씌워진 것이다.

이것은 우리로 하여금 그 덧씌움을 제거하는 방법을 생각해 보게 한다.

제2장 소거 消去 — 덧씌움의 제거

1. **제자:** 스승님, 무지는 시작이 없다고 합니다. 그렇다면 그것은 끝도 없을 것입니다. 시작 없는 **무지**를 어떻게 몰아낼 수 있습니까? 당신께서는 자비의 바다이시니, 부디 이 점을 말씀해 주십시오.

2. **스승:** 그러겠다, 내 자식이여. 그대는 총명하여 미묘한 것들을 이해할 수 있다. 그대는 올바르게 말했다. 진실로 **무지**에는 시작이 없지만 끝은 있다. 지知의 일어남이 **무지**의 끝이라고 말해진다. 해돋이가 밤의 어둠을 몰아내듯이, 지知의 빛은 무지의 어둠을 몰아낸다.

3-4. (서로 다른 대상들 간의) 혼동을 피하기 위해, 세간의 모든 것들은 원인·성품·효과·한계·열매라는 범주로 그 개별적 특성을 분석하여 생각해 볼 수 있다. 그러나 초월적 **실재**는 비이원적이어서 그런 모든 것을 넘어서는 반면, **마야**를 위시한 기타 모든 것은 **그것**의 위에서 잘못 보이는 것들이므로 위의 분석 대상이 된다.

5. 이 중에서 **마야**에는 선행 '원인'이 없다. 왜냐하면 그것은 앞선 어떤 것의 산물이 아니고, 자명하고 시작 없는 것으로서 **브라만** 안에 머물러 있기 때문이다. 창조 이전에는 그것이 현현할 원인이 있을 수 없었지만, 그래도 그것은 현현하고 그것 자체로 존재할 수밖에 없다.

6. **제자:** 그 말씀은 어떤 전거가 있습니까?

   스승: 있다. 바시슈타의 말씀이다. 그는 이렇게 말한다. "물에서 거품들이 자발적으로 일어나듯이, 이름과 형상들을 현현하는 힘도 전능

하고 완전한 초월적 진아에서 일어났다."

7-9. 제자: 마야에는 원인이 있을 수밖에 없습니다. 도공의 행위 없이는 점토가 항아리로 될 수 없듯이, 브라만 안에 줄곧 미현현으로 남아 있는 힘은 이스와라의 의지가 있어야만 현현할 수 있습니다.

스승: (우주의) 해체 시에는 비이원적 브라만만 남고, 어떤 이스와라도 없다. 분명히 그의 의지는 있을 수 없다. 해체 시에는 일체가 현상계로부터 물러나서 미현현 상태로 있다고 말할 때, 그것은 개아들과 모든 우주, 그리고 이스와라가 모두 미현현 상태가 된다는 뜻이다. 미현현의 이스와라는 그의 의지를 행사할 수 없다. 실상은 이렇다. 즉, 잠의 잠재적인 힘이 그 자체를 꿈으로 시현하듯이 마야의 잠재적인 힘이 이스와라, 그의 의지, 우주 그리고 개아들이라는 이 다수성으로 그 자체를 드러내는 것이다. 이스와라는 이처럼 마야의 산물이며, 그가 자신의 기원일 수 없다. 따라서 마야에게는 어떠한 선행 원인도 없다. 해체 시에는 의지가 없는, 그리고 어떠한 변화도 용납하지 않는 순수한 존재(Pure Being)만이 남는다. 창조 시에는 이제까지 이 순수한 존재 안에 드러나지 않게 존재하던 마야가 마음으로서 빛을 발한다. 마음의 작용에 의해 다수성이 이스와라, 세계들, 개아들로서 마법처럼 나타난다. 현현된 마야는 창조계이고, 현현되지 않은 마야는 곧 해체(우주가 무한한 공으로 돌아간 상태)이다. 이처럼 마야는 그 스스로 나타나거나 그 자신을 거두어들이며, 그래서 어떤 시작도 없다. 따라서 우리는 마야에 어떤 선행 원인도 없다고 말하는 것이다.

10-11. 제자: 그것의 성품은 무엇입니까?

스승: 그것은 표현 불가능하다. 그것의 존재성이 나중에 무효가 되기 때문에, 그것은 실재하지 않는다. 그것은 사실적으로 경험되기 때문에, 실재하지 않는 것도 아니다. 그렇다고 그것이 실재와 비실재라는

두 가지 상대물이 혼합된 것일 수도 없다. 그래서 현자들은 그것이 표현 불가능(anirvachaniya)하다고 말하는 것이다.

제자: 그러면 무엇이 실재하고 무엇이 실재하지 않습니까?

스승: 마야의 바탕인 것, 곧 이원성을 용납하지 않는 **순수한 존재** 혹은 **브라만**은 실재한다. 이름과 형상들로 이루어지고 우주라고 불리는 환적인 현상은 실재하지 않는다.

제자: 마야는 무엇이라고 할 수 있습니까?

스승: 그 둘 중 어느 것도 아니다. 그것은 실재하는 바탕과 다르고, 실재하지 않는 현상과도 다르다.

제자: 그것을 부디 설명해 주십시오.

12-17. 스승: 불이 있다고 하자. 그것은 바탕이다. 거기서 불꽃들이 일어난다. 그것은 불의 변상變相들이다. 그 불꽃들은 불 자체 안에서는 보이지 않고 거기서 나온다. 우리가 이 현상을 관찰해 보면, 불 안에 불꽃들을 산출하는 어떤 힘이 내재해 있다고 추론할 수 있다.

점토는 바탕이다. 그 점토에서 목과 벌어진 아가리가 있는 빈 구체球體가 만들어지면 그것이 항아리라는 것이다. 이 사실에서 우리는 점토도 항아리도 아닌, 그 둘과 다른 어떤 힘을 추론할 수 있다.

물은 바탕이고 거품들은 그 효과이다. 여기서 그 둘과 다른 어떤 힘을 추론할 수 있다.

뱀의 알은 바탕이고 새끼 뱀은 그 산물이다. 여기서 그 알이나 새끼 뱀과 다른 어떤 힘을 추론할 수 있다.

씨앗은 바탕이고 싹은 그 산물이다. 여기서 씨앗이나 싹과 다른 어떤 힘을 추론할 수 있다.

깊은 잠 속의 불변적 개아는 바탕이고 꿈은 그 효과이다. 잠에서 깨어난 뒤에는 그 개아나 꿈과 다른 어떤 힘을 추론할 수 있다.

그와 마찬가지로 브라만 안에 잠재해 있는 그 힘이 세계라는 환幻을 산출한다. 이 힘의 바탕은 브라만이고 세계는 그 효과이다. 이 힘은 그 어느 것도 아니고 그 둘과 다를 수밖에 없다. 그것은 규정할 수 없다. 그래도 그것은 존재한다. 그러나 그것은 불가해한 것으로 남아 있다. 그래서 우리가 마야의 '성품'은 표현 불가능하다고 하는 것이다.

18-20. 제자: 마야의 '효과'는 무엇입니까?

스승: 그것은 은폐력과 투사력으로 개아·이스와라·세계라는 환幻을 브라만이라는 비이원적 바탕 위에서 현출하는 데 있다.

제자: 어떻게 말입니까?

스승: 잠재해 있던 그 힘이 마음으로서 나타나자마자 마음의 습習들이 솟아나 나무들처럼 자라고, 그것들이 함께 우주를 형성한다. 마음은 그 습習들을 가지고 유희하는데 그것들이 생각들로 솟아나 이 우주로 물질화된다. 따라서 그것은 하나의 꿈의 장면일 뿐이다. 개아들과 이스와라는 그 내용물이기에, 이 백일몽만큼이나 환적이다.

제자: 그들의 환적인 성격을 부디 설명해 주십시오.

스승: 세계는 하나의 대상이고, 마음이 유희하는 결과로서 눈에 보인다. 개아들과 이스와라는 그 안에 들어 있다. 부분들은 전체만큼만 실재할 수 있다. 우주가 벽에 채색으로 그려져 있다고 가정해 보자. 개아들과 이스와라는 그 그림 속의 인물들일 것이다. 그 인물들은 그 그림 자체만큼만 실재할 수 있다.

21-24. 여기서 우주는 그 자체 마음의 산물이고, 이스와라와 개아들도 같은 산물의 일부를 구성한다. 따라서 그들은 마음의 투사물일 뿐, 그 이상 아무것도 아니다. 이는 **스루띠**(Sruti-베다, 즉 우파니샤드)에서 **마야**가 이스와라와 개아들이라는 환상을 낳았다고 말하는 데서 분명하고,

바시슈타 경전(Vasishta smriti-『요가 바시슈타』)에서 바시슈타가 마치 마법처럼 습習들이 마음 속에서 그, 나, 이것, 저것, 내 아들, 재산 등으로 춤춘다고 말하는 데서도 분명하다.

25-27. 제자: 이 경전(smriti)은 어디서 이스와라·개아·세계를 이야기하고 있습니까?

스승: '소함이담(Sohamidam)', 즉 '그-나-이것'이라는 말에서, '그'는 보이지 않는 이스와라를 뜻하고, '나'는 에고·행위자 등으로 행세하는 개아를 뜻하며, '이것'은 모든 대상적 우주를 뜻한다. 경전·추론·경험(sruti, yukti, anubhava)에 비추어 보아도 개아·이스와라·세계는 마음의 투사물일 뿐인 것이 분명하다.

28-29. 제자: 추론과 경험은 그러한 견해를 어떻게 뒷받침합니까?

스승: 생시와 꿈에서는 마음이 일어나면서 습習들이 활동하기 시작하고 개아·이스와라·세계가 나타난다. 깊은 잠, 기절 등의 상태에서 그 습들이 가라앉으면 그것들도 모두 사라진다. 이것은 누구나 경험하는 것이다.

또한 지知에 의해 모든 습習이 뿌리 뽑히면 개아·이스와라·세계가 일거에 사라진다. 이것은 개아·이스와라·세계를 넘어서서 비이원적 실재 안에 자리 잡고 있는, 완벽하게 명료한 안목을 가진 위대한 진인들이 체험하는 것이다. 그래서 우리는 이런 것들이 모두 마음의 투사물이라고 하는 것이다. 마야의 효과는 이와 같이 설명된다.

30-32. 제자: 마야의 '한계'(범위가 끝나는 지점)는 무엇입니까?

스승: 그것은 '큰 말씀(Mahavakya)'의 의미에 대한 탐구에서 나오는 지知이다. 왜냐하면 마야는 무지이고, 무지는 무無탐구(non-enquiry)를 먹고 살기 때문이다. 무無탐구가 탐구에 자리를 내주면, 올바른 지知가 나와서 무지를 종식시킨다.

자, 들어 보라. 몸의 병들은 과거업의 결과이다. 병은 잘못된 식사를 바탕으로 존속하며, 그것이 계속되면 병이 더 많아진다. 혹은 밧줄에 대한 무지는, 우리가 그 밧줄을 탐구하지 않는 한 뱀을 투사하여 우리 눈에 보이게 만들고, 다른 환각들도 그 뒤를 따른다. 그와 마찬가지로 **마야**는 자명하고 시작이 없고 자연발생적이기는 하나, 자기의 성품에 대한 탐구가 없을 때는 그것이 존속하고, 우주 등을 현현하면서 더 거대해진다.

33-35. 탐구가 일어나면, 이제까지 탐구가 없었기에 강해졌던 **마야**가 자신의 자양분을 잃고 그것의 효과, 즉 세계 등과 함께 점차 시든다. 탐구가 없을 때는 밧줄에 대한 무지 요인이 그것을 뱀으로 보이게 하지만 탐구가 일어나면 뱀이 홀연히 사라지듯이, **마야**도 무지 속에서 번성하다가 탐구가 일어나면 사라진다. 밧줄상의 뱀과 그 환幻을 일으키는 힘이 탐구 이전에는 존속해도 탐구 이후에는 단순한 밧줄로 끝나듯이, **마야**와 그것의 효과인 세계도 탐구 이전에는 존속하지만 나중에는 순수한 **브라만**으로 끝난다.

36-38. 제자: 어떻게 단일한 물건이 두 가지 다른 방식으로 나타날 수 있습니까?

스승: **브라만**, 곧 비이원적인 **순수한 존재**는, 탐구 이전에는 자신을 세계로서 현출하지만 탐구 이후에는 자신을 **그것의** 참된 형상으로 보여준다.

우리가 제대로 숙고해 보기 전에는 점토가 항아리로 보이지만 나중에는 어떻게 점토로만 보이는지, 혹은 금이 장신구들로 보이다가 어떻게 금일 뿐임이 발견되는지 생각해 보라. **브라만**도 마찬가지다. 탐구를 해본 뒤에는 **브라만**이 단일하고, 비이원적이고, 부분이 없고, 과거·현재·미래에 불변임을 깨닫게 된다. 그 **브라만** 안에는 **마야**나 그 효과인 세계 같은 것이 아무것도 없다. 이 깨달음이 지고의 지知이자 무지의 한계라는 것이다. 마야의 '한계'는 이와 같이 묘사된다.

39. **제자**: 마야의 '열매'는 무엇입니까?

스승: 그것이 열매 없이(의미 있는 실체 없이) 무無 속으로 사라진다는 것이 그것의 열매이다. '토끼의 뿔'은 아무 의미가 없는 소리에 불과하다. 마야도 그와 마찬가지로 아무 의미가 없는 소리에 불과하다. 깨달은 진인들은 그것이 그렇다는 것을 발견했다.

40-43. **제자**: 그러면 왜 모두가 그 점에 동의하지 않습니까?

스승: 무지한 사람들은 마야가 실재한다고 믿는다. 사려 깊은 사람들은 그것이 묘사 불가능하다고 말할 것이다. 깨달은 진인들은 마야가 토끼의 뿔처럼 존재하지 않는다고 말한다. 이처럼 그것은 이 세 가지 방식으로 나타난다. 사람들은 자기 나름의 관점에서 그것에 대해 이야기하겠지만 말이다.

제자: 왜 무지한 사람들은 그것이 실재한다고 여깁니까?

스승: 아이에게 겁을 주려고 귀신이 있다는 거짓말을 하면 아이는 그것이 사실이라고 믿는다. 마찬가지로, 무지한 사람들은 마야에 눈이 부셔서 그것이 실재한다고 믿는다. 경전의 견지에서, 실재하는 브라만과 실재하지 않는 세계의 성품을 탐구하는 사람들은 마야가 그 둘 중 어느 것과도 다르고 그 성품을 판정하기 어렵다는 것을 알고, 그것은 묘사 불가능하다고 말한다. 그러나 탐구를 통해 지고의 지知를 성취한 진인들은 "자기 딸에 의해 불에 타버린 엄마처럼, 지知에 의해서 재가 되어 버린 마야는 그 어느 때에도 존재하지 않는다"고 말한다.

44-46. **제자**: 어떻게 마야가 자기 딸에 의해 불에 타버린 엄마에 비유될 수 있습니까?

스승: 탐구의 과정에서 마야는 점점 더 투명해져서 지知로 변한다. 이처럼 지知는 마야에서 탄생하며, 그래서 마야의 딸이라고 하는 것이다. 그토록 오래 무無탐구 위에서 번성하던 마야가 탐구로 인해 최후의 날을 맞는다. 새끼를 부화한 게(crab)가 자신은 죽고 말듯이, 탐구의 최후의 날에 마야는 지知를 낳으면서 그 자신을 도로 없앤다. 즉시 그 딸인 지知가 그녀를 재로 만들어 버리는 것이다.

제자: 어떻게 자식이 그 어버이를 죽일 수 있습니까?

스승: 대숲에서 대나무들이 바람에 움직이며 서로를 마찰하면 불이 일어나 어버이 대나무들을 태워버린다. 마찬가지로 마야에서 태어난 지知도 마야를 태워 재로 만들어 버린다. 마야는 토끼의 뿔처럼 이름으로만 남아 있다. 그래서 진인들은 그것이 존재하지 않는다고 선언한다. 더욱이 그 이름 자체가 그것의 비실재성을 함축하고 있다. 그 이름은 아비디야(Avidya)와 마야이다. 이 중에서 전자는 '무지 혹은 존재하지 않는 것'(ya na vidyate sa avidya)이란 뜻이고, 마야는 '없는 것'이란 뜻이다(ya ma sa maya). 따라서 그것은 단순히 부정이다. 이처럼 그것이 열매 없이 무無 속으로 사라지는 것이 그것의 '열매'이다.

47-49. 제자: 스승님, 마야가 지知로 변합니다. 따라서 그것이 열매 없이 무無로서 사라진다고 말할 수는 없습니다.

스승: 지知, 곧 변용된 마야가 실재할 때만 마야가 실재한다고 말할 수 있다. 그러나 이 지知 자체가 거짓이다. 따라서 마야는 거짓이다.

제자: 어떻게 지知가 거짓이라고 할 수 있습니까?

스승: 나무들을 마찰해서 나오는 불은 그 나무들을 태운 다음 꺼져 버리고, 정수과淨水果(clearing-nut)[1]는 물의 불순물들을 끌고 내려가

---

[1] T. 니르말리 나무라고도 하는 clearing-nut tree(Strychnos popatorum)의 열매. 이것을 갈아서 탁한 물에 넣으면 물이 쉽게 정화된다. '천연 응집제'의 하나이다.

그 자체가 그것들과 함께 가라앉는다. 마찬가지로, 이 지知는 무지를 파괴하고 그 자체도 소멸한다. 그것도 결국에는 해소되므로 마야의 '열매'는 비실재일 수밖에 없다.

50-52. **제자:** 지知도 결국에는 사라지게 된다면 어떻게 무지의 효과인 윤회가 근절될 수 있습니까?

스승: 무지의 효과인 윤회는 지知와 마찬가지로 실재하지 않는다. 하나의 비실재는 다른 하나의 비실재에 의해 소멸될 수 있다.

53. **제자:** 그것은 어떻게 이루어질 수 있습니까?

스승: 꿈의 주체가 느끼는 허기는 꿈의 음식에 의해 충족된다. 전자나 후자나 공히 비실재이지만 (허기의 해소라는) 목적에는 이바지한다. 마찬가지로, 지知가 비록 실재하지 않으나 (무지의 제거라는) 목적에는 이바지한다. 속박과 해탈은 무지의 거짓된 관념일 뿐이다. 밧줄 뱀의 나타남과 사라짐이 똑같이 거짓이듯이, 브라만 안에서의 속박과 해탈도 그러하다.

54-55. 결론적으로 말해서, 지고의 진리는 비이원적 브라만뿐이다. 기타 모든 것은 거짓이며, 그 어느 때에도 존재하지 않는다. 경전들도 이를 지지하면서 이렇게 말한다. "그 무엇도 창조되거나 소멸되지 않는다. 속박도 없고 해탈도 없다. 속박되어 있거나 해탈을 바라는 자도 없다. 구도자도 없고, 수행자도 없고, 해탈한 자도 없다. 이것이 지고의 진리이다."[2] 덧씌움의 제거는 이처럼 마야와 그 효과들을 넘어선 비이원적 실재, 곧 순수한 존재를 아는 데 있다. 그것의 깨달음이 곧 **생전해탈**生前解脫(*Jivanmukti*)이라는 것이다.

56. 이 장을 주의 깊게 공부하는 사람만이 무지의 덧씌움을 없애는 수단

---

[2] *T.* 가우다빠다(Gaudapada), 『만두꺄 까리까(*Mandukya Karikas*)』, II.32를 보라.

으로서의 **진아탐구**의 과정을 알려고 열망할 수 있다. 그런 탐구를 할 만한 근기의 구도자는 다음 장에서 다루어질 네 가지 자질을 소유하고 있어야 한다. 그런 다음 탐구의 방법을 다루게 될 것이다.

유능한 구도자는 이 두 장을 주의 깊게 공부하고 나서 다음 장으로 나아가야 한다.

제3장 수행修行 — 성취의 수단

1. 진인들은 "존재-지知-지복인 지고아에게 어떻게 윤회가 있을 수 있는가?"라는 질문에 대해, "미현현일 때의 진아의 힘을 마야라 하고, 현현했을 때는 그것이 마음이다. 이 마야, 곧 불가해한 마음(Mind)의 상相이 자아에게 윤회의 싹이다"라고 대답한다.

   제자: 마음이 묘사 불가능하다고 누가 말했습니까?

2-3. **스승**: 바시슈타가 라마에게 말했다. "비이원적 의식 안에 실재하는 지知와 다르고 실재하지 않는 무지각과도 다른 관념(bhava)이 있다. 그것은 창조하고, 습習들을 이것과 저것으로 투사하며, 의식하는 것과 의식하지 못하는 것을 한데 섞어 그것이 '지각력 있는 것'과 '지각력 없는 것'의 범주들로 나타나게 하는 경향이 있는데, 그것 자체가 '지각력 있는 것'과 '지각력 없는 것'의 성품을 공히 가지고 있다. 늘 동요하고 변화무쌍한 것이 마음이다. 그래서 그것은 묘사 불가능하다."

4. 지고아는 그 자체 변하지 않으나 그릇되게 덧씌워진 마음과 연관되면서 변화무쌍한 것으로 보인다.

   제자: 어째서 그렇습니까?

   스승: 술에 취한 브라민이 술기운에 사로잡히면 이상하게 행동하듯이, 진아도 성품상 변치 않는 것이기는 하나, 이제 마음과 연관되면 그 개아가 이 윤회계 안에서 뒹구는 데 따라 변한 것으로 보인다.

그래서 진아의 윤회란 마음에 다름 아니다. 경전에서 그렇게 말한다.

5. 마음이 윤회이므로 마음을 탐구해야 한다. 그것이 갖는 상相(즉, 관념 bhava)에 따라서 대상의 형태를 취하는 마음과 연관되면, 인간이 그런 변화들을 겪는 것처럼 보인다. 이 영원한 비밀이 『마이뜨리이니야 우파니샤드(Maitryiniya Upanishad)』에 밝혀져 있다. 이것은 우리의 경험에 의해, 그리고 적극적·소극적 귀납추리에 의해 확인된다.

6-7. 제자: 그것이 어떻게 우리의 경험에 의해 확인됩니까?

스승: 깊은 잠 속에서 마음이 침묵하고 있을 때는 진아가 변화 없이, 윤회 없이 있다. 꿈과 생시에 마음이 현현하면 진아는 변하여 윤회에 사로잡힌 듯이 보인다. 누구나 경험상 그것을 안다. 경전(sruti, smriti), 논리, 경험에 비추어 이 윤회는 마음 그 자체에 지나지 않음이 명백하다. 누가 이토록 명백한 사항을 논박할 수 있겠는가?

8-9. 제자: 마음과의 연관은 어떻게 진아를 윤회에 얽어맵니까?

스승: 덧씌움에 관한 제1장에서 이미 말했듯이, 성품상 늘 이것저것을 생각하는 마음은 두 가지 상相, 즉 '나'라는 상相과 '이것'이라는 상相으로 작용한다. 이 두 가지 중에서 '나'라는 상相은 늘 '나'라는 단일한 개념을 가진 반면, '이것'이라는 상相은 그때 작용하는 사뜨와(satva)[맑음]·라자스(rajas)[활동성]·따마스(tamas)[둔감성]의 성질에 따라 달라진다.

제자: 전에 누가 그렇게 말했습니까?

10-11. 스승: 스리 비디야라니야스와미(Sri Vidyaranyaswami)가 말하기를, 마음에는 사뜨와·라자스·따마스라는 성질들이 있고, 그에 따라 마음이 변한다고 했다. 사뜨와에서는 무욕·평안·자비 등이 나타나고, 라자스에서는 욕망·분노·탐욕·두려움·노력 등이 나타나며, 따마스에서는 나태·혼동·아둔함 등이 나타난다.

12-14. 성품상 불변의 순수한 지知인 지고아가, 작용하는 성질에 따라서 변하는 마음과 연관되면 그것과 동일시된다.

제자: 어떻게 그럴 수 있습니까?

스승: 물이 어떻게 그 자체로는 차갑고 맛이 없는지 보라. 하지만 (다른 요인과의) 연관으로 인해 물은 뜨겁거나 달거나 쓰거나 시거나 할 수 있다. 마찬가지로, 성품상 존재-지知-지복인 진아도 '나'라는 상相과 연관될 때는 에고로서 나타난다. 찬물이 열과 결합하면 뜨거워지듯이, 지복스러운 진아도 '나'라는 상相과 결합하면 불행에 시달리는 에고가 된다. 원래 아무 맛이 없는 물이 연관에 의해 달거나 쓰거나 시게 되듯이, 순수한 지知인 진아도 그 순간의 '이것'이라는 상相의 성질에 따라, 욕망이 없고 평화롭고 자비롭거나, 욕망에 넘치고 분노하고 탐욕스럽거나, 아니면 아둔하거나 나태하게 보인다.

15. 경전에서는 진아가 생기(*prana*) 등과 연관되면 각기 생기·마음·지성·흙 기타 원소들, 욕망·분노·무욕 등으로 보인다고 말한다.

16. 그에 따라 진아가 마음과 연관되면 개아(*jiva*)로 변한 것처럼 보이면서, 끝없는 윤회의 불행에 잠긴 채 '나, 너, 그것, 내 것, 네 것' 등의 무수한 환幻에 의해 미혹된다.

17. 제자: 이제 윤회가 진아의 운명이 되었으니, 그것을 어떻게 없앨 수 있습니까?

스승: 마음을 완전히 고요하게 하면 윤회가 송두리째 사라질 것이다. 그렇지 않으면 무수한 겁劫(*Kalpakotikala*)이 다하도록 윤회에 끝이 없을 것이다.

18. 제자: 마음을 고요하게 만드는 것 말고 다른 수단으로는 윤회를 없앨 수 없습니까?

스승: 다른 수단으로는 절대 안 된다. 베다로도, 다른 경전으로도,

고행으로도, 행위(karma)로도, 맹세(묵언의 맹세 등)로도, 보시(승려들에 대한 선물)로도, 만트라가 수록된 경전을 염하는 것으로도, 숭배로도, 기타 그 무엇으로도 윤회를 소멸할 수 없다. 마음의 고요함만이 (그것의) 종식을 성취할 수 있지 다른 무엇으로도 되지 않는다.

19. **제자:** 경전에서는 지知만이 그렇게 할 수 있다고 선언합니다. 그런데 어떻게 마음의 고요함이 윤회를 종식한다고 말씀하십니까?

스승: 경전에서 지知·해탈 등 여러 가지로 묘사하는 것은 마음의 고요함일 뿐이다.

제자: 전에 누가 그렇게 말한 사람이 있습니까?

20-27. **스승:** 스리 바시슈타가 이렇게 말했다. "수행에 의해 마음이 고요해지면 윤회의 모든 환幻들이 송두리째 사라진다. (천신과 아수라들이) 불사不死의 감로를 얻으려고 우유의 바다를 저었을 때, 온통 거칠었던 그 바다가 교반기[즉, 만다라 산]를 꺼낸 뒤 고요해지고 맑아졌듯이, 마음이 고요해지면 윤회는 영원히 종식된다(226쪽 참조)."

제자: 어떻게 하면 마음을 고요함에 이르게 할 수 있습니까?

스승: 자신이 좋아하는 모든 것을 포기하는 무욕에 의해서, 자신의 노력으로 쉽게 그 과업을 달성할 수 있다. 이 마음의 평안 없이는 **해탈**이 불가능하다. "브라만 아닌 모든 것은 대상적이고 실재하지 않는다"는 분별지分別知의 결과로 환幻에서 깨어난 마음에 의해 대상세계 전체가 깨끗이 씻겨나갈 때에만 **지고의 지복**이 일어날 것이다. 그렇지 않고 마음의 평안이 없으면, 무지한 사람이 경전이라는 깊은 심연에서 아무리 기를 쓰고 기어오르려 해도 해탈을 얻지 못한다.

요가 수행에 의해 모든 습濕을 상실하여 순수해졌고, 바람이 닿지 않게 둥근 지붕 밑에서 잘 보호되는 등불처럼 고요해진 마음이라야 죽은 마음이라고 할 수 있다. 이 마음의 죽음이 최고의 성취이다. 모든 베다의 최종 결론은, 해탈은 고요해진 마음에 불과하다는 것이다.

고요한 마음 외에는 재산도, 가족도, 친구들도, 팔다리를 움직여서 하는 행위(karma)도, 성지순례나 성스러운 강에서 하는 목욕도, 천상세계의 삶도, 아무리 심한 고행도, 그 무엇도, 해탈을 얻는 데는 소용이 없다. 비슷한 취지로 많은 경전들이 해탈은 마음을 없애는 데 있다고 가르친다. 『요가 바시슈타』의 몇 대목에서도 같은 가르침을 되풀이하고 있다. 즉, 윤회의 근본 원인이고 따라서 모든 불행의 원인인 마음을 쓸어내야만 해탈의 **지복**에 이를 수 있다고 말이다.

28. 이와 같이 신성한 가르침에 대한 지식과 추론, 그리고 자신의 체험으로 마음을 죽이는 것이 윤회를 없애는 것이다. 달리 어떻게 비참한 생사윤회를 정지시킬 수 있겠는가? 그리고 어떻게 거기서 자유를 얻겠는가? 결코 그럴 수 없다. 꿈꾸는 자가 깨어나지 않으면 그 꿈은 끝나지 않고, 꿈속에서 호랑이를 마주하는 공포도 끝나지 않는다. 마찬가지로, 마음이 환幻에서 깨어나지 않으면 윤회의 고뇌가 그치지 않을 것이다. 오직 마음이 고요해져야 한다. 이것이 삶의 완성이다.

29-30. **제자:** 어떻게 하면 마음을 고요하게 할 수 있습니까?

스승: 상키야(Sankhya)에 의해서이다. 상키야란 지知를 수반한 탐구의 과정이다.1) 깨달은 **진인**들은, 마음은 무無탐구에 뿌리를 두고 있고, 제대로 알고 하는 탐구에 의해 소멸된다고 선언한다.

제자: 그 과정을 부디 설명해 주십시오.

스승: 이것은 경전에서 말하는 청문聽聞(sravana)·성찰省察(manana)·일여내관一如內觀(nididhyasana)으로 이루어진다. 이것만이 마음을 고요하게 할 수 있다.

---

1) T. 여기서 '상키야'는 상키야 철학을 말하는 것이 아니라, 진리에 대한 분석적 탐구를 가리킨다. '상키야 요가'의 장으로 불리는 『바가바드 기타』 제2장을 참조하라.

31-32. 한 가지 대안도 있는데, 그것은 요가(yoga)라고 이야기된다.

제자: 요가란 무엇입니까?

스승: 성질에서 벗어나 있는 순수한 존재에 대한 명상이다.

제자: 이 대안은 어디서 어떻게 언급하고 있습니까?

스승: 『스리마드 바가바드 기타(Srimad Bhagavad Gita)』에서 스리 바가반 크리슈나는 이렇게 말했다. "상키야에 의해 얻어지는 것은 요가에 의해서도 얻어진다. 그 두 과정의 결과가 동일하다는 것을 아는 사람만이 깨달은 진인이라고 할 수 있다."[2]

33-34. 제자: 어떻게 그 두 가지 결과가 동일할 수 있습니까?

스승: 최종적 한계(최후의 도달점)는 둘 다 동일하다. 왜냐하면 둘 다 마음의 고요함으로 끝나기 때문이다. 이것이 삼매, 곧 **지복스러운 평안**이다. 삼매의 열매는 **지고의 지**(知)이며, 이것은 어느 과정에 의해서 얻어도 동일하다.

제자: 만약 그 열매가 둘 다 동일하다면 최종적 목적은 그 중 한 가지만으로도 달성할 수 있습니다. (『기타』에서는) 왜 하나만 말하지 않고 두 과정을 이야기합니까?

스승: 세간에서는 진리 추구자들의 근기에 여러 등급이 있다. 그들을 생각해서, 스리 바가반(크리슈나)은 그들이 선택할 수 있게 하기 위하여 이 두 가지를 언급한 것이다.

35. 제자: 어떤 사람이 탐구의 길(Sankhya)에 적합합니까?

스승: 완전한 자격을 갖춘 사람만이 이 길에 적합하다. 그런 사람은 성공할 수 있지만 그렇지 않은 사람은 성공하지 못하기 때문이다.

36-37. 제자: 이 과정을 위한 수단(sadhanas) 혹은 요건은 무엇입니까?

---

[2] T. 『바가바드 기타』, 제5장 제5연. 여기서 말하는 '요가', 즉 '명상 요가'에 대해서는 『기타』 제6장에서 설하고 있다. 실제적 '탐구의 길'은 분석(상키야)과 명상(요가)을 겸비한다.

스승: 아는 이들이 말하기를, 그 수단들은 실재와 비실재를 분별하는 능력(분별), 이승이나 내세에서 쾌락을 즐기려는 욕망이 없는 것(무욕), 활동의 중지, 그리고 해탈하려는 강렬한 열망으로 구성된다고 한다. 이 네 가지 자질 모두를 갖추고 있지 않으면 아무리 열심히 애를 써도 탐구에서 성공할 수 없다. 따라서 이 네 가지 수단이 탐구의 필수요건이다.

38. 우선 이 수단들의 뚜렷한 특징을 아는 것이 필요하다. 이미 지적했듯이, 이 뚜렷한 특징들은 원인(hetu)·본질(svabhava)·효과(karya)·한계(avadhi)·열매(phala)의 범주들이다. 이제 그것들을 묘사해 보겠다.

39-44. 분별(viveka)은 순수해진 마음에서만 일어날 수 있다. 그것의 '본질'은 브라만만이 실재하고 다른 모든 것은 거짓이라는 신성한 가르침의 도움으로 얻어지는 확신이다. 이 진리를 항상 기억하는 것이 그것의 '효과'이다. 그것의 '한계'(끝나는 지점, 종결점)는 브라만만이 존재하고 다른 모든 것은 실재하지 않는다는 진리 안에 흔들림 없이 자리 잡는 것이다. 무욕(vairagya)은 세계가 본질적으로 결함이 있다는 소견의 결과이다. 그것의 '본질'은 세간을 포기하고 세간의 어떤 것에도 욕망이 없는 것이다. 그것의 '효과'는 마치 토사물로부터 돌아서듯이 모든 쾌락을 혐오하며 거기서 돌아서는 것이다. 그것은 지상의 쾌락이든 천상의 쾌락이든, 모든 쾌락을 마치 토사물이나 타오르는 불, 혹은 지옥인 양 멸시하며 대하는 데서 끝이 난다.

활동중지(uparati)는 아쉬땅가 요가(astangayoga-8지肢 요가, 곧 라자 요가)―금계禁戒(yama)·권계勸戒(niyama)·좌법坐法(asana)·조식調息(pranayama)·제감制感(pratyahara)·응념擬念(dharana)·명상(dhyana)·삼매(samadhi)―의 결과로 나올 수 있다. 그것의 '본질'은 마음을 제어하는 데 있고, 그것의 '효과'는 세간적 활동을 그치는 것이다. 그것은 활동의 종식으로 인해 마치 잠 속에서처럼 세간을 잊어버리는 데서 끝이 난다. 해탈에의 열망(mumukshutva)은 깨달은 진인들과의 친교와 함께 시작된다. 그것의 '본질'은 해탈을 열망하는 것이고, 그것의 '효과'는 자신의 스승과 함께 있는 것이다. 그것은 모든 경전 공부와 종교적 의식儀式의 거행을 포기하는 데서 끝이 난다.

이런 것들이 위에서 말한 그것들의 '한계'에 도달했을 때, 그 수단들은 완전하다고 말해진다.

45-47. 이 수단들 중 단 하나 혹은 그 이상이 완전하지만 전부가 완전하지는 않다면, 그 사람은 죽은 뒤에 천상 세계에 나게 된다. 만일 그 전부가 완전하다면 그것들이 함께 신속히 그 사람으로 하여금 **진아**에 대한 철저한 탐구를 할 수 있게 해준다. 그 모든 수단이 완전할 때만 탐구가 가능하고, 그렇지 않으면 가능하지 않다. 그것들 중의 하나라도 계발되지 않았다면 그것이 탐구를 장애한다. 우리는 이제 이것을 다루어 보겠다.

48-49. 무욕 등의 요건이 계발되지 않았다면 설사 분별이 완전하다 해도 그 자체만으로는 **진아탐구**의 장애들을 제거할 수 없다. 베단타 경전(Vedanta Shastra)에 해박한 사람들이 얼마나 많은지 보라. 그들은 모두 이 덕목을 가지고 있음이 분명하지만, 무욕 등 다른 요건을 계발하지 않았기에 **진아탐구**를 하지 못한다. 이 사실로 미루어, 무욕 등이 수반되지 않는 분별은 소용이 없다는 것이 분명하다.

50-51. 제자: 어째서 베단타 학자들조차 탐구의 수행에서 성공하지 못했습니까?

스승: 그들은 늘 베단타를 공부하고 다른 사람들에게도 설법을 하지만, 무욕이 없기 때문에 자신들이 배운 것을 실천하지 않는다.

제자: 그러면 그들은 달리 무엇을 합니까?

스승: 그들은 앵무새처럼 베단타적 용어들을 재생산하지만 그 가르침을 실천에 옮기지 않는다.

제자: 베단타에서는 무엇을 가르칩니까?

스승: 베단타에서는 비이원적 브라만 외의 모든 것은 불행으로 가득하다는 것, 따라서 즐김에 대한 모든 욕망을 떠나고 사랑과 미움에서 벗어나며, '나', 너, 그, 이것, 저것, 내 것과 너의 것으로 나타나는 에고의 매듭을 철저히 끊어서 '나'와 '내 것'의 관념에서 벗어나고, 더위와 추위, 고통과 쾌락 등 상대물의 쌍들(pairs of opposites)에 무관심한 채 살면서, 만물의 평등성에 대한 완전한 지知 안에 고정되어 어떤 분별도 하지 않으며, 브라만 외의 그 무엇도 결코 자각하지 않고, 항상 비이원적 진아의 지복을 체험하라고 가르친다.

 베단타를 읽고 잘 이해했다 하더라도, 만약 무욕을 실천하지 않는다면 쾌락에 대한 욕망이 사라지지 않을 것이다. 즐거운 것들을 싫어하는 마음이 없으니, 그에 대한 욕망이 그 사람을 떠날 수 없다. 욕망이 제어되지 않기 때문에 사랑·분노 등의 감정과, 에고 곧 혐오스러운 몸 안의 '거짓-나', 몸에 즐거운 것들에 대한 '나'와 '내 것'으로 대표되는 소유 의식, 쾌락과 고통 같은 상대물의 쌍들, 그리고 거짓된 가치들이 사라지지 않을 것이다. 사람이 아무리 박식하다 해도 그 가르침을 실천에 옮기지 않으면 진정으로 박식한 것이 아니다. 그 사람은 그냥 앵무새처럼, 브라만만이 실재하며 다른 모든 것은 실재하지 않는다는 말만 되풀이할 것이다.

제자: 그는 왜 그렇게 하겠습니까?

스승: 아는 이들은 말한다. 똥을 보고 기뻐하는 개처럼, 이런 사람은 외적인 쾌락에 기뻐한다고. 그는 베단타를 읽고 그것을 가르치느라 늘 바쁘지만, 비천한 개보다 나을 것이 없다.

52. 모든 경전을 읽고 거기에 해박해지면, 자신들이 모든 것을 알고 있고, 일가를 이루었고, 존경 받을 만하다고 자만하게 된다. 그리고 사랑과 미움에 가득 사로잡힌 채 자신들이 잘났다고 생각한다. 이런 사람들은 먼 거리의 어렵고 힘든 길로 짐을 잘 실어 나른다고 평가 받는 짐 당나귀들에 불과하다. 비이원적 **진리**에 관한 한 그들을 고려할 필요는 없다. 같은 취지로 **바시슈타**는 **라마**에게 훨씬 많은 이야기를 하고 있다.

53. **제자**: 경전에 해박하면서도 그들의 가르침을 실천하지 않았던 사람들이 있습니까?

스승: 그야 많지. 우리도 **뿌라나**(Puranas-힌두 경전의 한 부류)에서 그런 이들에 대한 이야기를 읽지 않았던가? 한때 브라마 사르마라는 이름의 한 브라민이 있었다. 그는 **베다**와 **베단타**에 해박했고, 다른 방면에서도 일가를 이룬 사람이었다. 그는 자신이 배운 것을 실천하지 않으면서 그것을 남들에게 가르치곤 했다. 사랑과 미움에 가득 찬 채 탐욕에 따라 행위하여 계율을 어기고, 그 밖에도 자기 좋을 대로 쾌락을 즐겨, 죽은 뒤에는 지옥에 떨어졌다. 같은 이유로 수많은 사람들도 같은 길을 갔다.

세상에서 우리는 자만과 악의에 사로잡힌 수많은 유식한 학자들(pandits)을 본다. 분명히 **베단타** 공부는 우리를 분별력 있게 만든다. 그러나 여기에 무욕 등이 수반되지 않는다면 그런 것이 아무 소용없고, 탐구로 이끌어 주지도 않는다.

54-56. **제자**: 분별에 무욕이 겸비되면 목적을 이룹니까?

스승: 아니다. 활동중지가 없으면 이 두 가지만으로 탐구를 성공적으로 해내기에는 충분치 않다. 그것이 없으면 **진아**를 탐구할 욕망이 없을 것이다. 거기서 우리가 어떻게 성공을 이야기할 수 있겠는가?

제자: 무욕을 가진 사람이 **진아탐구**를 하지 않는다면 그는 무엇을 하겠습니까?

스승: 활동이 쉬지 않으면 고요함이 없다. 그는 욕망이 없으므로 모든 즐김을 싫어하고, 따라서 가정·재산·기예技藝 등에서 즐거움을 발견하지 못할 것이다. 그래서 그것들을 포기하고 홀로 숲 속으로 물러나서 혹독하지만 성과 없는 고행을 하게 된다. (『요가 바시슈타』에 나오는) 시키드와자 왕(King Sikhidhvaja)이 그 한 예이다.

57-59. 제자: 그러면 분별에 무욕과 활동중지가 겸비되면 목적을 이룹니까?

스승: 해탈하고자 하는 욕망이 없으면 안 된다. 이 욕망이 없으면 진아를 탐구하려는 동기가 없을 것이다.

제자: 그럴 때 그 사람은 무엇을 하겠습니까?

스승: 욕망이 없고 평화로우니, 그는 아무 노력도 하지 않고 무관심한 상태로 있을 것이다.

제자: 이러한 세 가지 자질을 갖춘 이들로서 **진아탐구**를 하지 않은 사람들이 있습니까?

스승: 그렇다. 모든 고행은 무욕을 내포한다. 고행자들(*tapasvis*)에게도 마음의 일념 상태가 유지된다. 하지만 그들은 **진아**를 탐구할 수 없다.

제자: 그러면 그들은 무엇을 합니까?

스승: 그들은 외적인 추구를 싫어하고 마음이 집중되어 있어, 깊은 잠의 그것과 같은 생기 있는 긴장 속에서 늘 근엄하게 있겠지만, 진아를 탐구하지는 않는다. 그 한 예로 『라마야냐(*Ramayana*)』에서는 고행(*tapasya*)을 모두 끝낸 뒤 천상계로 올라간 사라방가(Sarabhanga) 리쉬에 대해서 이야기한다.

제자: 천상계는 탐구의 한 열매 아닙니까?

스승: 아니다. 탐구는 **해탈**(Liberation)로 끝나는데, 이것은 반복되는 탄생과 죽음에서 벗어나는 것으로서, 한 세계에서 다른 세계로 옮겨 가는 것을 용납하지 않는다. 사라방가의 경우는 그가 **진아탐구**를 할 수 없었고, 하지 않았다는 것을 말해준다. 따라서 탐구를 위해서는 네 가지 요건 모두가 필수적이다.

60-61. 다른 세 가지 자질이 수반되지 않는 단순한 해탈 욕망으로는 충분하지 않다. 해탈에 대한 강렬한 욕망이 있는 사람은 탐구를 할 수 있지만, 다른 면에서 자격을 갖추지 못했으면 실패할 수밖에 없다. 그의 경우는 나무 높은 곳에 있는 벌집에서 꿀을 따고 싶은 절름발이와 같다. 그는 그 벌집에 닿을 수 없기 때문에 불만의 상태에 있을 수밖에 없다. 아니면 그 구도자는 **스승**에게 다가가 그에게 순복하고, 그의 인도를 받아 이익을 얻을 수도 있다.

제자: 다른 자격은 갖추지 못하고 해탈에 대한 열망만 강한 사람은 늘 불만의 상태에 있을 거라고 말하는 어떤 전거가 있습니까?

62. 스승: 『수따 상히따(Suta Samhita)』[3])에서 말하기를, 즐김을 욕망하면서도 해탈을 열망하는 사람들은 확실히 윤회라는 치명적 뱀에게 물리고, 따라서 그 독에 멍해진다고 했다. 이것이 그 전거이다.

네 가지 자질 모두가 구비되어야 한다는 견해에서는 경전(srutis)·이성·경험 간에 완전한 합의가 이루어져 있다. 그렇지 않고 설사 그 자질들 중 하나가 부족하여 탐구의 성공에 이르지 못한다 해도, 사후에는 복된 세계에 태어나게 될 것이다. 네 가지 자질 모두가 완전하고 그것들이 함께 존재하면, 탐구가 성과를 거둔다.

63-69. 제자: 결론적으로, 누가 **진아탐구**를 하기에 적합합니까?

---

3) T. 뿌라나 경전의 하나인 『스깐다 뿌라나(Skanda Purana)』의 일부.

스승: 이 네 가지 필수적 자질을 완전히 갖춘 사람들만이 적합하고, 그렇지 않은 사람들은 **베다**와 여타 경전에 정통하거나 다른 방면에서 고도의 성취를 이루었다 해도 탐구에 적합하지 않다. 혹독한 고행을 하는 사람, 종교적 의식이나 맹세 혹은 만트라 염송을 엄격히 행하는 사람, 어떤 종류의 숭배자, 많은 선물을 (사원이나 승려들에게) 보시하는 사람, 방랑하는 순례자 등도 마찬가지이다. 거듭나지 않은 사람들에게 베다적 의식儀式이 적합하지 않듯이, 탐구도 자격이 없는 사람들에게는 적합하지 않다.

제자: 필수적 자질이 부족하면 아주 박식한 학자도 자격이 없습니까?
스승: 그 사람이 모든 신성한 학문에 해박하든 아니면 그 모두에 대해 무지하든, 네 가지 요건을 갖춘 사람만이 탐구를 할 자격이 있다. 경전에서는 "마음이 균형 잡히고, 감각기관이 제어되어 있고, 활동이 그쳤고, 꿋꿋함을 가진 사람들"이 여기에 적합하다고 말한다. 여기서, 그렇지 못한 사람들은 근기가 되지 않고, 네 가지 덕을 소유한 사람들만이 근기가 된다는 결론이 나온다.

70. **제자**: 근기가 되는 구도자들 사이에도 어떤 구분이 있습니까?
스승: **진아탐구**를 위한 자격은 계급·인생단계 기타 유사한 사항들에 관해서는 전혀 어떤 구분도 없다. 그 구도자가 으뜸가는 학자든, 빤디뜨(pandit)든, 일자무식이든, 아이든, 청년이든, 노인이든, 독신자든, 재가자든, 고행자든, 출가자(sanyasi)든, 브라민이든, 크샤트리아든, 바이샤든, 수드라든, 찬달라(불가촉천민)든, 여자든, 이 네 가지 자격 조건을 갖추어야만 구도자라고 할 수 있다. 이것이 **베다**와 여타 경전들의 이론異論 없는 견해이다.

71. **제자**: 그럴 리가 없습니다. 어떻게 일자무식, 여자들, 찬달라들이 경전에 밝은 빤디뜨를 젖히고 자격을 얻을 수 있겠습니까? 빤디뜨가

확실히 다른 사람들보다 더 자격이 있을 수밖에 없습니다. 당신께서는 경전에 대한 지식은 자격요건이 아니고, 그 가르침을 실천하는 것이 자격요건이라고 하십니다. 누구도 자기가 알고 있지 않은 것은 실천할 수 없습니다. 일자무식인 사람이 어떻게 필요한 자격을 갖출 수 있겠습니까?

스승: 그 답변으로 내가 묻겠으니 그대가 말해 보라. 유식한 사람은 어떻게 자격을 갖추는가?

제자: 그는 이기적인 목적으로 행위를 해서는 안 되고 그것을 신에게 바쳐야 한다는 경전의 가르침을 알고 있기 때문에, 그렇게 할 것입니다. (그러다 보면) 그의 마음은 순수해질 것이고, 점차 탐구에 필요한 무욕 등을 얻게 될 것입니다. 이제 일자무식인 사람이 어떻게 자격을 갖출 수 있는지 말씀해 주십시오.

스승: 일자무식인 사람도 그럴 수 있다. 지금은 비록 무식하지만, 그는 전생에 그런 가르침을 배워서 자신의 행위를 신에게 바쳤을 수도 있다. 그의 마음은 이미 충분히 순수하기 때문에, 이제 **진아탐구**에 필요한 자질들을 쉽게 얻을 수도 있다.

72. **제자**: 일자무식인 사람이 전생에 얻은 수단들(sadhanas)이 나중에 잠재적인 습習으로 남아 있다가 이제 드러난다면, 전생에 얻은 그의 학식도 왜 비슷하게 지금 드러나지 않겠습니까?

스승: 그의 과거업 중 일부가 그 학식이 드러나는 것만 막고 있을 수 있다.

제자: 만일 그 학식이 막힌다면 (그가 전생에 얻은) 수단은 어째서 막히지 않고 드러납니까?

스승: 그 학식이 막힌다 해도, 그가 한 가치 있는 노력의 열매들은 상실될 수 없다. 탐구를 위한 근기는 잃을 수가 없다.

73. 제자: 그의 네 가지 수단이 그의 학식처럼 막히면 어떻게 됩니까?

스승: 그렇게 되면 필수적 자질이 부족한 탓에, 학자도 일자무식도 탐구를 할 만한 근기가 되지 못할 것이다. 두 사람이 똑같을 것이다.

74-76. 제자: 아닙니다. 그럴 리가 없습니다. 그 가르침을 알고 있는 학자는 설사 자격을 이미 갖추고 있지는 못하다 해도, 그것을 실천에 옮겨서 점차 자격을 갖추어 나갈 수 있습니다. 반면에 일자무식인 사람은 전생에 한 모든 공부에도 불구하고 아직 성공하지 못했는데, 이제 배웠던 것도 잊어 버렸고 그의 수단들도 막혀 있다면 무슨 희망이 있겠습니까? 보나마나 그는 탐구에서 성공할 수 없습니다.

스승: 그렇지 않다. 비록 일자무식이라 해도, 해탈을 열망하는 사람은 스승에게 다가가서 경전의 핵심을 배우고 그 가르침을 열심히 수행하여 끝내 성공할 것이다. 경전에 무지해도 천상계에 나기를 바라는 세속인이 스승의 인도를 받아서 (법식의) 준수·예배·규율에 의해서 자신의 목적을 이루듯이, 일자무식인 사람도 스승의 가르침을 따르면 지식을 가진 학자만큼이나 확실히 이익을 얻을 수 있다.

77-78. 제자: 종교적 의식은 그 사람의 열의에 따라서만 열매를 맺습니다. 진리의 추구자가 열심히 할 때에만 스승의 인도도 같은 방식으로 작용할 수 있습니다. 그렇지 않다면 어찌 그럴 수 있겠습니까?

스승: 열심히 하는 것이 행위(*karma*)의 결과를 거두는 본질적 요소이듯이, 배운 학자나 어떤 스승의 제자가 하는 수행(*sadhana*)도 마찬가지이다. 행위나 수행은 그에 대한 관심이 없다면 성공할 수 없다. 학자든 일자무식이든, 그것을 실천하는 데에 그가 갖는 관심 정도에 따라 열매를 거두게 된다. 열심히 하지 않는 사람은 베다나 스승과 관련한 어떤 문제에서도 고려할 필요가 없다.

79. 학자든 일자무식이든, 만약 그가 앞에서 말한 자격을 갖추고 있지는

않지만 해탈을 원한다면, 그 수단들을 열심히 제대로 닦아서 이제라도 자격을 갖추어야 한다. 그러면 나중에 탐구를 할 만한 근기가 될 것이다. 그래서 학자와 일자무식 간에 어떤 구분도 할 수 없다.

80. **제자**: 만약 그렇다면, 진아탐구를 할 만한 근기와 관련하여 학자는 일자무식인 사람과 어떻게 다릅니까?

스승: 그 차이는 학식에 있을 뿐 수단(수행)의 실천, 곧 탐구에 있는 것이 아니다.

81-82. **제자**: 아닙니다. 그럴 리가 없습니다. 학식이 수행에서 어떤 차이를 가져오지는 않는다 해도, 그것은 탐구를 해나갈 때는 확실히 학자에게 유리하게 작용할 것이 분명합니다.

스승: 그렇지 않다. 경전은 탐구의 수단이 아니다. 그 수단은 무욕 등으로 이루어진다. 그런 것들만이 사람에게 탐구의 자격을 갖추어 주지, 경전에 대한 학식은 어떤 차이도 가져오지 않는다. 따라서 탐구의 영역에서 학자가 일자무식인 사람보다 유리한 점은 없다.

83-85. **제자**: 무욕 등이 탐구에서 성공하기 위한 수단이라고 인정할 때, 필요한 수단들을 가지고 있다고 해도 **진아탐구**는 경전의 견지에서만 추구해야 합니다. 따라서 경전 공부는 성공적인 탐구를 위해 필수불가결합니다.

스승: 무슨 소리! 진아를 아는 데는 어떤 경전도 필요 없다. 자기임을 알기 위해 누가 경전을 들여다보는가? 분명히 그렇지 않다.

제자: 진아를 이미 알고 있어야만 **진아탐구**에 경전이 필요하지 않을 것입니다. 그러나 구도자는 미혹되어 자신의 참된 성품을 모르고 있습니다. 일자무식인 사람이 진아의 성품을 다루는 경전들을 공부하지 않고 어떻게 **진아**를 깨닫겠습니까? 그럴 수 없습니다. 따라서 깨달음의 예비단계로서 경전을 배워야 합니다.

스승: 경전에서 얻은 **진아**에 대한 지식의 경우는 **베다** 등에서 말하는 천상계에 대한 지식과 같이 간접적이며, 직접 체험한 것이 아니다. 이러한 지식은 전해들은 것이고, 직접적 지각이 될 수 없다. 비슈누의 형상에 대한 지식은 늘 간접적이고, 따라서 팔이 네 개인 그 존재에 대한 어떤 직접적 지각도 없다. 또 천상계에 대한 지식도 이 세상에서는 간접적일 수밖에 없듯이, 경전에 나오는 **진아**에 대한 지식도 간접적일 수밖에 없다. 이것은 그 사람을 예전 그대로, 즉 전과 같이 무지한 상태에 있게 한다. 직접 체험한 지식만이 참되고 유용할 수 있다. 진아는 깨달아야 하는 것이지 논의할 것이 아니다.

86-88. 제자: 전에 그렇게 말한 분이 있습니까?

스승: 스리 비디야라니야가 「명상의 등불(*Dhyana Deepika*)」4)에서 이렇게 말했다. "경전에서 얻는 **비슈누**의 모습에 대한 지식, 즉 그는 팔이 네 개이고 원반·소라고둥 등을 들고 있다고 하는 것은 간접적일 뿐 직접적일 수 없다." **비슈누**를 그렇게 묘사한 것은 숭배를 위한 심적 이미지로 삼기 위한 것이고, 누구도 그 모습을 직접 대면할 수 없다. 마찬가지로, 경전을 읽고 **진아**가 **존재**-**지**知-**지복**이라는 것을 아는 것도 간접지에 해당하며 체험과 같을 수 없다. 왜냐하면 **진아**는 개인의 가장 내적인 존재, 곧 다섯 껍질(five sheaths)5)을 주시하는 의식이기 때문이다. 그것이 곧 **브라만**이다. 이것을 깨닫지 못하고 경전을 읽어서 얻은 모든 것은 피상적 지식이다. 그것은 간접지間接知일 뿐이다.

제자: 비슈누 혹은 천상의 존재는 진아와 다르기에 대상적일 수밖에

---

4) *T.* 비디야라니야의 『빤짜다시』 제9장의 제목이다.
5) *T.* 개아를 둘러싸고 있는 다섯 겹의 층인 음식껍질·생기껍질·마음껍질·지성껍질·지복껍질을 말한다. (『라마나 마하르쉬 저작 전집』, 59쪽 참조.)

없습니다. 반면에 진아는 주체적이고, 그것의 지知는 어떻게 얻은 것이든 직접적일 뿐, 간접적일 수 없습니다.

스승: 베단타가 개인의 가장 내적인 존재가 곧 브라만이라는 의미의 "그대가 그것이다(That thou art)"라는 말로써 지고의 진리를 자연발로적으로, 직접적으로 가르치기는 하나, 진아 깨달음의 유일하게 확실한 수단은 탐구이다. 경전지經典知만으로는 부족한데, 그것은 간적접일 뿐이기 때문이다. 진아탐구에서 나오는 체험만이 직접지直接知일 수 있다.

89-90. 바시슈타도 같은 취지로 말했다. 경전·스승·가르침(upadesa)은 모두 전통적인 것이며, 구도자에게 곧바로 직접 진아를 직접 깨닫게 해주지는 않는다고 말이다. 구도자의 마음의 순수성이 깨달음을 위한 유일한 수단이며, 경전도 스승도 그 수단이 아니다. 진아는 자기 자신의 예리한 분별에 의해 깨달을 수 있고, 다른 어떤 수단으로도 깨달을 수 없다. 이 점에 대해서는 모든 경전이 동의한다.

91. 이것으로 볼 때, 탐구에 의하지 않고는 설사 베단타를 공부한다 하더라도 결코 진아를 깨달을 수 없다는 것이 분명하다.

92. **제자:** 진아는 경전에 대한 비판적 공부에 의해서만 깨달을 수 있는 것이 분명합니다. 진아탐구가 비판적이고 분석적인 경전 공부 아니고 달리 무엇일 수 있습니까?

93. **스승:** 몸·감각기관 등의 안에서 '나'라는 개념이 지속된다. 내면을 향한 일념의 마음으로 이 '나', 곧 다섯 껍질 안의 가장 깊은 곳에 있는 존재인 진아를 알아내려는 것이 진아탐구이다. 베단타 경전을 입으로 염하거나 그 말들을 비판적으로 공부하면서 몸 밖의 다른 데서 그것을 추구하는 것은 진아탐구라고 할 수 없다. 예리한 마음으로 자기의 참된 성품을 철저히 탐구하는 것만이 진아탐구일 수 있다.

94-96. 제자: 경전을 읽고 이해하는 것으로는 **진아**를 알 수 없습니까?

스승: 알 수 없다. 왜냐하면 **진아**는 조대신粗大身(gross body)·미세신微細身(subtle body)·원인신原因身(causal body)과는 다른, 생시·꿈·깊은 잠의 세 가지 상태를 주시하는 **존재-지**知**-지복**이기 때문이다. 경전을 읽느라고 늘 발성기관을 사용하거나, 문법·논리·어법에 대한 철저한 지식을 가지고 경전을 비판적으로 검토하여 그 의미를 이해하는 것으로는 내면에 있는 **진아**를 드러나게 할 수 없다.

제자: 그 진아를 어떻게 깨달을 수 있습니까?

스승: 마음으로 다섯 껍질의 성품을 검토하고, 체험으로 그것들을 판정한 다음, "이것은 **진아**가 아니다, 이것은 **진아**가 아니다"라고 하면서 그것들을 하나하나 단계별로 내버리고, 그렇게 해서 미세해진 마음으로 **진아**를 추구하여 그것이 다섯 껍질의 너머에 있는 주시하는 의식임을 깨닫는 것이 **진아**탐구의 전 과정이다. 밖에서는 **진아**를 볼 수 없다. 그것은 다섯 껍질에 의해 두루 펴져 있고 다섯 껍질 안에 숨겨져 있다. 그것을 발견하기 위해서는 지성이 내면으로 향해져 내면에서 찾아야지, 경전에서 그것을 찾으면 안 된다. 제정신을 가진 어떤 사람이 집에서 잃어버린 물건을 숲 속에서 찾겠는가? 그 물건이 숨겨져 있는 곳에서 찾아야 한다. 마찬가지로, 다섯 껍질에 의해 덮여져 있는 **진아**는 그것들 안에서 찾아야지 경전에서 찾아서는 안 된다. 경전은 그것이 있을 장소가 아니다.

97. 제자: 맞습니다. **진아**를 경전에서 찾을 수는 없습니다. 학자가 **진아**를 발견하고 깨닫기 위해서는, 경전에서 다섯 껍질의 성품을 배우고, 그것들을 지적으로 조사하고, 경험하고 내버릴 수 있습니다. 그러나 **진아**의 성품이나 다섯 껍질의 성품을 모르는 무식한 사람은 어떻게 이 탐구를 해나갈 수 있습니까?

스승: 학자가 책에서 배우듯이 무식한 사람은 스승에게서 배울 수 있다. 나중에는 양자에게 공히 탐구가 남는다.

98-99. 제자: 그러면 일자무식인 사람에게는 스승이 필요하고 학자에게는 그렇지 않다는 이야기가 됩니까?

스승: 학자든 일자무식이든 스승 없이는 누구도 성공할 수 없다. 시간이 시작된 때부터 구도자들은 경전에 밝은 사람들조차도 모두 스승 없이는 진아를 깨달을 수 없다는 것을 알고, 늘 자신을 깨우쳐 줄 스승을 찾았다. 나라다는 사나뜨꾸마라(Sanatkumara)를 찾아갔고, 인드라는 브라마를, 수까(Suka)는 자나까(Janaka) 왕을 찾아갔다. 스승이 자애롭게 끌어주지 않으면 누구도 결코 해탈할 수 없다.

100-101. 제자: 어떤 일자무식인 사람이 오로지 스승의 은총에 의해 해탈한 경우가 있습니까?

스승: 있다. (『브리하다라니야까 우파니샤드』에서) 야냐발끼야(Yagnavalkya)는 자기 아내인 마이뜨레이(Maitreyi)가 해탈하도록 도와주었다. 전에 무지했던 다른 많은 여성들, 예를 들면 (『요가 바시슈타』에 나오는) 릴라(Leela)나 쭈달라(Chudala)도 생전에 해탈하였다. 따라서 경전에 무지한 사람들도 진아탐구를 할 자격이 있다.

102-108. 이제 최상의 자격을 갖춘 구도자의 기질은, 실재와 비실재를 분별함으로써 이승에서나 내세에서의 모든 즐김을 마치 독毒이나 토사물 혹은 이글거리는 불길인 양 내버리고, 모든 활동에서 물러나 깊은 잠이 든 사람처럼 고요하게 머무르는 무욕(dispassion)인 것이 분명하지만, 그는 마치 머리에 불이 붙어서 타고 있기라도 한 듯 참을 수 없는 신체적·정신적 고통으로 인해 자신이 그 고요한 상태에 있을 수 없는 것을 발견한다. 그는 행복을 느낄 수도 없고 그 고뇌를 한시도 견딜 수 없어, "나는 언제나 벗어날 것인가? 어떻게 무슨

수로 해탈할 수 있나?" 하고 느끼면서 고뇌로 불타오른다.

최상 근기인 구도자에게는 모든 자격요건이 위에서 말한 범주의 '한계(avadhi)'까지 꽉 차야 한다. 그 다음 등급, 즉 좋은 구도자에게 는 그 자격요건이 '효과' 단계까지만 계발되어 있고, 중간 수준의 구도자에게는 '본질' 단계까지만, 그리고 가장 하급의 구도자에게는 그들의 '원인' 단계까지만 계발되어 있다. 이런 단계들이 그 구도자가 하는 노력의 성공 여부를 좌우한다.

109. 최상의 구도자들이 기울이는 노력에는 즉각적인 성공이 따라오고, 그 다음 등급의 구도자는 얼마간 시간이 경과한다. 중간 수준에게 는 더 많은 시간이 필요하고, 하급의 구도자는 오랜 기간 동안 꾸준히 수행해야만 성공할 수 있다.

110-112. 마지막 두 등급의 구도자들은 마음이 복잡한 탓에 탐구를 잘 하지 못한다. 그들의 마음은 요가에 의해 더 쉽게 안정되므로 그들에게는 탐구보다 요가가 더 적합하다. 처음 두 등급의 구도자들은 탐구로써 쉽게 이익을 얻기 때문에, 요가보다 탐구가 더 적합하다.

113-114. 「명상의 등불」에서 스리 비디야라니야스와미가 말했다. "탐구의 길은 마음이 혼란되어 있는 구도자들을 성공으로 이끌 수 없다. 그들 마음의 거짓된 관념들을 끌어내리려면 요가가 필요하다. 완전한 자격을 갖춘 사람들의 마음은 혼란되지 않고 일념의 상태를 유지한다. **무지**의 은폐력만이 아직 그들에게서 **진아**를 감추고 있다. 그들은 깨침(awakening)만을 기다린다. 탐구는 깨침의 과정이며, 따라서 그들에게 가장 적합하다."

114-118. 요가는 불필요한 긴장 없이 오랫동안 꾸준히, 열심히, 부지런히, 그리고 주의 깊게 닦은 뒤에야 성공할 수 있다.

제자: 왜 요가에 대해 그렇게 주의 깊어야 합니까?

스승: 마음을 진아 안에 고정하려고 하면 그것이 말을 잘 듣지 않게 되어 감각기관을 통해 그 사람을 대상들로 끌고 간다. 그 사람이 아무리 단호하고 많이 안다 해도, 마음은 말을 잘 듣지 않고, 힘이 세고, 고집스러워서 제어하기 어렵다. 마음은 성품상 제멋대로여서 잠시도 가만히 있지 못하고, 여기저기 어디든 뛰어다닌다. 금방 지하 세계에 있다가 순식간에 하늘로 날아오르고, 사방팔방으로 움직인다. 원숭이처럼 변덕이 심하다. 마음을 고정하기가 어려운데, 그렇게 하려면 주의 깊어야 한다.

119-21. 『스리마드 바가바드 기타』에서 아르주나가 스리 바가반(크리슈나)께 질문한다. "크리슈나시여! 마음은 늘 변덕이 심하고 사람을 요동시키며, 제어하기에 너무 강하지 않습니까? 마음을 제어하는 것보다 주먹 안에 공기를 움켜쥐는 것이 더 쉽겠습니다."

『요가 바시슈타』에서 스리 라마가 바시슈타에게 질문했다. "스승님! 마음을 제어하기는 불가능하지 않습니까? 바다를 다 들이마시거나, 수미산(Mt. Meru)을 들어 올리거나, 이글거리는 불길을 삼키는 것이 마음을 제어하는 것보다 더 빠르겠습니다." 라마와 아르주나가 한 말과 우리 자신의 경험에 비추어, 우리가 아무리 유능하고 용맹하다 해도 마음을 제어하기란 극히 어렵다는 것은 의심할 바 없다.

122-124. 제자: 마음의 제어가 그렇게 어렵다면 대체 어떻게 요가를 닦을 수 있습니까?

스승: 수행과 무욕에 의해 마음을 제어할 수 있다. 스리 바가반도 아르주나에게 같은 말을 했고, 바시슈타도 스리 라마에게 그렇게 말했다. 스리 크리슈나는 말했다. "꾼띠(Kunti)의 아들이여! 마음이 말을 잘 듣지 않아 제어하기 어렵다는 것은 의심할 바 없다. 그렇기는 하나 수행과 무욕에 의해 그것을 제어할 수 있다." 바시슈타가 말

했다. "라마여, 마음이 제어하기 어렵기는 해도, 무욕과 노력으로 조복 받아야 한다. 설사 손을 비틀고 이를 악물며 감각기관과 사지를 붙들어 매는 한이 있더라도, 의지력으로 그것을 성취해야 한다."

따라서 마음을 제어하려면 치열한 노력이 필요하다.

125-127. 심장의 연꽃 안에 늘 살고 있는 마음이라는 꿀벌은 **심장연꽃**의 비할 바 없는 **지복**이라는 달콤한 꿀을 버려두고 소리·촉감·형상·맛·냄새로서 밖에서 수집된, 불행의 쓴맛을 가진 꿀을 탐해 늘 감각기관을 통해 밖으로 날아간다. 무욕을 통해 감각기관이 강제로 닫히고 마음이 차단되어도 그것은 내면에 머물러 있기에, 현재를 생각하거나 과거를 회상하거나 아니면 공중누각을 지을 것이다.

제자: 마음의 미세한 활동까지 어떻게 제어할 수 있으며, 마음 자체는 어떻게 완전히 조복 받을 수 있습니까?

스승: 그것의 외적 활동을 제어하여 내면에 가둬 두면, 이 마음이라는 벌은 **심장연꽃**의 꿀, 곧 **진아**의 **지복**에 취하게 될 수밖에 없다.

128. **제자:** 부디 이 요가를 설명해 주십시오.

스승: 해탈에 대한 강렬한 욕망을 가지고 스승에게 나아가서, 그로부터 비이원적 **브라만**, 곧 존재-지知-지복으로 빛나는 진아에 대해 듣고, 비록 간접적이기는 하나 그대가 **비슈누** 등을 이해하듯이 그것을 명료하게 이해한 다음, 마음을 이 **브라만**으로 돌려 일념이 되게 하여, 탐구는 하지 않지만 성찰에 의해 항상 이 속성 없고 차별상 없는 존재-지知-지복인 비이원적 진아에 대해 명상하는 것을 요가라고 한다. 그것을 닦으면 마음이 고요해져서 점차 삼매에 이를 수 있다. 삼매 속에서 마음은 지고의 지복을 체험할 것이다.

129-130. **제자:** 다른 어떤 분이 전에 이런 말씀을 했습니까?

스승: 물론이다. 스리 바가반이 이렇게 말했다. "마음을 제어하여 늘

그것을 진아로 향하게 하는 요기는 완벽하게 고요해지며, 궁극적으로 나(크리슈나), 곧 해탈의 지복을 성취할 것이다. 항상 요가를 닦는 요기의 마음은 바람이 닿지 않는 곳의 불길처럼 안정될 것이고, 움직임 없이 삼매에 들 것이다."

131-133. 마찬가지로, 탐구에 의해 마음은 쉽게 평안과 삼매를 얻는다.

제자: 이 탐구(enquiry)란 무엇입니까?

스승: 경전에서 브라만 혹은 존재-지知-지복이라고 이야기하는 진아의 성품에 대해 스승에게서 듣고 난 뒤에, 분명한 간접지知를 얻고, 그런 다음 (스승의) 가르침(upadesa)에 따라, 그리고 명민한 추론에 의해 순수한 지知인 진아를 탐구하여 알아내고, 에고와 같이 대상적이고 지각력이 없는 비아非我를 분별하여 걸러낸 다음, 그것들이 서로 다르다는 것을 직접 체험하며, 나중에는 명상을 통해 대상적인 모든 것을 소멸하고, 비이원적인 것으로 뒤에 남는 마음을 진아 속으로 흡수하여 지고의 지복을 직접 체험하는 것이다. 여기서는 그것을 간략히 묘사했지만, 경전에서는 그것을 정교하게 다루고 있다.

134. 수행에 관한 이 장은, 마음을 고요하게 하기 위한 탐구와 요가라는 이 두 가지 수단을 다루었다. 영리한 구도자는 자신의 근기 여하에 따라 그 중의 어느 하나를 닦아야 한다.

135. 본 장章은 진지한 학인學人이 자신의 자격요건을 주의 깊게 공부하고 분석하여, 자신이 이미 가지고 있는 것이 무엇이고 더 필요한 것이 무엇인지 확인할 수 있도록 하기 위한 것이다. 자격을 제대로 갖추고 나면 이 두 방법 중 어느 것이 자신에게 맞는지 알아낼 수 있고, 그런 다음 성공할 때까지 그것을 닦을 수 있을 것이다.

제4장 청문聽聞

1. 앞 장에서 우리는 요가가 낮은 등급의 구도자들에게 적합하고 탐구는 높은 등급의 구도자에게 적합하다는 것을 보았다. 이 장에서 우리는 애씀 없이 브라만의 지知로 이끄는 탐구의 길을 살펴보겠다.

2-4. **제자**: 이 탐구의 길이란 무엇입니까?

스승: 경전을 보면 그것이 청문·성찰·일여내관·삼매, 즉 **진리를 듣기**, (들은 진리를) **성찰하기**, **명상**, **지복스러운 평안**으로 이루어진다는 것은 주지의 사실이다. 베다 자체에서도 그렇게 선언한다. "얘야, 스승에게서 **진아**에 대해서 듣고, 성찰하고, 명상해야 한다." 또 어떤 곳에서는 **지복스러운 평안** 속에서 **진아**를 깨달아야 한다고 말한다. 스리 샹까라짜리야도 『바끼야브리띠(*Vakyavritti*)』에서 같은 이야기를 되풀이한다. 즉, "나는 브라만이다"라는 신성한 문구의 참된 의미를 완전히 깨달을 때까지는 청문 등을 닦아야 한다는 것이다.

5-7. 스리 비디야라니야 스와미는 「의식의 등불(*Chitra Deepika*)」[1]에서 말하기를, 탐구는 지知에 이르는 수단이며, 진리의 청문·성찰과 명상으로 이루어진다고 했다. 또 브라만만이 존재하고 달리 아무것도 존재하지 않는 지복스러운 **자각**의 **평안** 상태가 지知의 참된 '**본질**'이며, '나'로 행세하던 에고의 매듭이 단번에 완전히 사라져서 다시 살아나

---

1) *T.* 『빤짜다시』 제6장의 제목이다.

지 않는 것이 그것의 '효과'이고, 이제까지의 "나는 몸이다"라는 무지한 동일시만큼이나 강하고 분명하게 그리고 착오 없이 "나는 지고의 진아다"로서 늘 고정되어 있는 것이 그것의 끝(한계)이며, 해탈이 그것의 '열매'라고 했다. 여기에 비추어 볼 때 청문 등만이 진아탐구라는 결론이 나온다.

8-10. 지고의 진리를 듣고, 그것을 성찰하고 명상하며, **삼매**에 머무르는 것이 모두 **진아탐구**를 이룬다. 그것들은 그 '원인'으로서 앞에서 말한 네 가지 수단, 곧 분별·무욕·고요함·해탈에의 열망을 가지고 있다. 이 중의 어느 것이 탐구의 어느 부분에 필수적인가는 적당한 곳에서 이야기하겠다. 여기서는 청문을 다루어 보자.

스승: 청문(sravana)은 함께 고려되는 여섯 가지 증거에 의해, **베다**가 비이원적 **브라만**만을 목표로 하고 있다는 것을 확인하는 과정이다.

11-12. 청문을 다섯 가지 범주로 분석하자면, 해탈하려는 강렬한 욕망이 그것을 일으키고(즉, 그것의 '원인'이고), 늘 비이원적 **브라만**에 대해 듣는 것이 그것의 '본질'이며, "**그것**[브라만]이 존재하지 않는다"고 말하는 **무지**의 은폐력 측면을 완전히 제거하는 것이 그것의 '효과'이고, 이 은폐력이 다시 나타나지 않는 것이 그것의 '한계'이며, 확고한 간접지間接知가 그것의 '열매'이다.

13. 제자: 해탈하려는 욕망이 어떻게 그것의 원인이라고 할 수 있습니까?

스승: 경전에서 말한다. "창조 이전의 해체 상태에서는 비이원적 실재밖에 없었다." 이 **실재**는 **진아**와 동일한 것이다. 해탈하고자 간절히 바라는 사람만이 **진아**지를 추구할 것이고 (스승에게서) 그것을 듣게 될 것이다. 그렇지 않은 사람은 아무도 **그것**에 관심이 없다. 그래서 해탈하려는 열의가 탐구의 이 부분, 즉 청문에서는 필수 요건이다.

14. 제자: 바로 지금 당신께서 늘 비이원적 **진아**에 대해서 듣는 것이 청

문의 본질이라고 말씀하셨습니다. 이 비이원적 진아는 누구입니까?

스승: 그는 조대신·미세신·원인신을 넘어서 있고, 다섯 껍질과 별개이며, 생시·꿈·잠의 세 가지 상태의 주시자인 의식으로서, 경전에서는 유명한 것이다.

15-17. 제자: 무엇이 조대신·미세신·원인신을 넘어서 있을 수 있습니까?

스승: 이 중에서 조대신은 피부·피·근육·지방·뼈·신경 조직과 림프로 이루어진다. 그것은 분비하고 배설하며, 태어나고 죽는다. 그것은 벽처럼 지각력이 없고, 항아리처럼 감각기관의 한 대상이다.

미세신은 마음으로 잘 알려진 '내적기관(antahkarana)'인데, 그것은 '나'라는 상相과 '이것'이라는 상相으로서 작동한다. 그것은 다섯 가지 생기, 다섯 감각기관과 다섯 행위기관 및 사지四肢와 함께 다른 몸들 또는 다른 세계들로 윤회하며, 늘 조대신 안에 머무르면서 쾌락과 고통을 경험한다.

시작이 없고, 실재하지도 않고 실재하지 않지도 않으며, 뭐라고 묘사할 수도 없는 무지가 이러한 미세신과 조대신으로 나타나며, 그래서 그것(무지)을 원인신이라고도 한다.

18. 이 세 가지 몸은 진아의 성품에 반하는 것이다.

제자: 어떻게 말입니까?

스승: 조대신은 지각력이 없고, 미세신은 고통으로 점철되며, 원인신은 실재하지 않는다. 이 몸들은 진아의 존재-지知-지복이라는 성품의 상대물들이다. 따라서 진아는 이것들과는 다를 수밖에 없다.

19-25. 제자: 그것이 다섯 껍질과도 다른 것은 어째서입니까?

스승: 다섯 껍질은 물질적 껍질, 생기의 껍질, 마음의 껍질, 지성의 껍질, 지복의 껍질이다. 이 중에서 물질적 껍질은 음식에서 태어나고

음식과 함께 성장한다. 그러니 그것은 음식이 변한 것이고, 따라서 그것은 물질적이다. 칼의 칼집처럼, 몸은 진아를 덮어 그것의 지知를 가로막는다. 그래서 그것이 '물질적 껍질'이다. 더욱이 그것은 시작과 끝이 있다. 따라서 그것은 영원한 진아가 아니다.

생기의 껍질, 마음의 껍질, 지성의 껍질이 함께 미세신을 구성한다. 생기는 그 양태에 따라 몸 안의 다섯 가지 통로를 통해 다섯 가지 서로 다른 방식으로 작동하면서, 다섯 감각기관 그리고 사지와 함께 진아를 알 수 없게 가로막는다. 그래서 이것이 '생기의 껍질'이다. 그것은 지각력이 없어 진아일 수 없다.

욕망·분노 등과 결합해 있고, 이것저것을 생각하는 마음의 '이것'이라는 상相은 습習을 드러낸다. 다섯 감각기관과 함께 '이것'이라는 상相이 '마음의 껍질'을 구성한다. 그것은 지각력이 없어 진아일 수 없다.

마음이 가진 '이것'과 '저것'이라는 관념을 항아리·옷 따위로 분명하게 인식하고, 몸 등에서는 '나'라는 거짓된 관념을 갖고 집·재산·땅 등에서는 '내 것'이라는 관념을 갖는 것이 '나'라는 상相의 성품이다. 이 '나'라는 상이 다섯 감각기관과 결합하여 '지성의 껍질'을 구성한다. 그것은 생시와 꿈의 상태에서 일어나서 몸과 결합하여 머리부터 발끝까지 몸에 고루 퍼져 있고, 기절이나 깊은 잠의 상태에서는 해소된다. 따라서 그것은 영원한 진아일 수가 없다.

깊은 잠에서 깨어나면 누구나 "나는 아무것도 몰랐다. 행복하게 잘 잤다"고 느낀다. 여기서 무지와 지복은 경험들이다. 이 지복스러운 무지가 '지복의 껍질'이다. 그것은 무지하므로 지각력이 없을 수밖에 없고, 비아非我이다.

지금까지 다섯 껍질 모두가 비아非我임을 설명했다. 그것들 안의 경험자는, 마치 항아리를 보는 자가 항아리와 다르듯이 그것들과 다를 수밖에 없다. 이 점에서는 어떤 의문도 있을 수 없다.

26. **제자**: 어떻게 진아가 세 가지 상태를 주시하고 있다고 말할 수 있습니까?

    스승: 세 가지 상태는 생시·꿈·깊은 잠인데, 그것들을 통해서 개아, 곧 '거짓-나' 혹은 에고는 자신을 조대신·미세신·원인신과 각기 동일시한다. 따라서 진아는 이 세 가지 상태를 주시하는 의식일 수밖에 없고, '그것'(진아)은 그 어느 것 혹은 그 모두와 같지 않다.

27. **제자**: 만약 이 세 가지 상태가 진아의 것이 아니라면, 그것은 누구의 것일 수 있습니까?

    스승: 그 상태들은 그것을 취하는 에고의 것일 수밖에 없는 반면, 진아는 상관하지 않고 있다. 생시 상태가 제 것인 양 하는 에고는 **비슈와**(visva)로 가장한 채 거친 감각 경험들을 즐긴다. 마찬가지로, 꿈 속에서는 그가 **따이자사**(taijasa)로서 미세한 경험들을 즐기고, 깊은 잠 속에서는 **쁘라냐**(prajna)로서 무지를 경험한다. 따라서 에고는 이 세 가지 상태의 경험자일 수밖에 없고, 주시하는 진아가 아니다.

28-29. **제자**: 무엇을 근거로 진아가 아니라 에고가 세 가지 상태의 경험자라고 말씀하십니까?

    스승: 깊은 잠 속에서는 에고가 잠재해 있고 어떤 경험이나 경험자도 보이지 않는다. 에고가 일어나야 그런 것들이 발견된다. 따라서 그가 경험자일 수밖에 없다. 생시와 꿈의 두 가지 상태는 에고의 것이지 진아의 것일 수 없다.

    제자: 그러면 깊은 잠은 누구의 것입니까?

    스승: 그것도 에고의 것이다. 왜냐하면 에고가 생시와 잠의 상태를 자신의 것으로 사칭하면서 "나는 깨어났다. 나는 꿈을 꾸었다"고 말

하듯이, 깊은 잠의 상태도 자신의 것으로 삼아 "나는 잠을 잤다"고 말하기 때문이다. 그것은 진아의 것일 수 없다. 왜냐하면 그것은 세 가지 상태와 "나는 깨어났다, 나는 꿈을 꾸었다, 나는 잠을 잤다"는 관념을 가진 채 자만하는 그 상태들의 경험자에 대한 주시자로서, 그들에 상관하지 않고 남아 있기 때문이다. 따라서 세 가지 상태의 그 어느 것도 진아의 것이 아니다.

30-31. **제자**: 에고는 깊은 잠 속에서도 경험자일 수 없습니다. 그 상태에서는 (에고가) 없는데 어떻게 그것을 경험자라고 할 수 있겠습니까? 생시와 꿈의 상태에서는 에고가 경험자라고 하는 것이 옳겠지만, 깊은 잠의 상태에서는 진아가 경험자일 수밖에 없습니다.

스승: 그것은 옳지 않다. 생시와 꿈의 상태에서 '지성의 껍질'로 나타나 거칠거나 미세한 대상을 즐기는 개아(Jiva), 즉 에고는, 깊은 잠 속에서는 가라앉아 '지복의 껍질'로 잠재해 있으면서 "나는 아무것도 몰랐다. 행복하게 잘 잤다"고 하는 무지와 지복을 즐긴다. 에고가 깊은 잠 속에서 존재하지 않았다면, 잠에서 깨어나 "나는 아무것도 몰랐다. 행복하게 잘 잤다"는 회상이 있을 수 없을 것이다. 경험자만이 자신의 경험을 회상할 수 있고, 다른 자는 그럴 수 없다. 그 회상도 실제로 경험한 것에 대해서 할 수 있지, 그렇지 않은 것에 대해서는 할 수 없다. 잠에서 깨어나 "나는 아무것도 몰랐다. 행복하게 잘 잤다"고 말하는 것은 에고이다. 이것으로 미루어 볼 때, 깊은 잠 속에서의 경험자는 에고이지 진아가 아니라는 것이 분명하다.

32-33. **제자**: 그런데 깊은 잠의 '지복의 껍질'에게는, 무엇이 '주시하는 의식'이 될 수 있습니까?

스승: 지복의 껍질로서 그것은 무지한데, 이 무지는 나중에 인식된다. 그 인식자는 그 인식과 다를 수밖에 없고, 그는 '지복의 껍질'을 경

험하는 자임이 분명하다.

이제 그는 자신을 무지에 다름 아닌 '지복의 껍질'이라고 상상해 왔으므로, 그 자신에게 무지한 상태로 있다. 왜냐하면 무지는 그 자신을 알 수 없기 때문이다. 따라서 "나는 아무것도 모른다"는 관념으로서 나타나는 지복의 껍질을 그저 비추기만 하고 그것과 별개로 남아 있는, 이 무지의 주시자가 있어야 한다는 결론이 나온다. 이 주시자가 곧 진아이다.

제자: 깊은 잠 속에서는 일체가 잠재 상태로 들어가고 주시자만 영향을 받지 않은 채 남는다는 것을 입증할 어떤 증거가 있습니까?

스승: 경전에서 말하기를 "주시자의 견見은 결코 상실되지 않는다"고 하는데, 그것은 다른 모든 것이 잠재되어 있어 알려지지 않을 때도 보는 자는 늘 자각하고 있다는 의미이다.

34-35. **제자:** 그러면 그 자체 무지인 깊은 잠 속에서는 하나의 인식자가 있다고 추론하는 것이 옳겠습니다. 그러나 생시와 꿈의 상태에서는 '지성의 껍질'이 그 인식자일 수 있고, 별개의 주시자가 있을 자리가 없습니다.

스승: 그렇게 생각할 수는 없다. 깊은 잠 속에서 진아가 무지의 인식자이듯이, 다른 상태에서도 그것은 "나는 깨어났다, 나는 갔다, 나는 왔다, 나는 보았다, 나는 들었다, 나는 안다"와 같은 생시와 꿈의 모든 관념들을 아는 그 지성에 대한 주시자인데, 이는 어떤 '아는 자'가 있음을 분명히 보여준다. 주시자가 무지를 아는 자임을 우리가 인정할 수 있듯이, 그것은 지知를 아는 자이기도 한 것이 분명하다. 더욱이 '지성의 껍질'은 어느 때에는 아는 자이고 어느 때에는 아는 자가 아니어서, 주시자가 될 수 없다.

제자: 만약 그렇다면 지성의 주시자인 진아가 ('나는 깨어났다' 등의) 경

험자도 되어야겠습니다.

스승: 아니, 그렇지 않다! 깊은 잠과 그것의 경험자에 대한 주시자는 생시와 꿈의 상태들을 경험하는 자일 수 없다.

제자: 만약 진아가 깊은 잠과 그것의 경험자에 대한 주시자라면, 그것은 생시와 꿈의 상태들에 대한 경험자가 될 수 있지 않습니까?

스승: 그렇지 않다. 잠자는 자는 깨어나거나 꿈을 꾸지 않을 수 없다. 진아는 결코 잠들지 않으면서 세 가지 상태와 "나는 잠을 잤다, 꿈을 꾸었다, 깨어났다"고 생각하는 그 상태들의 경험자에 대한 주시자로서 늘 자각하고 있어, 세 가지 상태를 가질 수 없고, 그것들의 경험자가 될 수도 없다. 여기에는 어떤 의문도 있을 수 없다.

36. **제자**: 왜 진아가 세 가지 상태에 대한 주시자이자 경험자가 될 수 없습니까?

    스승: 서로 싸우는 두 사람을 지켜보는 사람 자신은 싸우지 않듯이, 주시자는 경험자가 될 수 없다. 또 싸움을 하는 자는 그 싸움을 단순히 주시하지 못하고 자신이 싸우듯이, 경험자는 주시자가 될 수 없다. 따라서 같은 진아가 경험자도 되고 주시자도 되지는 못한다.

    제자: 이제 결론은 무엇입니까?

    스승: '거짓-나'가 경험자이고, (세 가지) 상태들과 그들의 경험자를 무관심하게 지켜보고 있는 자는 주시자라는 것이다.

37. **제자**: 그렇다면 세 가지 상태에 세 가지 상이한 주시자가 있습니까, 아니면 단 하나의 주시자가 있습니까?

    스승: 주시자는 단 하나인 반면 그 상태들은 서로 번갈아든다. 주시자는 변하지 않는다. 연속되는 같은 자각이 세 가지 상태의 출현·지속·소멸의 과정을 관통한다. 이처럼 세 가지 상태의 주시자가 진아이다. 진아의 주시자 지위를 이같이 묘사하였다.

38. 이런 방식으로 **진아**의 특징적 의미(*tatastha lakshana*)가 묘사되었다. 이제 우리는 그것의 성품적 의미(*swarupa lakshana*)를 살펴보겠다. 그것은 단일하고, 일체에 편재하며, 무구하고, 완전하고, 불변이며, 비이원적인 존재-지知-지복이다.

39-41. 제자: 그것의 '존재(Being)'는 무엇을 의미합니까?

스승: 그것은 늘 그것 위에 덧씌워지는 세 가지 상태의 출현과 소멸을 주시하면서 남아 있다. 아니 그 이상으로, 그것은 생시·꿈·깊은 잠의 상태들에 대한 **주시자**일 뿐만 아니라, (그것이 이 몸의 주시자이자 미래의 몸들의 주시자인 것과 같이) 이전 몸들의 탄생·성장[유년기·청년기·노년기]·죽음에 대한 **주시자**이기도 하다. 이처럼 그것은 하나이고 연속적이며 늘 존재하는, 이 모든 것의 주시자이다. 그것의 '존재'는 이처럼 (그 의미가) 명백하다.

42. 제자: 그것이 '지知(Knowledge)'라는 것은 무엇을 의미합니까?

스승: 그것이 세 가지 상태와 그것들의 상대적인 '거짓-나'를 비추고 나타내는 한에서, 지知는 자명하다.

43-46. 제자: 그것이 '지복(Bliss)'이라는 것은 무엇을 의미합니까?

스승: 그것은 늘 지극한 기쁨의 한 대상이므로, 더 정확히는 지극한 기쁨 그 자체이므로, 진아는 곧 **지복**이다.

제자: 비아非我도 즐겁지 않습니까?

스승: 아니다.

제자: 왜 아닙니까?

스승: 비아非我는 그 자체로서 즐거운 것이 아니라, 남편·아내·자식·재산·가정, 상쾌한 고약, 향긋한 내음 등과 같은 개아의 즐김의 대상으로서만 그러하기 때문이다.

제자: 왜 그런 것들은 그 자체로 즐겁다고 하지 않습니까?

스승: 만약 그렇다면 그것들이 늘 그런 상태로 남아 있어야 한다. 그러나 어떤 것이 한때는 즐겁다가 나중에는 역겨워지기도 한다.

제자: 어떻게 말입니까?

스승: 여자를 예로 들어 보자. 남자가 정욕이 발동했을 때는 여자가 즐거운 존재로 생각된다. 그가 열병을 앓을 때는 여자를 원치 않는다. 남자가 무욕이 되어 여자에 대한 관심이 전혀 없기 때문이다. 같은 여자가 환경에 따라 즐거울 수도 있고, 원치 않거나 무관심한 대상이 될 수도 있다. 즐김의 다른 모든 대상도 마찬가지이다. 그래서 비아非我는 즐거운 것일 수가 없다.

47. **제자**: 진아는 항상 즐겁습니까?

스승: 물론이다. 진아가 그렇지 않다고 그대가 아는 때는 결코 없다.

48-49. **제자**: 참을 수 없는 고통을 느낄 경우에는, 염증을 느껴 진아도 포기하게 됩니다. 어떻게 그것이 늘 즐겁다고 말할 수 있습니까?

스승: 진아는 결코 포기될 수 없다. 왜냐하면 염증을 느껴 자신에게 낯선 괴로움들을 포기하는 사람도 그 자신을 포기하지는 않기 때문이다.

제자: 그가 스스로 포기하는 것은 진아입니다.

스승: 그 경우 만약 그가 진아(자기)를 포기한다면, 그것을 포기하는 다른 사람이 있어야 한다. 한편 그는 포기하는 사람이므로 그 자신과 다른 고통스러운 몸을 포기하는 것이지, 그 자신을 포기하는 것은 아니다. 더욱이 그가 몸 등에 가끔 염증을 느끼기도 한다는 사실 자체가, 비아非我는 고통스럽고 진아는 즐겁다는 것을 증명한다.

제자: 어떻게 그것이 이것을 증명합니까?

스승: 만약 진아가 고통스럽다면, 우리는 결코 고통을 싫어할 수 없을 것이다. 우리의 참된 성품은 기쁨이기 때문에, 우리는 몸 등의 형

태로 나타나는 고통을 싫어하는 것이다. 질병은 본래적인 것이 아니고 우발적인 것이기 때문에 우리가 그것을 싫어한다. 만약 본래적인 것이었다면 그것을 싫어하지 않았을 것이다. 질병 등을 싫어한다는 것은 그것들이 본래적이지 않고 우발적이라는 것을 말해준다. 마찬가지로, 몸 등을 싫어한다는 것은 그런 것이 본래적이지 않다는 것과, 기쁨이 우리 자신의 영원한 참된 성품이라는 것을 말해준다. 따라서 몸 등에 대한 갑작스럽고 강렬한 혐오는 사람이 그런 것들을 없애도록 해주지만, **진아**를 없애도록 하지는 않는다. 바로 이 사실은 몸 등이 **진아**가 아니라는 것을 가르쳐준다. 이제 어째서 **진아**는 누구에게도 결코 싫어하는 대상이 될 수 없는지가 명백해졌을 것이다.

50-51. 제자: 우리가 진아를 혐오할 수는 없다 할지라도 그것이 무관심의 대상이 될 수는 있지 않습니까?

스승: 그렇지 않다. 우리는 비아非我들, 예를 들면 돌멩이나 풀잎에는 무관심할 수 있지만 자기 자신에게는 그럴 수 없다. 무관심한 것이 그 자신이기 때문이다. 따라서 **진아**는 몸·여자 등과 같은 우발적인 혐오의 대상이 아니고, 풀잎이나 돌멩이 같은 무관심의 대상도 아니다. 그것은 늘 **기쁨 그 자체**이다.

52-53. 제자: 만일 진아가 늘 즐겁고 감각 대상들도 그것을 즐길 때는 즐겁다면, 그런 것들도 즐거운 것으로 간주해야겠습니다.

스승: 어떤 대상에서의 즐거움도 지속되지 않고, 지금 즐거운 것은 이내 더 즐거운 어떤 것에 자리를 내준다. 즐거움에는 정도 차이가 있고, 좋아하는 대상들은 계속 바뀐다. 대상들에서의 즐거움은 종잡을 수 없고 불안정하다. 이것은 그 즐거움이 우리 자신의 미혹에서 나오는 것일 뿐, 그 대상에 고유한 가치가 아닐 때만 가능한 일이다. 예를 들어, 개가 골수 없는 마른 뼈를 자기 입의 상처에서 피가 날

때까지 씹다가 자신의 피를 맛보고는 그것이 그 뼈의 골수에서 나오는 거라고 상상하고 그것을 놓으려고 하지 않는 것을 보라. 그 개가 비슷한 다른 뼈를 발견하면 입에 든 것을 내려놓고 그것을 문다. 그와 마찬가지로, 인간은 혐오스러운 상상의 대상들 위에 자기 자신의 즐거운 성품을 덧씌우면서 그 대상들을 즐거워하지만 그것은 착각이다. 왜냐하면 즐거움은 그 대상들의 성품이 아니기 때문이다. 인간의 무지로 인해 성품상 실제로는 고통스러운 그 대상들이 즐거운 것처럼 보인다. 이 외관상의 즐거움은 한 대상에 꾸준히 머무르지 않고 종종 다른 대상들로 옮겨가므로, 그것은 종잡을 수 없고, 등급이 있고, 절대적이지 않다. 반면에 진아의 기쁨은 변덕스럽지 않다. 몸 등이 떨어져 나가도 이 기쁨은 진아 안에서 영원히 지속되며, 그것은 또한 절대적이다. 따라서 진아가 지고의 지복이다. 지금까지 진아의 존재-지知-지복인 성품을 분명히 했다.

54. **제자:** 존재 · 지知 · 지복이라는 이 세 가지는 진아의 성질입니까, 아니면 성품(nature)입니까?

    스승: 그것들은 성질이 아니라 바로 진아 자체이다. 열과 빛과 붉음이 불의 성질이 아니라 그것의 성품이듯이, 존재 · 지知 · 지복도 진아의 성품이다.

55. **제자:** 만약 진아가 존재 · 지知 · 지복의 세 가지 형상을 갖는다면, 세 가지 자아가 있습니까?

    스승: 아니다. 그것은 단 하나이다. 불이 열과 빛과 붉음으로서 나타날 때 그것이 셋이 아니라 단 하나이고, 물이 차가움 · 유동성 · 맛으로 나타날 때 그것이 단 하나이듯이, 존재-지知-지복으로서 빛을 발하는 진아는 셋이 아니라 단 하나이다.

56-58. **제자:** 만약 진아가 단 하나라면 어떻게 그것이 '일체에 편만해

있다'고 말할 수 있습니까?

스승: 진아는 단 하나이므로 일체에 편만해 있다고 말하는 것이 옳다. 그것은 일체를 알기에, 지知로서 일체에 스밀 수 있기 때문이다.

제자: 몸의 다섯 껍질을 아는 가장 내면의 진아이면서, 그것이 일체를 알 수 있습니까?

스승: 그렇다. 그럴 수 있다. 5대 원소와 그것들의 조합과 변이로 이루어진 전 우주는 진아 자체에 의해 보일 뿐 달리 무엇에 의해서도 보이지 않는다. 다른 것들은 지각력이 없어 (우주 안의 대상들을) 알 수 없다. 그렇지 않으면 항아리 등과 같은 지각력 없는 것들도 (그 대상들을) 알아야 할 것이다. 그러나 그렇지 않다. 오직 진아가 그 모든 것을 알고, 그것들은 진아를 모른다. 진아는 일체를 아는 자이다.

제자: 진아는 감각기관의 범위 내에 있는 것들만 지각하지 그 너머에 있는 것은 지각하지 못합니다. 그것이 어디서 수미산須彌山이나 천상계를 지각합니까?

스승: 진아는 일체를 안다. 지知의 허공에 다름 아닌 진아 안에서는, 비아非我, 곧 지각력 없는 모든 것이 (감각기관에 의해) 지각되거나 지각되지 않는 두 가지 방식으로 나타난다. 집·대지·마을·도시·나라 등이 다른 어디에서가 아니라 지知의 허공 안에서 감각기관에 의해 지각되는 것으로 보이듯이, 수미산이나 천상계와 같이 감각기관을 넘어서 있는 것들도 감각기관들에 의해 지각되지 않는 채 나타난다.

제자: 감각기관에 의해 지각되지 않는 어떤 것이 나타날 수 있기는 합니까?

스승: 그렇다. 나타날 수 있다. 집 등은 석녀의 아들처럼 (실제로는) 존재하지 않지만, 지각의 대상으로서 지知의 허공 안에서 나타난다. 왜냐하면 마음의 원습들이 스스로를 그렇게 현출하기 때문이다. 같은

방식으로, 수미산 등도 실재하지 않고 지각되지 않지만, 마음이 그것을 상상하면 지知의 허공 안에서 나타난다.

제자: 어떻게 말입니까?

스승: 꿈 속에서는 주시하는 의식 앞에 심적인 현상들이 집 등과 같은 지각의 대상들로 스스로 현출되고, 천상계 등과 같이 지각을 넘어선 다른 것들도 그러하다. 마찬가지로 생시 상태에서도 그것들은 그렇게 현출된다. 그렇지 않다면 우리가 "나는 천상계, 수미산 등을 모른다"고 말할 수가 없다. 하지만 우리는 "나는 천상계, 수미산 등을 모른다"고 말한다. 이것은 천상계나 수미산 등이 감각기관에 지각되지 않는 대상들로서 나타난다는 의미이다. 이처럼 수미산 등과 같이 지각력 없는 모든 비아非我를 아는 자기는 이 진아일 뿐이다.

제자: 내면의 진아가 다섯 껍질을 주시하듯이 모든 것 안에서[도처에서] 발견되지 않고 내면에서만 보인다면, 어떻게 그것이 일체를 알 수 있겠습니까? 분명히 그것은 그럴 수 없습니다.2)

스승: 마음은 그 자체 안에서 멀리 또는 가까이 있는 것, 지각 가능한 것과 불가능한 것, 알려진 것과 알려지지 않은 것들을 상상한다. 그것들의 바탕으로서 진아가 그것들 모두를 관통하고 모두를 안다. 이처럼 진아는 일체에 편재한다. 따라서 일체의 안에 같은 진아가 있을 뿐이고, 이 점에서는 어떤 의심도 있을 수 없다.

59. **제자:** 진아가 일체에 편재한다면, 그것은 일체와 연관될 수밖에 없고 따라서 오염될 수밖에 없습니다.

스승: 아니다. 일체에 편만해 있는 허공과 같이 그것은 나뉘어 있지 않고 따라서 연관되어 있지 않다. 진아는 허공처럼 오염 불가능할

---

2) *T*. 원서에서는 이 문단이 '제자'의 질문으로 되어 있지 않고 '스승'의 답변으로서 이어진다. 그러나 내용상 제자의 질문임이 분명하므로, 여기서는 '질문과 답변'으로 분리하였다.

뿐 아니라 허공을 초월해 있으면서, **의식의 허공**으로 남아 있다. 그래서 경전(*srutis*)에서 "이 **뿌루샤**(*Purusha*)는 분명 오염되지 않는다"[3]고 하는 것이다.

60. **제자:** 연관되지 않고 따라서 오염되지 않으며, 일체를 넘어서 있고, (대상들과) 별개이고, 무관심하다면, 진아는 불완전할 수밖에 없습니다.

    스승: 그렇지 않다. 그것과 다르거나 비슷한 그 무엇도 존재하지 않는다. 그것 안에는 어떤 부분도 없다. 그것은 외적으로나 내적으로나 무차별된 상태로 남아 있다. 그것은 **완전함**이다. 그것은 일체를 가득 채우지만, 허공처럼 연관되지 않은 상태로 남아 있다.

    제자: 어떻게 그것이 일체에 편만해 있으면서도 나뉘어 있지 않을 수 있습니까?

    스승: 여기도 아니고 저기도 아니고 일체에 편재하므로, 그것은 공간적으로 나뉘지 않는다. 지금도 아니고 그때도 아니고 항상 존재하므로, 그것은 시간적으로 나뉘지 않는다. 진아 외에는 아무것도 없으므로 그것은 **일체아**(All-Self), 곧 일체의 존재 그 자체다. 따라서 그것은 어떤 것에 의해서도 나뉘지 않는다. 이처럼 그것은 이 세 가지(공간, 시간, 어떤 것) 중 어느 하나나 모두에 의해서 나뉘지 않고, 일체를 가득 채우면서 완전한 상태로 남아 있다. 이렇게 하여 그것의 **완전함**이 증명된다.

61. **제자:** 진아는 허공처럼 일체에 편재하면서 일체를 가득 채우고 있기 때문에, 그것은 변화무쌍해야 합니다.

    스승: 아니다. 진아는 존재 · 탄생 · 성장 · 변모 · 쇠퇴 · 죽음과 같은 변화들을 겪는 창조된 모든 원소, 허공 등의 주시자이기에, 그 자체가

---

[3] T. 비슷한 표현으로 『바가바드 기타』, 13.33에서는 "허공이 일체에 편재하면서도 그 무엇에도 오염되지 않듯이, 몸 안에 자리 잡고 있는 진아도 결코 오염되지 않는다"고 하였다.

변화무쌍할 수 없다. 그렇지 않다면 그것도 다른 것들처럼 변화할 것이고, 그러면 그것은 태어나고 성장하고 죽어야 한다. 그래서 그것은 지각력 없는 것들의 범주에 들어가야 하고, 지각력이 없다면 그것은 전혀 자각할 수가 없다. 반대로 그것은 늘 우주 만물의 탄생·성장·쇠퇴의 주시자로 남아 있는 것으로 알려져 있다. 그것은 또한 나뉘지 않는다. 따라서 그것은 변화에서 벗어나 있을 수밖에 없다.

62-63. 제자: 진아가 변화에서 벗어나 있다고 말하는 것은 변화하고 있는 비아非我들이 존재한다는 의미를 내포합니다. 그렇다면 진아는 '비이원적'일 수 없고, 이원성이 나올 수밖에 없습니다.

스승: 아니다. 진아 외에는 아무것도 존재하지 않는다. 그것은 '비이원적'이다. 만약 비아非我가 진아와 다르지 않다면, 이원성이 있을 수 없다.

제자: 어떻게 비아非我가 진아가 될 수 있고, 진아와 별개가 아닐 수 있습니까?

스승: 진아는 모든 것의 기원이다. 결과는 그 원인과 다를 수 없다. 우리는 그것들을 서로 전적으로 다르다고 보지 않는다. 진아는 모든 것의 원인이기 때문에 모든 것과 동일하다. 그것과 다른 그 무엇도 있을 수 없다.

64-66. 제자: 어떻게 진아가 모든 것의 기원일 수 있습니까?

스승: 그것은 모든 것을 '보는 자'이므로, 모든 것의 기원이다.

제자: 어떻게 '보는 자'가 그 기원일 수 있습니까?

스승: 환幻의 모든 경우에서, 그 모두의 원인은 '보는 자'일 뿐임을 알 수 있다. 자개를 은으로 볼 때, 그 물질적 원인은 그 '보는 자'에 다름 아니다. 모든 꿈속의 장면들도 그와 같다. 그 장면들은 꿈을 꾸는 그 사람에게 기원이 있을 뿐이기 때문이다. 마찬가지로, 생시 상

태에서 보는 세계라는 환幻의 경우에도 '보는 자'가 그 원인일 수밖에 없다.

제자: 우주가 하나의 신화(그릇된 통념)라면 당신의 결론이 (당연히) 따라 나오겠습니다. 이 우주는 하나의 신화일 뿐입니까?

스승: (그렇다. 그 이유는 다음과 같다.) 먼저, 우주의 해체 시에는 비이원적인 **진아**만 남았다가, 창조 시에는 마치 어슴푸레하게 보이는 밧줄에 뱀이라는 이름과 형상이 덧씌워지듯, 마야에 의해 이름과 형상들이 **그것** 위에 덧씌워진다고 말하는 경전의 전거가 있다.

둘째로, 추론이 이 우주의 환적인 성품을 보여준다. 왜냐하면 그것은 실재하지 않는 꿈속의 장면들처럼 나타나고 사라지는 것을 우리가 보기 때문이다.

셋째로, 진인들이 이 모든 것은 환적幻的일 뿐이고, **브라만**만이 실재한다는 그들의 깨달음을 선언해 왔다.

따라서 이 모든 우주는 실제로 거짓된 것이다. 이제 **진아**는 주시자이므로 이 모든 우주의 유일한 원인이며, 우주는 이 **진아** 위에서 보이는 환적인 겉모습이라고 말하는 것이 지극히 타당하다. 그 환적인 결과는 그 기초와 별개일 수 없다. 거품과 파도가 그것들의 기원인 바다와 다르지 않듯이, 우주라는 현상도 거짓되게 현출된 진아일 뿐이다. 따라서 **진아**는 '비이원적'이며, 어떤 이원성도 있을 수 없다.

67. 스승의 친존에서 비이원적 존재를 다루는 **베단타** 경전들을 늘 주의 깊게 공부하고 그 의미를 잘 간직하는 것이 청문(sravana)의 '본질'을 이룬다. 이것을 늘 보살펴야 한다.

68. **제자:** 이 청문의 '효과'는 무엇입니까?

스승: 그것은 이제까지 사람이 "이 비이원적 **진아**가 어디 있나? 아무 데도 없다"고 생각하게 만든 무지의 은폐력을 파괴한다. 비이원적

진아가 존재하지 않는다고 하는 이런 무지한 결론을 파괴하는 것이 그 '효과'이다.

69-70. 제자: 청문은 언제까지 계속해야 합니까?

스승: 비이원적 존재가 존재하지 않는다는 의심이 다시는 고개를 들지 않을 때까지이다. 이 의심이 다시 일어나지 않는 것을 청문 과정의 '한계'(종결점)라고 말한다.

제자: 일단 가라앉았던 그 의심이 다시 일어날 수도 있습니까?

스승: 그렇다. 그럴 수 있다.

제자: 어떻게 말입니까?

스승: 경전의 많은 구절에서 이원성을 다루고 있는데, (그것을 공부하다 보면) 이원성이 증명된다고 쉽게 착각할 수 있다. 예컨대 어떤 사람이 **비슈누**를 다루는 경전을 공부하여 그에게 헌신하게 되는데, 나중에 다른 신들도 그와 비슷하게 다루어지고 있는 것을 발견하면 **비슈누**에 대한 신심이 줄어들기 쉽다. 그와 마찬가지로, 비이원론(Advaita) 경전들을 공부하면 비이원적 **존재**에 대한 의심이 제거되지만, 이원론(Dvaita) 경전들을 보게 되면 다른 결론에 이르게 되고, 그 학인은 존재의 비이원성에 대한 믿음을 잃을 수 있다. 따라서 다른 경전이 비이원적 **존재**에 대해서 추론된 믿음을 동요시키지 못할 때까지는 청문을 계속해야 한다.

제자: 청문의 '열매'는 무엇입니까?

스승: 존재의 비이원성에 대한 불신이 단번에 아주 소멸되면 어떤 경전이나 교묘한 논리도 그 구도자를 자신의 믿음에서 벗어나게 할 수 없다. 그의 믿음에 대한 모든 장애들이 이렇게 제거되면 그는 비이원적 **존재**에 대한 간접지間接知 안에 안정되게 머무른다. 이것이 청문의 '열매'이다.

71. 제자: 이 간접지란 무엇입니까?

스승: 가장 내밀한 **진아**의 참된 성품을 직접 체험에 의해서가 아니라 경전 공부를 통해서 아는 것을 간접지라고 한다. 우리는 **비슈누**를 직접 대면하지 못해도 경전의 증거를 통해 **그**의 존재를 믿는데, 이것은 보통의(*samanya*) 지知가 될 뿐이다. 마찬가지로, 비이원론 경전을 통해 얻은 **브라만**의 비이원성에 대한 보통의 지知가 간접지이다.

72-76. 제자: 왜 청문에서 일어나는 지知를 간접지라고 해야 합니까? 그것은 직접적일 수 없습니까?

스승: 그럴 수 없다. 무지의 은폐적 측면(*abhanavarana*)으로 인해 내면의 진아가 빛을 발하지 못하는 한, 그것의 존재에 대한 단순한 지知를 직접지라고 부를 수는 없다.

제자: 다른 분들도 이 점을 확언합니까?

스승: 그렇다. 스리 비디야라니야는 「명상의 등불」에서 이렇게 말한다. "청문을 통해서 **브라만**이 **존재**-**지**知-**지복**임을 이해할 수 있지만, 그렇게 해서 **그것**이 다섯 껍질을 주시하는 유일한 **존재**임을 직접 체험할 수는 없다. 경전에서 **비슈누**가 네 개의 팔이 있어, 원반 하나, 소라고둥 하나, 곤봉 하나를 손에 들고 있다는 것이 이해되고, 심지어 일념의 명상 속에서는 마음으로 그린 **그**의 모습이 나타날 수도 있지만, 이 눈으로 **그**를 직접 보는 것은 아니다. 따라서 **그**에 대한 지知는 여전히 간접지일 뿐이다." 이처럼 경전에서 얻은 지知는 간접지일 뿐 직접 체험된 것이 아니다. 마찬가지로, 청문에서 얻는 지知도 간접지일 뿐 직접 체험된 것은 아니다.4)

제자: 여기서 **비슈누**는 진아가 아니고 그와는 다릅니다. 경전에서 그

---

4) *T.* 이 인용문은 71쪽에서도 한 번 나왔다. 비슈누의 도상圖像에서, 그는 네 개의 팔에 각기 원반, 소라고둥, 곤봉과 연꽃을 들고 있다.

에 대해 얻는 지_知가 간접적이라는 것은 옳습니다. 그러나 **브라만**은 **진아**와 다르지 않습니다. 이 동일성에 대해 무지한 구도자에게 경전은 "그대가 그것이다"라고 하면서 그 사실을 드러냅니다. 그것의 참된 의미를 배우면, 그는 그 **진리**를 직접적으로 깨달았다고 해야 합니다. 이 지_知는 천상계 등에 대한 지_知처럼 간접지로 머무를 수 없습니다. 따라서 청문은 직접 체험되는 지_知로 끝날 수밖에 없습니다.

스승: 그렇지 않다. 경전에서 "그대가 그것이다"라는 **진리**를 드러내는 것은 사실이다. 하지만 단순히 그것을 듣는다고 해서 직접지가 생기지는 않는다. **진아**에 대한 탐구 없이는 지_知가 직접적일 수 없다. 이 간접지를 직접 체험하기 위해서는 그에 대해 성찰하는 것이 필요하다

77. 여기서 청문에 관한 장이 끝난다. 이 장을 주의 깊게 읽는 학인은 간접지를 얻을 것이다. 그것을 직접 체험하기 위해서는 성찰(*manana*)의 본질을 알려고 노력해야 한다.

제5장 성찰 省察

1. **제자**: 스승님, 당신의 말씀을 듣고 나니 이제 진아의 성품이 분명히 이해됩니다만, 그 지知는 간접지일 뿐입니다. 그것을 닦으면 지금 진아를 숨기고 있는 **무지**의 어둠이 사라질 수 있고 직접지가 생길 수 있는, 성찰에 대해서 부디 말씀해 주십시오.

2. **스승**: 미세한 추론으로, 생각을 늘—그대가 지금은 간접적으로 알고 있는—비이원적 **진아**로 향하게 하는 것을 성찰이라고 한다.

3-4. **제자**: 그것의 '원인', '본질', '효과', '한계'와 '열매'를 부디 말씀해 주십시오.

   스승: 실재와 비실재의 분별(discernment)이 그것의 '원인'이고, 비이원적 진아의 진리에 대한 탐구가 그것의 '본질'이며, 그대가 "그것은 빛나지 않는다"고 말하게 하는 무지의 은폐적 측면을 찢어버리는 것이 그것의 '효과'이고, 이 은폐가 재출현하지 않는 것이 그것의 '한계'이다. 그리고 직접 체험이 그것의 '열매'이다. 진인들이 그렇게 말한다.

5. **제자**: 왜 분별이 그것의 '원인'이라고 이야기됩니까?

   스승: 실재와 비실재에 대한 분별로써 간접지를 얻은 사람만이 탐구를 통해 직접체험의 지知를 얻을 근기가 되기 때문이다. 달리 누구도 그것을 추구해서 성공하지 못한다.

6. **제자**: 해탈에 대한 욕망은 왜 성찰의 '원인'이 될 수 없습니까?

   스승: 단순히 해탈하려는 욕망만 가지고는 **진아탐구**를 할 근기가 되

지 않는다. 청문 없이는 간접지조차 얻지 못하는데, 어떻게 탐구에서 성공할 수 있겠는가? 진아의 성품을 알고 난 뒤에 그것을 추구해야 한다. 진아의 참된 성품을 모르는데 어떻게 그것을 탐구할 수 있겠는가? 단순히 해탈을 욕망하는 것만으로는 충분하지 않을 것이다.

7. **제자:** 그 욕망이 탐구로 이끌어 주지 않겠습니까? 그 욕망이 일어나면 그 사람은 진아의 성품에 대해 듣기 시작할 것이고, 간접지를 얻을 것입니다. 그러면 탐구를 할 수 있을 것이 분명합니다.

스승: 그것은 그 구도자가 분별을 가지고 있다는 말과 같다. 그는 해탈을 욕망할 뿐만 아니라 지성에 분별력도 있는 것이다. 청문과 함께 실재와 비실재, 혹은 진아와 비아非我에 대한 이 지적 분별의 능력이 생긴다. 이것을 간접지라고 한다. 경전에서는 간접지를 가진 사람만이 실재나 진아를 비실재나 비아非我로부터 분별할 수 있고, 진아탐구를 할 근기가 된다고 말한다. 따라서 분별이 탐구의 필수요건이다.

8-12. **제자:** 해탈에 대한 욕망이 성찰의 특정한(visesha) 원인은 아니라 할지라도, 무욕이나 고요함은 그것의 원인이 될 수 있지 않습니까?

스승: 그런 것들은 모두 성찰을 위한 일반적 보조수단일 뿐, 그것의 특정한 원인은 아니다. 욕망이 없고 고요한 사람이 반드시 진아에 대한 간접지를 가졌고, 따라서 진아탐구를 하기에 적합하다고 할 수는 없다. 고행자들 중에는, 욕망이 없고 고요하지만 해탈을 열망하지 않는 사람도 있다. 해탈에 대한 열망이 없기에, 그들은 진아에 대해 전혀 들어보지 못한 것이다.

제자: 어떻게 그들이 해탈을 욕망하지 않는다고 말할 수 있습니까?

스승: 해탈에 이르는 유일한 길인 청문 등을 하지 않으면서 고행을 하는 한, 그들은 해탈에 대한 욕망이 없는 것으로 추론된다.

제자: 아닙니다. 그들도 해탈하기를 욕망할 수 있습니다.

스승: 만약 그렇다면 그들은 고행을 포기하고 늘 스승과 함께 머무르면서 진아에 대한 청문을 해야 한다. 만일 그들이 이미 청문도 했다고 하면 간접지를 얻은 것이므로, 성찰을 해야 한다. (그러나) 그들은 청문을 하지 않았기 때문에 무욕과 고요함을 갖추고 있다 해도 실재와 비실재를 분별할 수 없고, 따라서 진아탐구를 할 근기가 아니다. 무욕 등은 이 탐구의 보조수단이 될 수 있을 뿐 주된 원인은 될 수 없다. 실재와 비실재의 분별만이 주된 원인이다.

13-14. **제자**: 탐구를 하지 않아도, 무욕과 고요함이 수반되는 고행으로 진아를 깨달을 수 있지 않습니까?

스승: 그렇지 않다. 탐구를 하지 않아서 진아가 시야에서 사라진 것이니, 그것을 되찾으려면 탐구가 필요하다. 탐구가 없다면 천만 가지 고행을 한들 그 시각을 어떻게 되찾을 수 있겠는가? 늘 진아를 탐구하는 것이, 베일을 펼치는 무無탐구의 어둠에 의해 마음의 눈이 흐릿해진 무지한 사람의 눈 먼 증세에 대한 유일한 치유책이다.

15-16. **제자**: 이 진아탐구란 어떤 것입니까?

스승: "이 진아는 누구인가? 그것은 어디 있는가? 그것은 어떻게 있는가?" 하고 궁구窮究하면서, 일념 집중된 지성으로 다섯 껍질의 내부에서, 몸·감각기관 등의 안에서 '나'로서 빛나는 진아를 탐색하는 것이 진아탐구의 본질이다. 미세한 지성으로써 실재, 곧 실재하지 않는 껍질들 내부의 진아에 대한 탐구를 항상 해나가야 한다.

17. **제자**: 앞에서는 진아가 일체에 편만해 있다고 이야기되었습니다. 일체에 편만해 있는 진아가 어떻게 껍질들 안에서 찾아지겠습니까? 더욱이 그 껍질들은 실재하지 않는다고 합니다. 실재하지 않는 것들에 대한 탐구가 어떻게 실재에 대한 인식으로 이끌어줄 수 있습니까?

18-19. 스승: 진실로 진아는 일체에 편만해 있다. 하지만 그것의 지知는 다섯 껍질이라는 덮개에 의해 희미해진다. 그것들 안에 숨겨져 있는 진아는 거기서만 찾아야지 다른 데서는 찾을 수 없다. 물건은 그것을 잃어버린 곳에서 찾는다. 집에서 잃어버린 것을 숲에서 찾지는 않는다. 그와 마찬가지로, 다섯 껍질 안에 숨겨진 채 그것들과의 그릇된 동일시로 인해 인식되지 않고 있는 진아는, 원치 않는 요소들 —여기서는 다섯 껍질—을 걸러냄으로써 찾을 수밖에 없다.

제자: 실재하지 않는 것들에 대한 탐색이 어떻게 실재에 대한 인식으로 이끌어줄 수 있습니까?

스승: 실재하지 않는 덮개들을 제거해야 그 안에 숨겨진 **실재**가 드러난다. 그것들은 **실재하는 진아** 위에 덧씌워져 있다. 그것을 점검하여 그것들이 실재하지 않음을 확인해야 그 바탕인 유일한 **실재**를 알 수 있다. 덧씌워진 외적 장식물들을 살펴보지 않으면 그것들의 바탕, 즉 **실재**를 발견할 수 없다. 밧줄에서 보이는 뱀은 밧줄에 뱀이 덧씌워진 것이고 실재하지 않지만, 세상의 어느 누가 그 외관상 뱀의 본질을 살피고 탐구해 보지 않고 그 밧줄을 발견할 수 있었던가? 혹은 그 덧씌워진 뱀을 탐색해 보고 나서 그것의 바탕이 밧줄임을 발견하지 못한 사람이 있을 수 있는가? 아무도 없다. 그와 마찬가지로, 청문을 통해서 다섯 껍질은 덧씌워진 것이고 실재하지 않는다는 간접지를 얻어야 한다. 그러나 구도자는 예리한 지성으로 이 피상적인 지知를 깊이 탐색하여 그것의 진리성을 체험해야 한다. 그대가 직접 경험하는 조대신粗大身이 음식으로 이루어졌음을 분명히 이해하여 그것이 진아를 덮어 가리는 음식껍질일 뿐임을 인식하듯이, 보통 사람들은 모르지만 경전과 **스승**이 가르쳐 주는 더 미세한 다른 네 가지 껍질도 그 특징을 통해서 알고, 그것들을 탐구하여 직접 체험해야

한다. 동시에 그것들이 껍질일 뿐임을 인식하고 그것을 차례대로 버리면서, 그것들의 주시자인 의식-존재(Consciousness-Being), 곧 미세한 진아를 추구해야 한다.

20. **제자:** 만약 그런 껍질들을 탐색하여 내버린 뒤에 진아를 탐구해야 한다면, 그것은 어떻게 깨달을 수 있습니까?

    스승: 이 탐구는 진아에 대한 성찰(manana)일 뿐이고, 그것의 효과는 무지의 베일을 소멸하는 것이다. 껍질들 이면에 있는 진아에 대한 부단한 성찰은 그대에게 "그것이 빛나지 않는다"고 말하게 만드는 저 은폐의 측면을 태워 없앨 수밖에 없다.

    제자: 어떻게 그럴 수 있습니까?

    스승: 밧줄이 보이지 않게 가로막는 밧줄 상의 뱀에 대한 탐구가 밧줄에 대한 무지를 소멸하듯이, 다섯 껍질의 주시자로 남아 있는 진아에 대한 예리한 탐구는 "진아가 눈에 보이지 않고, 그것이 빛나지 않는다"고 여기는 무지를 소멸한다. 구름이 흩어지면 해가 찬란히 빛나듯이, 은폐의 어둠이 소멸되면 주시하는 진아가 찬란하게 빛날 것이다. 그래서 탐구가 필요하다.

21. **제자:** 언제까지 계속 진아를 탐구해야 합니까?

    스승: 무지의 어둠이 재출현하지 않는 것이 성찰의 '한계'(종결점)라고 이야기된다. 따라서 이 무지의 어둠이 재출현하지 않을 때까지는 그 수행을 계속해야 한다.

22-24. **제자:** 한번 제거된 은폐가 다시 돌아올 수도 있습니까?

    스승: 그렇다. 의심들이 일어나는 한, 이 무지는 존재한다고 추론할 수밖에 없다.

    제자: 진아를 깨달은 뒤에 어떻게 의심이 남아 있을 수 있습니까?

    스승: 껍질들을 탐구하여 그것들을 실재하지 않는 것으로 내버리면

그것들을 주시하는 의식인 진아는 독특하고 허공보다 미세하며, 바로 공空과 같다는 것을 깨닫게 된다. 이때 껍질들이 실재하지 않는 것으로 내버려지고 공空과 같이 미세한 진아 외에는 아무것도 없기에, 자신이 무無 혹은 공空으로 남겨졌다는 두려움이 일어날지도 모른다.

제자: 어떻게 그럴 수 있습니까?

스승: 일체를 초월해 있는 진아는 세간적 사물이나 활동과 아무런 공통점도 가지고 있지 않다. 그것은 공空조차 초월해 있고, 그래서 그 체험이 독특하고 비세간적인 것이다. 그럴 때 "이것이 진아일 수 있을까? 그럴 리가 없다. 이것이 진아라면 내가 어떻게 그런 공空일 수 있나?" 하는 두려움이 일어날 수 있다. 나뉘지 않은 진아를 깨닫고 나서도 자기 자신의 체험에 확신이 없고, 그것이 불가능하다고 생각되어 큰 의심이 일어난다. 그 불가능하다는 느낌이 의심을 일으킨다. 그러나 거듭 성찰하면 이 불가능하다는 느낌이 없어진다. 그래서 비야사(Vyasa)는 『브라마경經(Brahma Sutras)』에서 "거듭된 가르침에 의한 반복(avritti asakrid upadeshat)"이라고 한 것이다. (경전에 나오는) 이 거듭된 가르침 때문에 (진아에 대한 청문·성찰·명상을) 거듭할 필요가 있는 것이다.

25. **제자:** 그러한 성찰의 '열매'는 무엇입니까?

스승: 계속된 수행으로 은폐가 소멸되고, 그것이 소멸되면 진아가 오롯이 홀로 빛나는 것이 불가능하다는 느낌이 사라지며, 그것이 사라지면 모든 장애가 종식된다. 이때 그대 손 안의 사과만큼이나 분명하고 확실하게 직접체험이 일어난다. 이것이 그 '열매'다.

26. **제자:** 그 직접체험이란 어떤 것입니까?

스승: 우리가 해와 그것을 가리는 구름을 분명히 구분할 수 있듯이 진아와 에고를 구분할 수 있을 때, 그것이 직접체험이다. 이것이 곧

성찰의 '열매'이다.

27. 아들이여! 지혜로운 청년이여! 이제 성찰에 대해 자세히 가르쳤다. 그대가 할 일은 다섯 껍질을 탐구하여 그것들을 실재하지 않는 것으로 내버린 다음, 예리한 지성을 내면으로 돌려 그 미세한 진아 자체를 발견하고 그것을 또렷하게 인식하는 것이다.

28. **제자**: 스승님! 예리한 탐구를 해도 저는 "이것이 다섯 껍질이다. 이것은 그것들과 구분되는 가장 내면의 진아다"라고 말할 수 없습니다. 저는 진아를 직접 깨닫지 못하겠습니다. 왜 그렇습니까?

스승: 그것은 시작 없는 무지 때문이다.

제자: 이 무지는 어떻게 일어났습니까?

스승: 앞에서 말한 은폐에서 일어났다.

제자: 어떻게 말입니까?

스승: 성품상 진아와 에고는 서로 사뭇 다른데도, 앞에서 말한 은폐가 그것들을 마치 동일한 것처럼 보이게 한다.

제자: 부디 그것을 설명해 주십시오.

스승: 밧줄과 뱀은 서로 사뭇 다른데도 밧줄에 대한 무지가 어떻게 그것을 뱀으로 보이게 하는지를 보라. 마찬가지로, 은폐의 어둠에 의해 숨겨진 진아는 빛나지 않고, 그 대신 에고, 행위자 의식 등 작용들만 보이는 것이다.

29-31. 따라서 다섯 껍질의 성품을 탐구하여 그것을 발견하고 깨달은 다음, 그것들을 비아非我로서 배제하라. 그런 현상들을 일으키고 소멸시키는, 변화들에 대한 불변의 주시자가 있을 것이 분명하다. 그가 진아임을 발견하여 깨달으라.

제자: 모든 현상과 별개라면, 그 주시자가 어디에 있을 수 있습니까?

스승: '아는 자, 앎, 알려지는 것'으로 이루어진 3요소가 있다. 이 중

에서 '아는 자'는 주체이고, '앎'은 지성이며, '알려지는 것'은 대상들이다. 이 3요소는 생시와 꿈의 상태에서 일어나 번창하다가 깊은 잠의 상태에서 무지각 속으로 합일된다. 유일한 불변의 의식으로 남아 있으면서 이 세 가지 상태(생시·꿈·깊은 잠) 모두를 비추고 그것의 출현을 야기하는 것이 '주시하는 진아'이다. 그것을 분별하고 깨달으라.

32. **제자:** 당신의 가르침에 따라 다섯 껍질을 탐구하여 그것을 비아非我로서 배척하고 나면, 단순한 공空 외에 아무것도 남아 있지 않습니다. 그럴 때 진아는 어디 있습니까?

33-35. **스승:** 다섯 껍질 뒤에 아무것도 남아 있지 않다고 말하는 것은 "나는 말을 할 혀가 없다"라고 말하는 것과 같다.

제자: 어째서 그렇습니까?

스승: 혀가 없으면 자신에게 말을 할 혀가 없다는 말을 할 수 없다. 마찬가지로, 그 공空을 보는 자가 없으면 아무것도 남아 있지 않다는 말을 할 수 없다. 그렇지 않다면 아무 말도 못할 테니까 말이다. 오히려 그 말을 하는 자가 아무것도 보이지 않는다고 하니, 그 자신 외에는 아무것도 드러내지 않는 진아가 남아 있음이 분명하다.

제자: 만약 그렇다면 어떻게 그것이 알려지지 않은 채로 있을 수 있습니까?

스승: 진아는 일체를 보지만 달리 누구에 의해서도 보이지 않는다. 그것은 스스로 빛나기에 어떤 보조수단 없이도 사물들을 알 수 있지만, 그것을 알 수 있는 것은 아무것도 없다. 그것은 일체를 안다. 그것은 아무것도 없다는 것을 안다. 그것은 모든 것의 가장 내밀한 핵심이다. 그것은 그 어떤 것에 의해서도 보이지 않는, 순수하고 오염되지 않은 **의식**의 **허공**으로 남아 있다. 그것은 나뉘지 않은 상태로 있다. 일체를 아는 자, **순수한 지**知가 곧 **진아**이다.

36-43. 제자: 어떻게 해서 진아는 그 어떤 것에 의해서도 알려지지 않으면서, 일체를 압니까?

스승: 껍질들은 존재하는 것처럼 보인다. 그것들을 배제하면 그것들의 부존재가 어떤 공백 상태 혹은 무無로 보인다. 껍질들, 공백 상태 등 나타나 보이는 모든 것은 지각력이 없고 그것들 스스로 자신을 드러낼 수 없으므로, 어떤 '보는 자'가 그것을 보아야 한다. '보는 자'가 없으면 아무것도 보이지 않는다.

제자: 어째서 그렇습니까?

스승: 항아리 등의 대상들은 어떤 '보는 자'에게만 현현한다. 그렇지 않으면 그것들은 존재하지 않는다. 그와 마찬가지로, 다섯 껍질을 넘어선 공空은 '보는 자'가 있기 때문에 현현한다. 그 주시자가 없다면 어떻게 그 공空이 마치 아무것도 보이지 않는 듯이 나타날 수 있겠는가? 그것은 의식하지 못하고 지각력이 없으므로, 주시자가 그것을 보고 인식하지 않으면 스스로를 보여줄 수 없다.

제자: 지각력은 없지만 그것은 스스로를 현현할 수 있습니다.

스승: 그렇다면 항아리 등 대상들이 그것을 보는 자 없이도 스스로를 보여주도록 해보라. 그것은 불가능하다. 무無로서 나타나는 공空 또한 지각력이 없고, 따라서 스스로 빛날 수 없다. 그 너머의 어떤 빛에 의해 비추어지고 주시되어야 한다.

제자: 어떻게 말입니까?

스승: 머리 위의 구름이나 발아래 항아리 등이 스스로를 비추지 못하고 저 너머 아득한 거리에서 스스로 빛나는 해에 의해 비추어져야 하듯이, 지성과 그 지성이 상상하는 대상들 너머의 공空 등도 지각력이 없고 (스스로) 빛나지 않아, 초월적이고 스스로 빛나는 의식에 의해 비추어져야 한다. 그 공空 너머에 그것과 별개로, 공空 기타 모든

것을 보는 주시자가 있다. 그가 바로 그 어떤 것에 의해서도 알려지지 않으면서 일체를 아는 진아이다. (성찰에 의해) 미세해진 그대의 지성으로, 진아를 발견하고 깨달으라.

44-45. 스승의 말씀으로 이처럼 진아의 성품에 대하여 손 안에 든 사과처럼 분명한 가르침을 듣자, 제자는 진아를 직접 깨달을 수 있었다. 그러자 그는 자신의 기쁨을 이렇게 표현했다. "오, 스승님! 제가 진아를 직접 체험했습니다! 이제 그것을 잘 알게 되었습니다!"

스승: 그대가 보기에는 진아가 어떤 것 같은가?

제자: 모든 대상, 공空 등과 지知의 주시자이고, 일체를 자각하며, 아주 장엄하고, 헤아릴 수 없고, 가늠할 수 없고, 감각기관·마음·지성 등을 넘어서 있고, 연관되어 있지 않고, 오염되어 있지 않고, 형상이 없고, 거칠지도 미세하지도 않고, 원자처럼 작지도 않고 엄청나게 크지도 않고, 희지도 검지도 않고 다른 어떤 색깔도 아니며, 어둡지도 밝지도 않고, 허공보다 더 미세하고 더 순수한 것이 진아입니다. 거기서는 어떤 변화의 미미한 흔적도 발견되지 않습니다. 의식의 빛으로 인해, 변하는 모든 대상과 공空이 지성의 밖에서 나타나고 지성과 멀리 떨어져 있지만, 진아에는 어떤 변상變相도 없습니다.

스승: 그렇다면 "나는 뚱뚱하다, 나는 야위다" 같은 관념들은 어떻게 진아 안에서 나타나는가?

제자: 무지의 은폐적 요소가 모두로부터 진아의 참된 성품을 가립니다. 모두가 진아를 보지 못한 채 껍질들을 자기(진아)로 착각합니다. 이것은 무지 때문일 뿐입니다. 사실 진아 안에는 어떤 변상도 없습니다. 하늘은 순수하고 무색인데도 푸르게 보입니다. 마찬가지로, 무지가 진아를 마치 변하는 것인 양 보이게 하지만, 그것은 변치 않고 오염되지 않는 상태로 있을 뿐입니다.

지금 여기서는 그것을 분명하게 알게 됩니다. 그것은 결코 부재할 수 없습니다. 오, 이토록 즉卽해 있고(immediate) 실재하는데도 진아를 보지 못하는 이런 큰 환상이 존재한다는 것은 놀라운 일 아닙니까! 그것은 올빼미가 눈부신 햇빛 아래서 자기 주위에 어둠밖에 보지 못하는 것과 같습니다. 오! 진아는 찬연하고 명백합니다! 하지만 환幻이 우리 위에 어둠을 덮어서 우리에게 "진아가 보이지 않는다!"고 느끼게 합니다. 정말 놀라운 일입니다! 한낮에 어둠이 있을 수 있습니까? 항상 밝고 항상 드러나 있는 지고의 진아 앞에 어떤 베일이 남아 있을 수 있습니까? 그것이 어디서 일어날 수 있습니까? 어떻게 그것을 생각이나 할 수 있습니까? 확실히 은폐는 그 자체 하나의 환幻입니다. 그것은 말에 지나지 않고, 거기에는 아무 의미도 없습니다.

스승: 만약 은폐가 없다면, 어떻게 진아가 그토록 오래 숨겨져 있었는가?

제자: 이 무지는 실재하지 않지만 개인이 탐구하지 않기 때문에 번성했습니다. 우리의 무無탐구가 시야에서 밧줄을 숨기고 그것을 뱀으로 현출하듯이, 진아에 대한 무탐구가 그것을 안 보이게 숨기는데, 이것을 시작 없는 무지의 은폐적 측면이라고 합니다. 이제 진아를 깨닫고 보니, 이른바 은폐는 어디에도 보이지 않습니다. 보십시오, 진아는 지금 여기에서 항상 빛나는 주시자임을 알겠습니다. 놀랍고도 놀라운 일입니다! 손 안의 사과같이 저는 이제 진아를 분명하게 깨달았습니다. 이제 스승님, 다행히도 저는 당신의 은총으로 축복받았고, 제가 할 일은 끝났습니다!

46-50. 축복 받은 제자의 행복해하는 말을 들은 스승은 즐거워하면서 다음과 같이 말한다. "지혜롭고 훌륭한 아들이여, 그대는 신의 은총에 의해, 깨달아야 할 것을 깨달았구나! 그의 은총에 의해 그대의 무

지는 끝났다. 그 무지로 인해 학식 있는 이들조차도 진아를 깨닫지 못하고 미혹되어 있는데 말이다. 복되게도 그대는 위대한 학자들도 얻지 못한 것을 얻었다! 그대가 전생에 지은 모든 복덕이 함께 오늘 이러한 결실을 맺었구나! 이런 결실을 맺게 한 그대의 복덕은 대체 얼마나 수승한 것이냐? 그대는 복 받았다! 그대가 해야 할 일은 끝났다. 그대는 성취한 사람이다. 무엇보다 먼저 성취해야 할 것을 그대가 성취했으니, 얼마나 놀라운 일인가! 이것을 얻기 위하여 모든 위대한 저작들·맹세·고행·예배·요가 기타 힘든 일들을 하는 것이다. 오직 그것을 알기 위하여 이런 과정들의 그 모든 수고와 걱정을 겪는 것이다. 그대의 모든 노고는 이제 끝났다. 그대가 전생에 한 모든 노력이 오늘날 결실을 맺은 것이다. 모든 사람들이 거듭되는 생사윤회라는 깊이를 알 수 없는 바다에 빠져 있는 이유는 이 위없는 것(Supreme Thing)에 무지해서일 뿐이다. 그대는 이 바다의 피안彼岸에 도달했다. 모든 사람들은 이것을 몰라서 몸·감각기관 등을 자기로 착각한다. 그대는 이 진아를 발견했다. 따라서 그대는 정말 지혜롭고 참으로 총명하다. 이에 대해서는 어떤 의심도 없다.

지금까지 그대는 "그대가 그것이다"라는 문구에서 '그대'의 의미를 탐구하고 깨달았다. 같은 방식으로 그 문구에서 '그것(That)'의 의미를 탐구하여 깨달으라.

51-52. 제자: 스승님, '그대'가 껍질들과 주시자를 각기 의미했듯이, '그것'의 직접적인 의미와 의도하는 의미를 부디 말씀해 주십시오.

스승: 전 우주는 다섯 가지 요소—즉 존재-빛남-즐거움-이름-형상—과 다섯 껍질, 그리고 항아리 등 외부적 대상들로 이루어져 있다.

제자: 외부적 대상들의 다섯 가지 요소를 부디 말씀해 주십시오.

스승: 항아리가 있다는 것은 그것의 '존재' 측면이고, 그것이 나타나

보이는 것은 '빛남' 측면이며, 그것이 우리에게 소중하다는 것은 '즐거움' 측면이다. '항아리'는 그것의 '이름' 측면이고, 그것의 형태는 '형상' 측면이다. 모든 대상이 그와 같다. 다섯 가지 요소 중 처음 세 가지는 브라만의 특징이고 나머지 두 가지는 세계의 특징이다.

'그것'의 직접적 의미는 세계 요소들, 즉 이름과 형상이고, 의도하는 의미는 브라만, 곧 존재-빛남-즐거움의 복합체이다. 시작 없는 무지는 껍질들과 주시자 간의 자명한 차이를 은폐하듯이, '존재-빛남-즐거움' 요소와 '이름과 형상' 요소 간의 비슷한 차이도 은폐한다. 또 탐구가 은폐력을 흩어 버림에 따라, (브라만의 특징인) 존재-지知-지복은 '이름과 형상' 측면과 별개임을 알 수 있다.

53-54. 제자: "그대가 그것이다"라는 문구에서 '그것'과 '그대'의 직접적 의미와 의도하는 의미를 아는 '열매'는 무엇입니까?

스승: 그 문구는 다섯 껍질의 주시자인 '그대'와, 우주 안의 이름과 형상들 너머에 있는 '그것', 즉 브라만 혹은 존재-지知-지복이 동일하다는 것을 이야기한다. 이것이 '그대'와 '그것'이 의도하는 의미들이다. 개인의 다섯 껍질, 곧 '그대'의 직접적 의미와, 우주 안의 이름과 형상들, 곧 '그것'의 직접적 의미 간에는 어떤 동일성도 있을 수 없다. 따라서 다섯 껍질과 이름과 형상은 환幻일 뿐이라는 결론이 나온다. 주시자와 브라만이 하나임을 아는 것이 그 앎의 '열매'이다.

제자: 어떻게 그것들이 같은 하나일 수 있습니까?

스승: 그 둘 다 존재-지知-지복일 뿐이므로 같을 수밖에 없다. 항아리 속의 공간과 바깥의 공간은 같은 특징을 가지고 있으므로 동일하듯이, 주시자와 브라만도 존재-지知-지복이라는 같은 특징을 가지고 있으므로 똑같은 하나이다. 항아리의 공간이 바깥의 공간이고 그 역도 그러하듯이, 주시자가 곧 브라만이요, 브라만이 곧 주시자인 것이다.

55-56. 브라만이 나뉘지 않는 완전한 전체성인 한, 브라만인 주시자 또한 나뉘지 않는 완전한 전체성일 수밖에 없다. 따라서 진아는 단 하나의 끊어짐 없는 지복임이 확립된다.

제자: 이 지知의 '열매'는 무엇입니까?

스승: 다섯 껍질과 대상들의 이름과 형상을, 실재 위에 덧씌워져 있을 뿐인 표현 불가능한 어떤 환幻으로서 배제하고, 그 바탕, 곧 존재-지知-지복의 브라만이 진아라는 것을 닦아서, 그것을 "나는 브라만이다"로서 깨달아 브라만이 되는 지고의 지복을 얻는 것이 이 지知의 '열매'이다. 여기서 성찰에 대한 장이 끝난다.

57. 이것을 주의 깊게 읽고 실천하는 지혜로운 학인은 그 자신을 브라만 ―즉, 존재-지知-지복― 으로서 깨달을 수 있다.

제6장 원습소멸 原習消滅

1. 이 장은 덧씌움, 그것의 물러남, 구도자의 요건, 청문 그리고 성찰에 관한 앞의 5개 장에 이어지는 것이다. 진아에 대해 성찰한 뒤에 직접지를 얻은 제자에게 스승은 계속하여 다음과 같이 말한다.

2. 지혜로운 아들이여, 경전은 더 이상 그대에게 가르칠 것이 없다. 그대는 경전을 끝낸 것이다. 이제부터는 진아에 대해 명상해야 한다. 경전에서는 말한다. "얘야, 진아에 대한 이야기를 듣고, 그것에 대해 성찰하고, 명상해야 한다." 그대는 성찰을 마쳤으니 명상을 해야 한다. 이제 경전을 놓아버려라.

3-6. **제자**: 경전을 놓아버리는 것이 옳습니까?

스승: 그렇다, 옳다. 이제 그대는 탐구로써 알아야 할 것을 알았으니 주저 없이 경전을 놓아버려도 된다.

제자: 그러나 경전에서는 우리가 죽는 마지막 순간까지 경전을 놓아버려서는 안 된다고 합니다.

스승: 경전의 목적은 진리를 가르치기 위한 것이다. 진리를 얻고 나면 그것이 더 무슨 쓸모가 있겠는가? 그것을 더 공부하는 것은 시간과 기력의 과도한 낭비이다. 그러니 경전은 젖혀두라. 끊임없는 명상을 하라.

제자: 그 말씀은 경전에 의해 뒷받침됩니까?

스승: 그렇다.

제자: 어떻게 말입니까?

스승: 경전에서는 이렇게 말한다. "구도자는 스승에게서 **진아**에 대해 반복하여 가르침을 듣고 나서, 그것에 대해 성찰하여 그것을 직접 알게 되면, 마치 화장터에서 시체를 뒤집는 막대기가 마지막에는 그 시체가 타는 불 속에 던져지듯이 경전을 놓아야 한다. **해탈 추구자는 경전 공부를 통해 진아에 대한 간접지를 얻으면 그것을 실천에 옮겨서 그것에 대해 성찰하고, 결국 그것을 체험하여 직접지를 얻어야 한다.** 그런 다음에는 마치 곡물을 수확하는 사람이 알곡만 취하고 겨를 버리듯이, 경전을 젖혀두어야 한다. 해탈을 갈망하는 사람은 **진아**에 대한 지知를 얻기 위해서만 경전을 이용해야 하고, 그런 다음에는 그것에 대한 성찰로 나아가야 한다. 베단타 이야기만 해서는 안 되며, 그것을 생각하고 있어도 안 된다. 이야기해 봐야 말에 긴장만 안겨주고, 마찬가지로 생각하기는 마음에 긴장만 안겨주어, 어느 것이나 실제적 도움이 될 수 없다. 따라서 알 필요가 있는 것만 알고, 피곤한 공부는 놓아버려라. 지각 있는 구도자는 자신의 말과 마음을 제어하면서 늘 명상을 해야 한다." 이것이 경전의 가르침이다.

7. 지혜로운 아들이여, 이제 그대는 경전에서 알 필요가 있는 것을 알았으니, 그대의 공부에서 얻은 인상들(경전습)을 소거消去해야 한다.

제자: 무엇이 그러한 인상들을 구성합니까?

스승: 그것은 늘 베단타 문헌을 공부하고, 그 글들의 의미를 이해하며, 그것을 암기하고 그것에 대해 부단히 생각하는 성향이다. 이런 성향은 명상을 방해하므로, 지혜로운 사람은 온갖 노력을 다해 그것을 극복해야 한다. 그 다음은 세계와 연관된 습쩜(lokavasana-세간습)을 제거해야 한다.

8. **제자:** 그 습쩜들은 어떤 것입니까?

스승: "이것은 내 나라다, 이것은 내 집안 계보이고, 이것은 그 전통이다"라고 생각하는 것이다. 어떤 사람이 이런 것 중 하나를 칭찬하거나 비방할 때의 마음의 반응들이, 세간과 연관된 그 습쩝을 말해준다. 그것을 포기하라. 그런 다음 몸과 연관된 습쩝(dehavasana-육신습)도 포기하라.

9-13. **제자**: 그것은 무엇입니까?

스승: 자신이 이러이러한 나이의 젊거나 늙은 사람이라고 생각하고, 건강과 힘, 그리고 잘 생긴 용모로 천수를 다 누리고 싶어 하는 것이다. 일반적으로 몸과 관련되는 생각들이 이 습쩝이 있음을 말해준다. 세간에서의 야망과 몸에 대한 사랑은 마음을 산란하게 하고 브라만에 대한 명상을 가로막는다. 모든 대상들은 무상하니 그것을 멀리해야 한다. 그런 다음 즐김과 연관되는 습쩝(bhogavasana-향유습)을 포기해야 한다.

제자: 그것은 무엇입니까?

스승: 그것은 이런 생각들로 이루어진 것이다. "이것은 좋구나. 이것을 가져야겠다. 이것은 좋지 않으니 나를 떠나라지. 이제 나는 많이 얻었고, 더 얻어야겠다"는 등이다.

제자: 그것은 어떻게 극복할 수 있습니까?

스승: 모든 즐김을 토사물이나 똥인 양 혐오하면서 바라보고, 그것들에 대한 무욕을 계발하면 그것을 극복할 수 있다. 무욕이 이 미친 갈망에 대한 유일한 치유책이다. 그런 뒤에, 마음이 여섯 가지 욕망, 즉 욕정·분노·탐욕·망상·아만我慢과 질투에서 벗어나야 한다.

제자: 어떻게 그렇게 할 수 있습니까?

스승: 자慈(maitri)·비悲(karuna)·희喜(mudita)·사捨(upekcha), 곧 성스러운 사람들과의 친교, 고통 받는 사람들에 대한 연민, 덕 있는 사람

들의 즐거움에 기뻐하기, 죄 있는 사람들의 결함에 무관심하기로써 그렇게 할 수 있다.

그 다음은 소리 등 감각 대상들과 연관된 습쩝(vishayavasana-대상습)이 소거되어야 한다. 이 습쩝은 청각 등 감각기관이 그 대상들을 쫓아 달려가는 것이다.

제자: 그런 습쩝들을 어떻게 소거할 수 있습니까?

스승: 여섯 가지 수행, 곧 평온(sama)[마음이 밖으로 나가지 못하게 물러나기] · 절제(dama)[감각기관의 제어] · 물러남(uparati)[감각대상을 생각하지 않기] · 인내(titiksha)[견뎌내기] · 집중(samadhana)[마음을 실재에 고정하기] 그리고 믿음(sraddha)에 의해 제거할 수 있다.

그 다음에는 마음의 집착과 연관된 모든 습쩝이 극복되어야 한다.

14-15. 제자: 그것은 무엇입니까?

스승: 감각기관들이 제어된다 해도 마음은 늘 대상들을 생각한다. "저것이 있다. 이것이 있다. 그것은 이러이러하다. 그것은 이러하거나 저러하다" 등으로 말이다. 대상들에 대한 이러한 생각 때문에 마음이 그것들에 집착하는데, 이런 부단한 생각을 마음의 집착과 연관된 습이라고 한다.

제자: 그것은 어떻게 제어합니까?

스승: 물러남(uparati)을 닦으면 되는데, 이는 적절한 추론으로 그것들이 아무 소득 없는 백일몽일 뿐이라고 결론 내린 다음, 모든 생각을 단념하는 것을 의미한다.

16. 올바른 방법으로 이 모든 것을 성취했을 때는, 가장 큰 해악을 끼치는 것, 즉 그릇된 동일시와 연관된 습을 큰 노력으로 종식해야 한다.

17. 제자: 그릇된 동일시와 연관된 그 습쩝(viparita vasana-전도망상습)은 어떤 것입니까?

스승: 시작 없는 **무지**로 인해 헤아릴 수 없는 옛적부터 "나는 몸이다"라고 하면서 비진아非眞我(non-Self)를 자기로 착각해 왔는데, 이 무지가 견고하므로 브라만의 수행에 의해서만 종식될 수 있다.

18-20. 제자: 그 수행은 어떤 것입니까?

스승: 그것은 몸·감각기관 등을 비진아非眞我로 내버리고 늘 "나는 브라만이다"를 기억하면서 지각력 없는 껍질들을 주시하는 의식으로서 남아 있는 것이다. 홀로 있으면서 브라만에 대해 명상하고, 다른 사람들과 함께 있을 때는 브라만만 이야기하거나 가르치고, 그것 외에는 아무것도 이야기하거나 생각하지 않으면서, 늘 일념으로 브라만을 생각하는 것이 그 수행법이다.

> 수행이란 그것을 서로 의논하고, 그것을 철저히 이해하여
> 그 목표에 일념으로 매진하는 것이라고, 현자들은 말한다.
>
> —『요가 바시슈타』, '창조' 장(*Utpathi Prakaranam*),
> 릴라의 이야기(*Leelopakhyanam*) 편

현자들이 그렇게 말한다. 이것으로 에고를 초월하고, 그런 다음 '내 것'이라는 관념을 제거하라.

21-22. 제자: 그 관념의 본질은 무엇입니까?

스승: 그것은 몸이나 몸에 속한 모든 것, 예컨대 이름·형상·의복·계급·행위 혹은 직업 등과 관련된 '내 것'이라는 단일한 관념으로 이루어진다.

제자: 그것은 어떻게 사라집니까?

스승: 실재에 대한 꾸준한 명상에 의해서이다.

제자: 어떻게 말입니까?

스승: 몸 등과, 그것의 이익과 효과, 즐김, 활동 등은 순수한 지知,

곧 진아에 대한 무지에서 나온 순전한 허구에 불과하다는 것과, 자개에서 은이, 금에서 장신구들이, 신기루에서 물이, 하늘에서 푸름이, 바다에서 파도가 나타나 보이듯이 진아 외의 모든 것은 진아의 거짓된 겉모습 혹은 환적인 상相이라는 것을 늘 자각하는 것이다. 실제로는 우리의 '진아' 외에는 아무것도 없다. 그 다음에는 차별 의식(bheda vasana-차별습)이 사라져야 한다.

23-25. 제자: 그 차별 의식이란 무엇입니까?

스승: 그것은 이런 관념들로 되어 있다. 즉, "나는 이것의 주시자이다. 눈에 보이는 모든 것은 지각력이 없고 환적일 뿐이다. 여기 세계가 있다. 이들은 개인들이다. 이 사람은 제자이고 저분은 스승이다. 이분은 이스와라이다" 등이다. 비이원성의 수행에 의해 이것이 사라져야 한다.

이 수행은 비이원적이고 확고한 존재-지知-지복으로 머무르는 것이다. 오염되어 있지 않고, 실재나 비실재, 무지나 그것의 환적인 효과, 그리고 내적인 혹은 외적인 차별상에 대한 생각에서 벗어나 있는 그것으로 말이다. 이것은 부단한 **무상삼매**無相三昧(nirvikalpa samadhi)의 수행에 의해 성취된다. 여기에는 브라만에 대한 체험만이 남는다.

차별상差別相 의식을 멀리 뒤로한 다음에는 비이원성에 대한 집착을 포기해야 한다.

26-27. 제자: 그것은 어떻게 해야 합니까?

스승: 그 상태(차별 의식이 사라진 상태)도 결국은, 상相들에서 벗어나 있고 심지어 이원성에서도 절대적으로 벗어나 있는, (그것이 무엇이라고) 말할 수 없고 생각할 수도 없는 실재 속으로 사라져야 한다. 해탈의 **지복**이란 이것을 말하는 것일 뿐 그 이상 아무것도 아니다. 마음에서 모든 잠재적 불순물이 제거되면 그것은 오염되지 않은 명징明澄한

것으로 남아 있어, 그것이 존재한다거나 존재하지 않는다고 말할 수 없고, 말과 생각을 초월하여 **실재**와 하나가 된다. 상相이 없고 오염되지 않은 마음의 이러한 고정 상태가 **깨달음**, 혹은 **생전해탈**이라고 하는 것이다.

28. 진아에 대한 직접지를 얻었다 하더라도 이러한 **깨달음**이 뒤따르고 생전해탈을 이루기 전까지는, 마음과 감각기관을 적절히 제어하면서 항상 **브라만**을 명상해야 한다.

　　이렇게 하여 이 장이 끝난다.

제7장 직접체험

1. 앞 장에서는, 먼저 직접지를 얻어야 하고 그런 다음 마음의 잠재적인 습쭵을 제거하여 브라만을 깨달아야 한다고 했다. 이제 깨달음을 다룬다.

   스승: 지혜로운 아들이여, 이제 그대는 **진아탐구**에 의해 직접지를 얻었으니 명상을 계속해 나가야 한다.

2. **제자**: 스승님, 저는 이제 탐구로 직접지를 얻었고 제가 해야 할 일은 끝났습니다. 왜 명상을 더 해야 하며, 무슨 목적으로 합니까?

3-4. **스승**: 성찰을 통해 진아에 대한 직접지를 얻었다 하더라도 명상을 하지 않고는 브라만을 깨달을 수 없다. "나는 브라만이다"를 체험하기 위해서는 명상을 해야 한다.

5-6. **제자**: 브라만을 깨닫기 위해 명상을 하라는 말씀이군요. 저는 이미 그 신성한 문구에 대한 탐구에 의해 직접지를 얻었습니다. 왜 이제 명상을 해야 합니까?

   스승: 그대의 말이 그 신성한 문구를 탐구하면 브라만을 깨닫는다는 의미라면, 누가 그것을 부인할 수 있겠는가? 아무도 그럴 수 없다. 진실로 이 탐구는 브라만에 대한 깨달음으로 끝나야 한다.

   지금 그 문구의 의미를 탐색해 보자. 그 말은 누가 누구와 동일하다는 뜻인가? 그것은 '그대'라는 말이 의미하는 그 개인의 다섯 껍질을 주시하는 의식이, '그것'을 의미하는 브라만과 동일하다는 것일 수밖에 없다. 그 개아(Jiva), 곧 개인적 영혼이 브라만과 동일하다는 뜻일 리는 없다. 탐구에 의해, 주시하는 의식이 브라만과 동일하다는 것은 확실히 발견되었다. 그런데 주시자와 브라만의 이 동일성이 그대에게 무슨 소용이 있는가?

7. **제자**: 저는 그 신성한 문구의 의미를 탐구하여 주시자가 브라만이고 브라만이 주시자임을 깨달았는데, 어떻게 "그것이 그 사람에게 무슨 소용이 있는가?"라는 질문을 하실 수 있습니까? 그 효용은 분명합니다. 전에는 구도자가 그 동일성을 몰랐는데, 지금은 탐구에 의해 그것을 알고 있습니다.

스승: 그대는 탐구에 의해 주시자가 브라만이라는 것과, 끊임없고 완전무결한 브라만이 주시자임을 확실히 알았다. 하지만 그 앎은 끝이 아니고, 그대에게 도움을 줄 수 없다. 성채 안에 살고 있는 왕이 세계의 황제라는 사실을 모르다가 나중에 그것을 알게 된 가난한 거지를 상상해 보라. 그것을 새로 알았다고 해서 그의 지위가 어떻게 향상되겠는가? 그 앎은 그에게 어떤 유용한 도움도 줄 수 없다.

8. **제자**: 탐구를 하기 전에는 무지가 지배합니다. 탐구를 한 뒤에는 주시자가 브라만이라는 지(知)가 생깁니다. 이제 무지 대신 지(知)를 얻었습니다. 이것이 그 효용입니다.

스승: 그것이 어떻게 그 사실에 영향을 주겠는가? 그대가 그것을 알았든 몰랐든, 주시자는 늘 브라만으로 남아 있다. 그대가 그 사실을 안 것이 주시자인 브라만을 만든 것이 아니다. 가난한 거지가 알았든 몰랐든 그 성채 안의 왕은 황제였다. 그가 그것을 안 것이 요새 안의 왕을 황제로 만든 것이 아니다. 이제 그대는 주시자가 브라만임을 알았는데, 그대에게 무슨 일이 일어났는가? 말해 보라. 그대에게 어떤 변화도 있을 리 없다.

9. **제자:** 왜 없겠습니까? 어떤 차이가 있습니다. 그 신성한 문구는 "그대가 그것이다"라고 가르칩니다. 저는 그 의미를 탐구하여 제 안의 다섯 껍질의 주시자가 브라만과 같다는 것을 발견했습니다. 여기서 저는 제가 브라만이라는 것을 알았는데, 그것("나는 브라만이다")은 또 다른 신성한 문구입니다. 주시자가 브라만과 같다는 것을 몰랐던 저에게 이 앎이 다가왔고, 그 결과 브라만을 깨달은 것입니다.

스승: 어떻게 그대가 브라만을 깨달았다고 주장할 수 있겠는가? "나는 브라만이다"라는 문구에 의해 그대 자신이 브라만이라는 것을 이해한다 해도, 그 '나'는 개아, 곧 에고가 아니고 무엇인가? 에고가 어떻게 브라만일 수 있는가? 왕에 대해 안다고 해서 거지 자신이 왕이 될 수 없듯이, 변화무쌍한 에고는 결코 불변의 브라만과 동일할 수 없다.

10-14. 제자: 확실히 그렇습니다. 그러나 "나는 누구인가?"를 탐구하면 그것이 분명해지지만, 탐구를 하지 않았기 때문에 불변의 주시자가 가변적인 에고를 자기 자신으로 착각했던 것입니다. 이제 그는 "나는 가변적인 에고가 아니라 불변의 의식하는 주시자로 남아 있다"는 것을 압니다. 이제 그 주시자가 "나는 브라만이다"라고 말하는 것은 너무나 당연합니다. 여기서 무엇이 부조리할 수 있습니까?

스승: 그대는 어떻게 주시자가 "나는 브라만이다"라고 말한다고 주장할 수 있는가? 불변의 주시자가 그렇게 말하는가, 아니면 가변적인 에고가 그렇게 말하는가? 그것이 주시자라고 하면 틀린 것이다. 왜냐하면 주시자는 '거짓-나'에 대한 주시자로서 변함없이 남아 있기 때문이다. 그는 아만我慢(에고, 즉 거짓-나) 그 자체가 아니다. 그렇지 않다면 그는 주시자의 성질을 가질 수 없다. 왜냐하면 그 자신이 가변적일 테니 말이다. 주시자는 불변이므로 '나'나 브라만 같은 그런 어떤

관념의 털끝만 한 자취에서도 벗어나 있고, 따라서 "나는 브라만이다"라고 알지도 못한다. 주시자가 그렇게 말한다는 그대의 주장은 아무 근거가 없다.

제자: 그러면 누가 "나는 브라만이다"라고 압니까?

스승: 앞에서 말한 것을 놓고 보면 그 개아, 곧 '거짓-나'가 그런 앎을 가지고 있는 것이 분명하다는 결론이 나올 수밖에 없다.

제자: 어떻게 그런 결론이 나옵니까?

스승: 무지한 사람이 생사윤회에서 벗어나기 위해서는 '나는 브라만이다'라는 앎을 닦아야 한다. 주시자에게는 어떤 무지도 없다. 무지가 없을 때는 지知도 있을 수 없다. 무지한 사람만 지知를 추구할 수밖에 없다. '거짓-나' 말고 누가 무지나 지知의 주체가 될 수 있겠는가? 주시하는 진아(주시자)는 지知나 무지가 그 위에서 나타나는 바탕이므로, 그 자체는 지知나 무지에서 벗어나 있을 수밖에 없다. 반면에 '거짓-나'는 지知나 무지를 가지고 있는 것으로 알려져 있다. 만약 그대가 그에게 "너는 진아가 너를 주시하고 있다는 것을 아는가?"라고 물으면, 그는 "그 주시자란 누구인가? 나는 그를 모른다"라고 대답할 것이다. 여기서 '거짓-나'의 무지가 명백히 드러난다.

그가 자신을 주시하는 내면의 주시자가 있다는 베단타의 가르침을 들으면 진아가 자신의 주시자임을 간접적으로 안다. 그런 다음 진아를 탐구하면 "그것이 빛나지 않는다"는 무지의 베일이 걷히고, 그는 주시하는 진아를 직접적으로 알게 된다. 여기서 '거짓-나'의 지知도 분명히 드러난다.

내면의 주시자가 있다는 지知나 없다는 무지를 가지고 있는 것은 개아일 뿐이다. 그대는 이제 개아가 "나는 브라만이다"라는 지知를 가지고 있음을 인정해야 할 것이다. 이제 가변적 개아가 불변의 주시자를 알게 되었다고 해서 그가 주시자와 같을 수는 없다. 가난한 거지가 왕을 보았다고 해서 왕이 될 수 없듯이, 가변적 개아는 주시자가 될 수 없다. 주시하는 진아 아닌 가변적 개체는 브라만이 될 수 없다. 그래서 (개아에게는) 이 "나는 브라만이다"라는 체험이 불가능하다.

15. 제자: 어떻게 단순히 주시자를 보는 것만으로는 제가 주시자임을 알 수 없다고 말씀하실 수 있습니까? 개아는 바탕 곧 주시하는 의식으로서의 자신의 참된 존재를 모른 채 '거짓-나'로서 돌아다닙니다. 그러나 자신의 성품을 주의 깊게 탐구하면 주시자를 알게 되고, 자신을 주시자와 동일시합니다. 끊임없고 일체 완전한 브라만으로 잘 알려져 있는 주시자 말입니다. 그래서 "나는 브라만이다"라는 체험은 실재합니다.

스승: 그 개아가 자신을 주시자와 동일시한다면 그대의 말이 맞다. 주시자는 의심할 바 없이 브라만이다. 그러나 단지 주시자를 보는 것만으로 어떻게 개아가 자신을 주시자 안에 합일시키는 데 도움이 되겠는가? 개아가 주시자로 머무르지 않는 한 그는 주시자로서의 자신을 알 수 없다. 단지 왕을 보는 것만으로는 가난한 거지가 자신이 왕임을 알 수 없다. 그러나 왕이 되면 자신이 왕임을 알 수 있다. 마찬가지로, 개아가 변화무쌍한 상태에 있으면서 불변의 주시자가 되지 못하면 자신이 주시자임을 알지 못한다. 만일 주시자일 수 없다면, 어떻게 그가 끊임없고 일체 완전한 브라만이 될 수 있겠는가? 그럴 수 없다. 성채 안의 왕을 본다고 해서 가난한 거지가 왕이 될 수 없고 우주의 지배자는 더더욱 될 수 없듯이, 허공보다도 훨씬 미세하고 '아는 자, 앎, 알려지는 것'과 같은 3요소의 왕래에서 벗어나 있는, 영원하고, 순수하고, 자각하고 있고, 자유롭고, 실재하고, 위없고 지복스러운 주시자를 보는 것만으로 개아가 주시자가 될 수는 없고,

끊임없고 일체 완전한 브라만은 더더욱 될 수 없으며, "나는 브라만이다"를 알 수도 없다.

16. **제자:** 그렇다면 똑같은 격어미로 끝나는 두 말, 즉 '나'와 '브라만'이 "나는 브라만이다"라는 신성한 문구 안에 나란히 놓여 있는 것은 어째서입니까? 문법 규칙에 따르면 경전은 개아와 브라만에게 분명히 같은 등급을 선언하고 있습니다. 이것은 어떻게 설명될 수 있습니까?

17-18. **스승:** 나란히 놓인 두 말 간의 공통적 일치에는 두 가지가 있는데, 무조건적인 것(mukhya)과 조건적인 것(badha)이 그것이다. 여기서 경전은 무조건적인 의미를 전달하고 있지는 않다.

제자: 그 무조건적인 의미란 무엇입니까?

스승: 항아리 속의 허공은 다른 항아리 속의 허공이나 방 안의 허공 혹은 바깥의 허공과 동일한 특성을 가지고 있다. 따라서 한 허공은 다른 허공과 같다. 공기·불·물·흙·햇빛 등도 마찬가지이다. 또한 한 가지 모습의 신은 다른 모습의 그 신과 동일하고, 한 존재 안의 주시하는 의식도 다른 존재 안의 그것과 동일하다. 경전에서는 개아와 브라만 간의 이러한 (무조건적인) 동일성을 말한 것이 아니라, 조건적인 의미에서 그러하다는 뜻이다.

제자: 그것은 무엇입니까?

스승: 모든 겉모습을 내버리면 모든 것의 바탕은 동일하다는 것이다.

제자: 그것을 부디 설명해 주십시오.

스승: "나는 브라만이다"는, '거짓-나'를 내버린 뒤의 잔여적 존재, 곧 뒤에 남는 순수한 의식만이 브라만일 수 있다는 뜻이다. 개인성, 곧 개아를 버리지 않고 그것을 보존한 채, 브라만을 보되 브라만이 되지는 않으면서 자신이 브라만임을 알 수 있다고 말하는 것은 어불성설이다. 가난한 거지는 먼저 거지 노릇을 그만두고 한 나라를 다스려

야 자신을 왕으로 자처할 수 있고, 천신天神의 지위를 열망하는 사람은 먼저 갠지스 강에 몸을 던져 이 몸을 벗고 나서 그 자신 천인이 된다. (신이 되고자 하는) 헌신자는 비상한 일념헌신으로 자신의 몸을 벗고 신에 합일되는데, 그제야 자신이 신이라는 것을 알 수 있다. 이 모든 경우에, 그 거지가 자신이 왕이라는 것을 알 때나, 그 사람이 (자신이) 천인이라는 것을 알 때, 혹은 그 헌신자가 (자신이) **신**이라는 것을 알 때, 그들은 예전의 개인성을 유지하면서 더 높은 지위와 자신을 동일시할 수는 없다. 그와 마찬가지로, 해탈 추구자는 먼저 개인이기를 그친 다음에야 정당하게 "나는 **브라만**이다"라고 말할 수 있다. 이것이 그 신성한 문구의 의미이다. 자신의 개인성을 완전히 잃어버리지 않고는 **브라만**이 될 수 없다. 따라서 **브라만**을 깨달으려면 개인성의 상실이 필수조건이다.

제자: 가변적인 개인적 영혼은 **브라만**이 될 수 없습니다. 설사 개인성을 없앤다 하더라도 어떻게 그가 **브라만**이 될 수 있겠습니까?

19. **스승**: 그것은 구더기가 자신의 성품을 잃고 말벌이 되는 것과 같다. 어떤 말벌이 구더기를 잡아와서 자기 벌집 안에 넣어둔다. 말벌은 이따금 벌집을 찾아와 구더기를 쏘아대어 구더기가 늘 자신을 괴롭히는 자를 두려워하게 만든다. 구더기는 이렇게 늘 말벌을 생각한 결과로 말벌로 변모한다. 마찬가지로, **브라만**에 대해 부단히 명상하는 구도자는 자신의 원래 성품을 잃고 그 자신 **브라만**이 된다. 이것이 **브라만**에 대한 깨달음이다.

20. **제자**: 그것은 논점을 밝혀줄 수 없습니다. 왜냐하면 개아는 변하고 있으면서 순수한 존재, 곧 **실재**인 **브라만** 위에 거짓되게 현출되기 때문입니다. 거짓된 것이 그 거짓됨을 상실하면 그 개체 전체가 사라지는데, 어떻게 그것이 **실재**가 될 수 있겠습니까?

21. **스승**: 덧씌워진 거짓이 어떻게 그것의 바탕인 **실재**가 되겠느냐는 그대의 의심은 쉽게 해소된다. 자개가 은이기를 그치고 자개로 남아 있고, 밧줄상의 뱀이 뱀이기를 그치고 밧줄로 항상 남아 있는 것을 보라. **실재**, 곧 **브라만** 위에 덧씌워진 개아도 그와 마찬가지이다.

제자: 그런 것들은 조건 지워지지 않은 환幻(nirupadhika bhrama)인 반면, 개아의 출현은 조건 지워진 것(sopadhika bhrama)이고, 내적인 기능, 곧 마음 위에만 덧씌워져 있는 것으로 보입니다. 마음이 있는 한 개아도 있을 것인데, 마음은 과거업의 결과입니다. 그 업이 소진되지 않고 남아 있는 한, 개아도 존재할 수밖에 없습니다. 우리의 얼굴이 반사된 모습이 앞에 있는 거울이나 수면에 의존하듯이, 개인성이 과거업의 결과인 마음 위에 비치는 것도 그러합니다. 이 개인성을 어떻게 없앨 수 있겠습니까?

스승: 의심할 바 없이, 마음이 존재하는 한 개인성은 지속된다. 그러나 앞에 있는 거울을 치워버리면 반사된 모습이 사라지듯이, 명상으로 마음을 고요히 하면 개인성도 소거될 수 있다.

제자: 그와 같이 개인성이 상실되면 개아는 공空이 됩니다. 공空이 되어 버렸는데, 어떻게 그가 **브라만**이 될 수 있습니까?

스승: 개아는 그 바탕과 별개가 아닌 하나의 거짓된 모습일 뿐이다. 그것은 무지 위에, 곧 마음 위에 조건 지워져 있는데, 그것을 제거하면 개아는 바탕으로서 남게 된다. 이는 꿈을 꾸는 사람의 경우와 마찬가지이다.

22-23. **제자**: 어떻게 말입니까?

스승: 생시의 사람이 꿈속에서는 꿈꾸는 사람(taijasa)으로 기능한다. 그 꿈꾸는 사람은 생시의 사람(visva)과 똑같지도 않고 별개도 아니다. 자신의 침상에서 행복하게 잠자고 있는 사람은 밖으로 이동하지

않은 반면, 꿈꾸는 자로서는 다른 곳들을 돌아다녔고 많은 일을 하느라고 바빴다. 그 꿈속의 배회자가 침상에서 자고 있는 그 사람일 수는 없다. 그렇다면 다른 사람인가? 그렇지도 않다. 그가 깨어나면 "꿈에서 수많은 곳을 다녔고 수많은 일을 했는데, 행복하기도 했고 그렇지 않기도 했다"고 말하기 때문이다. 분명히 그는 자신을 그 꿈의 경험자와 동일시한다. 더욱이 다른 어떤 경험자도 보이지 않는다.

제자: 생시의 경험자와 다르지도 않고 똑같지도 않다면, 이 꿈의 경험자는 누구입니까?

스승: 꿈의 경험자는 잠이라는 환력幻力의 한 창조물이므로, 밧줄 위의 뱀과 같은 하나의 환幻일 뿐이다. 꿈의 환력이 끝나면 그 꿈꾸는 자는 사라지고, 실재하는 바탕, 곧 원래의 그 생시 상태의 개인적 자아로서 깨어난다. 마찬가지로 경험적 자아, 곧 개아는 불변의 **브라만**도 아니고 그것과 다르지도 않다. **무지**(마야)가 상상해낸 내적 기능, 곧 마음 안에서 **진아**가 반사되는데, 그 반사가 경험적이고 가변적인 개인적 자아로서 나타난다. 이것은 하나의 덧씌워진 거짓된 겉모습이다. 이 덧씌움은 그것의 바탕과 별개로 남아 있지 못하므로, 이 경험적 자아는 절대적 **진아** 외의 것일 수 없다.

제자: 그것은 누구입니까?

스승: 무지가 창조한 마음 안에서 계속해서 나타나고 깊은 잠·기절 등의 상태에서 사라지는 이 경험적 자아는 하나의 유령에 불과한 것으로 추론된다. 그 매체, 곧 한정적 부가물(upadhi)인 마음이 사라짐과 동시에 개아는 바탕, 즉 **참된 존재 혹은 브라만**이 된다. 마음을 소멸하면 개아는 그 자신이 **브라만**임을 알 수 있다.

24. **제자:** 한정적 부가물의 소멸과 함께 개아가 소멸되는데, 어떻게 그가 "나는 **브라만**이다"라고 말할 수 있습니까?

스승: 꿈의 한정적 무지가 사라지면 꿈꾸는 사람은 상실되지 않고 생시의 경험자로서 등장한다. 마찬가지로, 마음이 상실되면 개아는 그의 참된 존재―곧 브라만으로서 등장한다. 따라서 마음이 아무 자취도 남기지 않고 절멸되자마자 개아는 "나는 존재-지知-지복이고, 비이원적 브라만이다, 브라만이 나, 곧 진아다"라는 것을 확실히 깨달을 것이다.

제자: 그런 경우에 그 상태는 깊은 잠의 상태와 같이 어떤 상相도 없어야 합니다. "나는 브라만이다"라는 경험이 어떻게 있을 수 있습니까?

스승: 꿈이 끝날 때 그 꿈을 꾸던 사람은 생시의 경험자로 일어나면서 "지금까지 이상한 곳 등을 돌아다니는 꿈을 꾸었지만, 나는 침상에 누워 있었을 뿐이다"라고 말한다. 또 미친 사람이 미친 증세가 나으면 스스로 즐거워하고, 환자는 병이 나으면 자신이 지나간 괴로움에 놀라며, 가난한 사람이 왕이 되면 과거에 궁핍했던 자신의 처지를 잊거나 웃어 버리고, 인간이 천인이 되면 새로운 지복을 즐기며, 헌신자가 자신이 헌신하던 신과 하나가 되면 지복스러운 상태에 머무른다. 마찬가지로 개아도 브라만이 되면, 어떻게 이제까지 자신이 브라만일 뿐이면서도 무력한 존재로서 하나의 세계, 신 혹은 개인들을 상상하며 돌아다녔는지 놀라워하고, 그 모든 상상은 어떻게 되었을지, 그리고 어떻게 자신이 지금 안팎의 모든 차별상에서 벗어나 오롯이 홀로 있는 존재-지知-지복으로서 브라만의 위없는 지복을 확실히 체험하는지 자문하게 된다. 이처럼 개아에게 깨달음은 마음의 완전한 소멸 위에서만 가능하고, 그렇지 않고는 불가능하다.

25. **제자:** 체험은 마음만이 할 수 있는 것입니다. 마음이 소멸되면 누가 "나는 브라만이다"라는 체험을 할 수 있겠습니까?

스승: 맞다. 마음 소멸에 두 가지가 있으니 형상 측면의(rupa) 소멸과 무형상 측면의(arupa) 소멸이 그것이다. 이제까지 나는 전자의 마음을 소멸하는 것에 대해서 이야기했다. 마음이 무형상 측면에서 사라질 때에만 그대가 말하듯이 체험이 불가능할 것이다.

제자: 마음의 그 두 가지 형태와 그것들의 소멸에 대해 부디 설명해 주십시오.

스승: 상相(vrittis)으로 나타나는 원습(vasanas)이 마음의 형상 측면을 이룬다. 그것들이 지워지는 것이 마음의 형상 측면의 소멸이다. 한편 원습들이 소멸할 때 그에 잇따르는 삼매의 상태는, 잠의 무감각함이 없고 세계를 보는 일도 없는 존재-지知-지복일 뿐인데, 이것이 마음의 무형상 측면이다. 이것을 상실한다는 것은 마음의 무형상 측면을 상실하는 것과 같다. 이것마저 상실한다면 어떤 체험도 있을 수 없고, 위없는 지복에 대한 깨달음조차 있을 수 없다.

제자: 그 소멸은 언제 일어납니까?

스승: 해탈한 존재가 몸을 버릴 때이다. 그가 몸을 가지고 살아 있는 동안은 그런 일이 일어날 수 없다. (그의 경우에) 마음은 그 형상 측면에서는 상실되지만 브라만의 무형상 측면에서 상실되는 것은 아니다. 그래서 살아 있는 동안 해탈한 진인에게 지복의 체험이 있는 것이다.

26-27. 제자: 요컨대 깨달음이란 무엇입니까?

스승: 개인에게 한정적 부가물로 작용하는 형상 측면의 마음을 소멸하고, 그 성품이 오직 존재-지知-지복일 뿐인 무형상 측면의 순수한 마음을 회복하여, "나는 브라만이다"를 체험하는 것이 깨달음이다.

제자: 그러한 견해를 다른 분들도 뒷받침합니까?

스승: 그렇다. 스리 샹까라짜리야는 이렇게 말했다. "무지한 상태에서는 자기가 브라만과 동일하다는 것을 모르고 자신이 그 몸이라고

진짜로 믿듯이, 몸이 자기라는 환상에서 (자신이) 벗어나 있음을 알고 몸을 의식하지 못하게 되어, 의심할 수 없이 그리고 확실하게, 늘 브라만과 동일한 존재-지知-지복으로서의 진아를 체험하는 것이 깨달음이라는 것이다." 진인들은 "진정한 자아로서 고정되는 것이 깨달음이다"라고 말한다.

28. **제자:** 누가 어디에서 그렇게 말합니까?
29. **스승:** 『요가 바시슈타』에서 바시슈타가 말했다. "바위 안의 마음이 어떤 상相도 없이 고요히 머물러 있듯이, 또한 그 바위의 내부처럼 어떤 상相도 없이 무념의 상태로 있되, 잠든 것도 아니고 이원성을 자각하는 것도 아닌 것이, 진정한 자아로서 고정되는 것이다."
30-31. 그러니 마음의 형상 측면을 소거한 뒤 참된 자아로서 고정되지 않고서, 어떻게 누가 "나는 브라만이다"를 깨달을 수 있겠는가? 그럴 수 없다. 간략히 표현해서 우리는 마음을 고요하게 하여 자신의 개인성을 소멸하고, 그리하여 존재-지知-지복의 진정한 자아로서 고정되어야 한다. 그래야 "나는 브라만이다"라는 문구에 부합하게 브라만을 깨달을 수 있다. 반면에 브라만에 대한 직접지에만 의지하여 "나는 브라만이다"라고 말하는 것은, 가난한 거지가 왕을 보자 자신이 왕이라고 선언하는 것만큼이나 어리석다. 말로 주장할 것이 아니라, 진정한 자아로서 고정되어 "나는 브라만이다"를 아는 것이 브라만에 대한 깨달음이다.
32. **제자:** 의심할 바 없이 확실하게, 그리고 안정되게 브라만을 깨달은 진인은 어떻게 되겠습니까?

    스승: 그는 항상 비이원적이고 일체 완전하며 오직 홀로이고 단일한 브라만인 존재-지知-지복으로 머무르면서, 지금 열매를 맺는 과거업의 결과들을 경험할(즉, 경험하는 것으로 보일) 때에도 동요되지 않을 것이다.

33-35. 제자: 진인은 브라만일 뿐인데, 어떻게 과거업에서 비롯되는 경험과 활동에 지배될 수 있습니까?

스승: 의심할 바 없이 그리고 확실하게 진정한 자아로서 고정되어 있는 진인에게는 어떤 과거업도 남아 있을 수 없다. 과거업이 없으므로 (그런 업의) 어떤 열매도 있을 수 없고, 결과적으로 어떤 경험이나 활동도 있을 수 없다. 그는 상(相)이 없는 브라만일 뿐이기에, 어떤 경험자도, 경험도, 경험의 대상들도 있을 수 없다. 따라서 그에게는 어떤 과거업도 남아 있다고 말할 수 없다.

제자: 왜 우리는 그의 과거업이 이때 해소되고 있다고 말하면 안 됩니까?

스승: 그 질문을 하는 자는 누구인가? 그는 미혹된 존재이지 진인은 아니다.

제자: 왜 그렇습니까?

스승: 경험은 미혹(delusion)의 의미를 내포한다. 미혹이 없으면 경험도 있을 수 없다. 대상이 없으면 어떤 경험도 불가능하다. 모든 대상적 앎은 미혹이다. 브라만 안에는 어떤 이원성도 없다. 확실히 모든 이름과 형상들은 무지로 인해 브라만 위에 덧씌워진다. 따라서 경험자는 무지할 수밖에 없고, 진인이 아니다. 진인은 이미 사물들의 성품을 탐구하여, 그것들이 무지에서 태어난 환적인 이름과 형상임을 알았기에, 브라만으로서 고정된 채 일체가 브라만일 뿐임을 알고 있다. 누가 무엇을 즐기겠는가? 그 누구도, (즐길) 그 무엇도 없다. 따라서 그 현자에게는 어떤 과거업도 남아 있지 않고, 어떤 현재의 즐김도 없으며, 어떤 활동도 없다.

36-37. 제자: 하지만 저희는 그가 과거업의 경험에서 벗어나 있다고 보지 않습니다. 오히려 그는 무지한 범부와 마찬가지로 그것을 경험합

니다. 이것을 어떻게 설명할 수 있습니까?

스승: 그의 견지에서는 과거업, 즐김, 활동 같은 것이 아무것도 없다.

제자: 그의 견해는 어떤 것입니까?

스승: 그에게는 **절대지**의 순수하고 오염되지 않은 **허공** 외에는 아무 것도 없다.

제자: 그러면 왜 그가 경험들을 하는 것으로 보입니까?

스승: 남들이 그렇게 보는 것뿐이다. 그는 그것을 알지 못한다.

38-39. 제자: 그런 견해는 다른 전거에 의해 확인됩니까?

스승: 『분별정보分別頂寶(Viveka Chudamani)』에서 스리 아짜리야(샹까라)가 말했다. "지知가 밝아옴과 동시에 무지는 자신의 온갖 결과들을 거느린 채 그 **진인**에게서 달아나므로, 그는 (업의 열매들의) 향유자일 수 없다. 그러나 무지인은 어떻게 **진인**이 계속 몸을 지니고 살면서 남들처럼 행위할 수 있는지 의아해 한다. 무지인의 견지에서는 경전들이 과거업의 작용을 인정하고 있지만, **진인** 자신의 견지에서는 그렇지 않다."

40. 제자: 만일 그가 참으로 향유자가 아니라면, 왜 남들에게는 그렇게 보입니까?

스승: 남들은 그들의 무지로 인해 그를 향유자로 보는 것이다.

41-43. 제자: 그럴 수가 있습니까?

스승: 그렇다. 비이원적이고 순수한 **절대지**의 **허공**은 무지한 자에게만 다양한 존재들·세계·신, 서로 다른 이름과 형상들, 나·너·그·그것·이것과 저것으로 그 **자체**를 현현한다. 기둥에서 보이는 사람, 자개에서 보이는 은, 밧줄상의 뱀, 점토로 된 용구들, 금으로 된 장신구들처럼, **지**知의 **허공** 위에 덧씌워진 서로 다른 이름과 형상들이 무지인을 미혹시킨다. 지知 수행(탐구)에 의해 무지를 소멸하고 참된

지知를 얻은 진인은, 행위들의 열매 향유나 세간적 활동을 알지 못한 채 항상 절대지의 허공으로서만 남아 있을 것이다. 그는 그것이기에, 지知의 허공으로서만 자각할 수 있을 뿐이다. 그럼에도 불구하고 남들은 무지로 인해, 그를 다르게 본다. 즉, 자기들처럼 행위하는, 몸을 가진 한 존재로 보는 것이다. 그러나 그는 아무 활동 없이, 순수하고 오염되지 않은 허공으로 남아 있을 뿐이다.

44-46. 제자: 진인이 어떻게 그 자신은 활동하지 않으면서 남들에게는 활동하는 것처럼 보이는지가 비유로써 묘사될 수 있습니까?

스승: 두 친구가 나란히 잠이 들었다. 한 사람은 꿈 없는 잠 속에서 휴식하고 있는 반면, 한 사람은 자신이 친구와 함께 돌아다니는 꿈을 꾼다. 저 친구는 완전히 휴식하고 있는데도 그 꿈꾸는 자에게는 활동하는 것처럼 보인다. 마찬가지로, 진인은 지복스러운 절대지의 허공으로서 활동 없이 있는데도, 무지 속에서 늘 이름과 형상에 붙들려 있는 사람들에게는 활동하는 것처럼 보인다. 깨달은 진인은 순수한 진아이므로 행위에 관여하지 않지만 (남들에게) 그렇게 보일 뿐이라는 것이 이제 분명해졌을 것이다.

47-48. 제자: 깨달은 진인에게는 어떤 경험도 아예 없는 것이 아니라 그 경험들이 환幻일 뿐입니다. 왜냐하면 지知는 기왕에 축적된 업業(*sanchita*-누적업)과 미래의 업業(*agamya*)을 소멸할 수 있지만, 이미 열매를 맺기 시작한 업業(*prarabdha*-발현업)은 소진되어야 하기 때문입니다. 그것이 남아 있는 한, 진인 자신의 견지에서도 활동이 존속합니다. 비록 환적이기는 해도 말입니다.

스승: 그것은 그럴 수 없다. 이 세 가지 업業은 지知와 무지 중 어느 상태에 존재하는가? 미혹으로 인해 "그것들은 무지 속에서만 작용한다"고 말해야 한다. 그러나 지知에는 어떤 미혹도 없으므로 어떤 발

현업發現業(prarabdha)도 없다. 초월적 진아로서 항상 미혹에서 벗어나 있는데, 어떻게 업業의 열매라는 미혹이 그에게 일어날 수 있겠는가? 꿈의 경험이라는 미혹이 그 꿈에서 깨어난 사람에게 돌아오겠는가? 환幻에서 깨어난 진인에게는 어떤 업業의 경험도 있을 수 없다. 그는 세계를 인식하지 못하는 가운데, 비이원적이고 끊임이 없고 단일하고 견고하며 어떤 상相도 없는 절대지의 허공인 진아를 늘 자각하고 있고, 그 외에는 아무것도 인식하지 않는다.

49. **제자**: 우파니샤드에는 과거업을 인정하는 이런 구절이 있습니다. "그의 과거업이 소진되지 않은 한 진인은 몸을 버릴 수 없고, 그에게는 환적인 활동들이 있게 된다"고 말입니다.

    스승: 그것은 옳지 않다. 지知 수행자에게는 활동과, 행위 열매와 세계의 경험이 환적으로 보이는데, 성취한 진인에게는 그런 것들이 완전히 사라진다. 그 수행자는 이렇게 수행한다. "나는 주시자이다. 대상과 활동들은 내가 보고 내가 아는 것이다. 나는 의식하고 있으나 이런 것들은 지각력이 없다. 브라만만이 실재하며 그 외 모든 것은 실재하지 않는다." 그 수행은 이 모든 것이 이름과 형상들로 이루어진 지각력 없는 것이며 과거·현재·미래에 존재할 수 없고, 따라서 그것들은 사라진다는 깨달음으로 끝난다. 주시할 것이 아무것도 없으므로 주시하기도 브라만 속으로 합일되면서 끝이 난다. 그리고 진아만이 브라만으로서 남게 된다. 진아만을 자각하는 진인에게는 오직 브라만이 남아 있을 수 있고, 업業이나 세간적 행위에 대한 어떤 생각도 있을 수 없다.

    제자: 그렇다면 왜 경전에서 이와 관련해 과거업을 이야기합니까?

    스승: 그것은 성취한 진인을 두고 하는 말이 아니다.

    제자: 누구를 두고 하는 말입니까?

스승: 무지인들만을 두고 하는 말이다.

제자: 왜 그렇습니까?

스승: 진인의 견지에서는 그에게 행위의 열매에 대한 어떠한 향유도 없지만, 무지인들은 그가 활동하는 것을 보고 미혹된다. 진인에게는 어떤 향유도 없다고 말해 주어도 무지인들은 그것을 받아들이지 않고, 어떻게 진인이 행위하지 않고 있을 수 있는지 계속 의심할 것이다. 그런 의심을 없애주려고, 경전에서는 '진인에게 아직 발현업이 남아 있다'고 무지인들에게 말하는 것이다. 그러나 (그 경전들이) 진인에게는 "그대에게 발현업이 있다"고 말하지 않는다. 따라서 남아 있는 발현업에 대해 이야기하는 경전은, 진인이 볼 때는 진인의 관점에서 하는 이야기가 아니다.

50-51. 제자: 깨달음은 개인성의 완전한 절멸이 있은 뒤에야 일어날 수 있습니다. 그러나 누가 자신의 개인성을 선뜻 희생하려 하겠습니까?

스승: 생사윤회의 불행이라는 바다를 건너서 순수하고 영원한 **브라만**을 깨닫기를 열망하는 사람은 자신의 개인성을 기꺼이 희생할 것이다. 천인이 되기를 원하는 사람이 이 인간의 삶을 끝내고 천신으로 거듭나기 위해 불길이나 갠지스 강에 기꺼이 몸을 던지듯이, 해탈 추구자도 청문·성찰·일여내관─如內觀의 수행에 의해 자신의 개인성을 희생하고 **지고의 브라만**이 될 것이다.

52. 여기서 **깨달음**에 관한 장이 끝난다. 이것을 부지런히 공부하고 이해하는 구도자는, 개인성을 나타나게 하는 한정적 부가물인 마음을 죽이고 항상 **브라만**으로서만 살게 될 것이다.

제8장 심멸 心滅 — 마음의 소멸

1. 앞 장에서 비이원적 브라만에 대한 깨달음을 가르친 스승은 이제 브라만을 깨닫는 유일한 수단으로서의 마음 소멸을 다룬다.

   스승: 지혜로운 아들이여, 개인성을 일으키고 그리하여 생사윤회라는 큰 질병을 야기하는 한정적 부가물인 마음을 놓아버리고, 브라만을 깨달으라.

2. **제자**: 스승님, 마음을 어떻게 소멸할 수 있습니까? 그러기는 아주 힘들지 않습니까? 마음은 매우 강력하고, 말을 듣지 않고, 늘 요동하지 않습니까? 그 마음을 어떻게 포기할 수 있습니까?

3-4. **스승**: 마음을 포기하기는 아주 쉽다. 그것은 여린 꽃을 짓누르거나 버터에서 머리카락을 주워내거나 눈을 깜박거리는 것만큼이나 쉽다. 그것을 의심하지 말라. 감각기관에 매혹되지 않고 강한 무욕을 갖추어 외부의 대상들에 무관심해진 차분하고 단호한 구도자라면, 마음을 포기하는 데 조금도 어려움이 있을 수 없다.

   제자: 어떻게 그것이 그리 쉽습니까?

   스승: 어려움의 문제는 놓아버려야 할 마음이 있을 때에만 일어난다. 진실로 말해서, 마음은 없다. "여기 귀신이 있다"는 말을 들으면 뭘 모르는 어린아이는 존재하지 않는 귀신이 존재하는 줄 알고 겁을 먹고, 울고, 어쩔 줄 몰라 한다. 마찬가지로, 오염되지 않은 브라만 안에서, 존재하지 않는 사물들을 '이것'과 '저것'으로 상상하는 바람에

마음이라고 하는 거짓 개체가 외관상 실재하는 것처럼 일어나서 이것과 저것으로 기능한다. 주의력이 없는 사람에게는 이것이 제어하기 어렵고 강력한 것인 반면, 그것의 성품을 아는 차분하고 분별력 있는 구도자에게는 쉽게 포기할 수 있는 것이다. 그것의 성품을 모르는 바보만이 그것이 더없이 어렵다고 말한다.

5-10. **제자**: 마음의 성품은 무엇입니까?

스승: 이것과 저것을 생각하는 것이다. 생각이 없으면 마음이 있을 수 없다. 생각들이 소멸되면 마음은 '토끼의 뿔'처럼 이름으로만 남을 것이다. 그것은 '석녀의 자식', '토끼의 뿔', '허공의 꽃'과 같은 비실체로서 사라질 것이다. 『요가 바시슈타』에서도 그렇게 이야기한다.

제자: 어떻게 말입니까?

스승: 바시슈타는 말한다. "라마여, 들어 보라. 마음이라고 이야기할 만한 것은 아무것도 없다. 허공이 형상 없이 존재하듯이 마음은 텅 빈 무지각으로 존재한다. 그것은 이름으로만 남아 있을 뿐 아무 형상이 없다. 그것은 밖에 있지도 않고 심장 안에 있지도 않다. 하지만 허공처럼, 마음은 형상이 없음에도 일체를 채운다."

제자: 어떻게 그럴 수 있습니까?

스승: 생각이 이것과 저것으로 일어나는 어디나 마음이 있다.

제자: 생각이 있는 어디나 마음이 있다면, 생각과 마음은 다릅니까?

스승: 생각은 마음이 있음을 말해주는 지시물이다. 한 생각이 일어나면 마음이 있다고 추론된다. 생각이 없으면 어떤 마음도 있을 수 없다. 따라서 마음은 생각에 불과하다. 생각 그 자체가 곧 마음이다.

제자: '생각'이란 무엇입니까?

스승: '생각'은 상상이다. 생각 없는 상태가 **지고의 지복**(Sivasvarupa)이다. 생각에는 두 종류가 있는데, 경험한 것들을 떠올리는 것과 경험

하지 못한 것들을 떠올리는 것이다.

11. **제자:** 우선 '생각'이 무엇인지를 부디 말씀해 주십시오.

    스승: 진인들은 그것이 어떤 외부적 대상을 "이것이다 저것이다, 있다 없다, 이렇다 저렇다" 등으로 생각하는 것에 불과하다고 말한다.

12-13. **제자:** 그것을 경험한 것과 경험하지 못한 것에 대한 생각이라는 항목들로 어떻게 분류할 수 있습니까?

    스승: 소리 등과 같은 감각 대상에 대해 "나는 보았다, 들었다, 접촉했다" 등과 같이 이미 경험한 것을 보거나 듣거나 접촉했다고 생각하는 것은, 이미 경험한 것을 떠올리는 것이다. 경험하지 못한 감각 대상들을 마음에 떠올리는 것은, 경험하지 못한 것에 대한 생각이다.

14. **제자:** 이미 경험한 것들에 관한 생각들은 이해됩니다. 그러나 이미 경험한 것들에 대한 회상이 아니라면, 그렇게 경험하지 못한 것들에 대해 어떻게 생각할 수 있습니까? 경험하지 못한 것들에 대해서는 결코 생각할 수 없습니다. 그렇다면 아직 경험하지 못한 것들에 대해 생각하는 것을, 어떻게 우리가 '생각'이라고 말할 수 있습니까?

15. **스승:** 그렇다. 그것은 충분히 가능하다. 경험하지 못한 것들을 생각하는 것도 생각이다. 경험하지 못한 대상들은 생각을 한 뒤에야 그런 대상들로서 나타난다.

    제자: 아직 경험하지 못한 것이 어떻게 생각의 궤도 안에 들어올 수 있습니까?

    스승: 이미 경험한 것이든 아니든, 긍정적 귀납(anvaya)과 부정적 귀납(vyatireka)[1)]의 과정에 의한 모든 심적 이미지(mental imagery)는 생각

---

1) *T*. 인도의 논리학에서 어떤 원인이 있고 어떤 결과가 필연적으로 있을 때의 연관관계를 '긍정적 일치'(anvaya)라 하고, 어떤 원인이 없고 어떤 결과가 필연적으로 없을 때의 연관관계를 '부정적 일치'(vyatireka)라고 한다. 예컨대 '불이 있으면 연기가 있다'는 전자, '불이 없으면 연기가 없다'는 후자이다. 여기서는 '긍정적 귀납', '부정적 귀납'으로 되어 있다.

의 형상(thought-forms)이라고 말해야 한다.

16-17. 제자: 여기에 긍정적 귀납과 부정적 귀납을 어떻게 적용하십니까?

스승: 존재하든 존재하지 않든, 이미 경험했든 경험하지 않았든, 무엇을 어떻게 생각하든, 그것은 (마음에 의해) 이해된다. 그것을 생각하는 것만도 이해(apprehension)에 해당한다. 이것이 긍정적 귀납이다.

실재하든 실재하지 않든, 경험했든 않든, 그것이 어떻게 있든, 생각하지 않은 것은 그 무엇도 이해되지 않는다. 이것이 부정적 귀납이다. 이 과정에서도 생각은 이해라는 결론이 나온다.

18. 제자: 어떻게 무엇을 단지 생각하는 것이 그것을 이해하는 것이라고 할 수 있습니까? 사물들은 감각기관에 의해서나 과거의 경험들을 떠올리는 것에 의해 직접 이해됩니다. 반면에 듣지 못했거나 보지 못한 것들은 단순히 그것을 생각한다고 해서 이해되지 않습니다. 따라서 무엇을 단지 생각하는 것이 곧 그것을 이해하는 것이라는 논리적 결론은 타당하지 않습니다.

스승: 그것은 옳지 않다. 어떻게 감각기관에 의해 직접 인식되지 않는 것은 이해되지 않는다고 말할 수 있는가? 천상의 쾌락은 아직 경험해 보지 못한 것이어도 우리의 마음속에서 생생하게 그려진다. 이는 그것을 묘사하는 경전들을 우리가 알고 있기 때문이다. 경험해 보지 못했어도 그것은 우리에게 경험하지 못한 즐거움으로 나타난다.

19-21. 제자: 경험한 것들은 우리가 생각할 수 있고 인식할 수 있습니다. 그러나 경험하지 못한 것들은 생각할 수는 있다 해도 인식할 수는 없습니다.

스승: 잘 들어 보라. 경험하거나 경험하지 못한 것들은 인식될 수 있다. 멀리 떨어진 곳에 있는 이미 경험한 것이 생각되고 인식되듯이,

경험하지 못한 것도 남들에게서 그 이야기를 들으면—예컨대 밝은 황금색의 수미산須彌山도—생각되고 인식될 수 있다.

눈과 귀가 닫혀도 모습과 소리들은 생각되고 인식될 수 있다. 어둠 속에서도 우리는 여전히 어떤 대상을 생각하고 그것을 인식할 수 있다. 장님과 귀머거리는 눈과 귀가 없어도 형상과 소리를 생각하면 그것들을 인식한다. 따라서 이미 아는 것이든 모르는 것이든, 우리가 생각하는 모든 것은 이해될 수 있다. 이것이 바로 긍정적 명제이다.

22. 제자: 부정은 무엇입니까?

스승: 기절 상태, 깊은 잠 혹은 황홀경에서와 같이 마음이 없을 때는 생각하기가 없고, 따라서 아무것도 보이지 않는다. 이런 상태들뿐 아니라 생시에도 만약 우리가 생각을 하지 않으면 어떤 현상도 없다.

23-25. 제자: 생시에서도 그것은 그럴 수 없습니다. 직접적 인식의 대상들은 우리가 그것을 생각하지 않는다 해도 이해됩니다.

스승: 아니다. 그대가 하는 말은 참되지 않다. 매일의 경험은 그렇지 않다는 것을 우리에게 가르쳐 준다.

제자: 어떻게 말입니까?

스승: 사람이 무엇에 예리한 주의를 기울이고 있을 때는 누가 불러도 대답을 하지 않는다. 나중에야 "다른 일에 몰두해 있어서 듣지 못했고, 보지 못했고, 알지 못했다"고 말한다. 따라서 주의를 기울이지 않으면 직접적 인식의 대상들을 이해할 수 없는 것이 분명하다.

26-28. 제자: 주의를 기울이지 않으면 직접적 인식의 대상들이 인식될 수 없습니까?

스승: 대상들이 감각기관과 직접 접촉하고 있다 해도, 우리가 그것에 주의를 기울이지 않으면 그 대상들이 인식될 수 없다. 목걸이가 몸에 닿아 있어도 그것을 두른 사람이 주의력이 없으면 그것이 있는지

모른다. 그것을 의식하지 못하기에, 심지어 그것을 잃어버린 줄 알고 찾기도 한다. 목걸이가 그것을 두른 사람의 몸에 닿아 있음에도, 주의력이 없어서 그것을 잃어버리는 것이다.

또 고통으로 신음하는 환자의 주의를 다른 데로 끌면 그 고통을 잊게 할 수 있다. 마찬가지로, 사별의 슬픔도 다른 관심사에 주의가 쏠리면 잊힌다.

주의력이 없으면 직접적 인식의 대상들조차도 인식되지 않을 수 있다는 것이 명백하다.

29-31. 여기서, 경험하거나 하지 못한 어떤 것에 대한 인식은 그것이 무엇이든 생각의 형태일 수밖에 없다는 결론이 나온다. 그래서 베단타에서는 사물들에 대한 지각을 이것과 저것이라는 인식·의지·생각·마음의 상相·지성·원습·반사된 의식·심장매듭·보이는 것·환幻·개인·세계·삼라만상·신 등 다양한 용어로 표현하고 있다.

제자: 이 지知가 곧 삼라만상이라고 어디서 말하고 있습니까? 다른 한편 마야가 삼라만상이 되었다고도 합니다.

스승: 그렇다. 마야가 여기서 이야기하는 지知이다. 바로 이 대상적 지知가 마야·무지(avidya)·속박·불순수·어둠·마음·생사윤회 등 여러 가지 이름으로 통한다.

제자: 그렇다고 하면, 이것은 마음 소멸과 무슨 관계가 있습니까?

스승: 잘 들어 보라. 이런 모든 용어들이 의미하는 지知는 곧 마음일 뿐이라는 것을 이해해야 한다.

32-33. **제자:** 달리 어느 분이 그렇게 말합니까?

스승: 바시슈타가 라마에게 말했다. "어떤 대상적 지知가 '이것이다, 저것이다, 이건 아니다, 저건 아니다'로 현현하든, 아니면 다른 어떤 방식으로 현현하든, 그것은 마음일 뿐이다. 마음은 이 현현된 지知

에 지나지 않는다."

34. 제자: 그건 그렇다고 하지요. 마음은 어떻게 소멸할 수 있습니까?

스승: 일체를 잊어버리는 것이 궁극적 수단이다. 생각이 없으면 세계는 일어나지 않는다. 생각을 하지 말라. 그러면 세계가 일어나지 않을 것이다. 마음속에서 아무것도 일어나지 않으면 마음 그 자체도 사라진다. 그러니 아무것도 생각하지 말고 일체를 잊어라. 이것이 마음을 죽이는 최선의 길이다.

35-37. 제자: 다른 누구도 전에 그렇게 말한 적이 있습니까?

스승: 바시슈타가 라마에게 그렇게 말했다. "즐기거나 즐기지 않은, 혹은 여타의 것들에 대한 온갖 생각들을 지워라. 목석처럼 생각에서 벗어난 상태로 있으라."

라마: 제가 일체를 모조리 잊어버려야 합니까?

바시슈타: 바로 그거다. 일체를 모조리 잊고 목석같이 있으라.

라마: 그 결과는 목석의 상태 같은 둔함일 것입니다.

바시슈타: 그렇지 않다. 이 모든 것은 환幻일 뿐이다. 환幻을 잊으면 거기서 벗어난다. 외관상 둔해 보여도 그대는 **지복 그 자체**일 것이다. 그대의 지성은 아주 명료하고 예리할 것이다. 남들이 보기에는 활동하는 것 같아도, 세간적 삶에 얽혀듦이 없이 **브라만의 지복 그 자체**로 머무르면서 행복해져라. 하늘의 푸른색과 달리, 세계라는 환幻이 순수한 의식-진아의 허공 안에서 되살아나지 않게 하라. 이 환幻을 잊어버리는 것이 마음을 죽이고 **지복**으로 머무르는 유일한 수단이다. **시바, 비슈누,** 혹은 **브라마**가 그대를 직접 가르친다 해도, 이 한 가지 수단 없이는 깨달음이 불가능하다. 일체를 잊어버리지 않고서는 진아로서 고정될 수가 없다. 그러니 일체를 모조리 잊어버려라.

38-39. 제자: 그렇게 하기는 아주 어렵지 않습니까?

스승: 무지인들에게는 어렵겠지만, 분별력 있는 소수에게는 아주 쉽다. 끊임없고 독특한 브라만 외에는 그 무엇도 결코 생각하지 말라. 이것을 오래 닦으면 비아非我를 쉽게 잊게 될 것이다. 그 무엇도 생각하지 않고 고요히 머물러 있는 것이 어려울 리가 없다. 마음속에서 생각이 일어나지 않게 하고, 늘 브라만을 생각하라. 이렇게 하면 모든 세간적 생각이 사라지고 브라만에 대한 생각만 남을 것이다. 이것이 자리 잡히면 이마저도 잊고, "나는 브라만이다"라고 생각할 것도 없이 브라만 자체가 되라. 이것은 닦기에 어려울 리가 없다.

40. 이제 지혜로운 아들이여, 이 조언을 따라 브라만 외에는 그 무엇에 대한 생각도 그만두라. 이 수행에 의해 그대의 마음이 소멸될 것이고, 그대는 일체를 잊고 순수한 브라만으로 남게 될 것이다.

41. 이 장을 공부하여 여기에 들어 있는 가르침을 따르는 사람은 곧 브라만 그 자체가 될 것이다!

부록 1

1. 분별(*Viveka*)
원인: 순수해진 마음에서 일어난다.
본질: 브라만만이 실재하며 다른 모든 것은 거짓임을 확신하는 것.
효과: 항상 이 진리를 기억하는 것.
한계: 브라만만이 실재한다는 진리 안에 확고부동하게 자리 잡는 것으로 끝남.
열매: 세계의 비실재성(에 대한 확신)이 무욕을 가져옴.

2. 무욕(*Vairagya*)
원인: 분별에서 일어난다.
본질: 세간을 포기하고 세간의 어떤 것도 욕망하지 않는 것.
효과: 모든 즐김을 혐오하고 거기서 돌아서는 것.
한계: 세간적 쾌락이든 천상의 쾌락이든 모든 쾌락을 경멸하는 것으로 끝남.
열매: 평안.

3. 물러남(*Uparati*)
원인: 8지肢 요가(라자 요가)에서 일어난다.
본질: 마음을 제어하는 것.
효과: 세간적 활동을 그치는 것.
한계: 활동이 그쳤기 때문에 세계를 잊어버리는 것으로 끝난다.

4. 해탈열망(*Mumukshutva*)
원인: 사뜨상가(*Sat-sanga*), 곧 깨달은 진인들과의 친교에서 시작된다.
본질: 해탈(*mukti*)을 열망하는 것.
효과: 자신의 스승과 함께 머무르는 것.
한계: 모든 경전과 종교적 의식을 포기하는 것으로 끝남.

부록 2

1. 지知(*Jnana*)[지고의 지知]
원인: 청문·성찰·일여내관의 **삼매**에서 일어난다.
본질: 브라만만이 존재하고 다른 일체가 존재하지 않는 지복스러운 **평안**의 상태.
효과: 에고가 되살아나지 않는 것.
한계: 현재의 "몸이 나다(*deho'ham*)" 관념만큼이나 확고하게 "나는 브라만이다 (*aham brahmasmi*)"를 깨달아서 확신하는 것으로 끝남.
열매: 생전해탈(*jivanmukti*).

2. 청문(*Sravana*)
원인: 분별, 무욕, 물러남, 해탈에 대한 열망에서 나온다.
본질: 항상 비이원적 **브라만**에 대한 가르침을 듣는 것.
효과: 부존재 은폐(*asat avarana*)[1]의 제거.
한계: 여덟 가지 은폐가 되살아나지 않는 것으로 끝남.
열매: 간접지(*paroksha jnana*), 곧 실재와 비실재를 구분하는 능력.

3. 성찰(*Manana*)
원인: 분별, 즉 간접지에서 일어난다.
본질: 비이원적 **진아**(*advaitatma*)의 진리를 탐구하는 것.
효과: 미출현 은폐(*abhana avarana*)[2]의 제거.
한계: 은폐가 되살아나지 않는 것으로 끝남.
열매: 직접지(*aparoksha jnana*), 곧 **진아**와 에고를 분명하게 구분하는 것.

---

1) *T*. '그것(=진아/브라만)은 없다'는 의심(무지). 이것은 간접지로써 제거된다.
2) *T*. '그것이 빛나지 않는다'는 의심(무지). 이것은 **직접지**, 곧 **직접체험**에 의해서만 제거된다.

2

해탈정수
解脫精髓

Kaivalya Navaneeta

스리 딴다바라야 스와미 원저原著
스와미 라마나난다 사라스와띠 영역英譯

Kaivalya Navaneeta
The Cream of Emancipation

By Tandavaraya Swami

Translated into English by
Sri Ramanananda Saraswathi (Munagala S. Venkataramiah)

(First edition, 1965; Ninth edition, 2016)

간행사

우리는 **스리 바가반**의 헌신자들과 **베단타** 학도 일반에게 귀중한 작은 고전을 내놓게 된 것을 대단히 기쁘게 생각한다. 이 책은 **마하르쉬**께서 아주 빈번히 언급하셨던 저작들 중의 하나이다.

『해탈정수』는 타밀어로 된 초기의 **베단타** 문헌들에 전혀 언급되어 있지 않지만, 우리는 이것이 아마도 최소한 5백 년 전에 저술되었을 것으로 추정할 수 있다. 라이프치히 루터선교단의 카를 그라울 신학박사(Dr. Karl Graul DD)가 이것을 독어와 영어로 번역했는데, 우리는 스리 라마나 스라맘 도서관에 1855년 라이프치히와 런던에서 간행된 이 독어역과 영어역이 들어 있는 책 한 권을 소장하고 있다.1) 아직까지 다른 영역본은 접하지 못했다.

우리는 이 위대한 작은 책이 모든 수행자들에게 큰 도움이 될 것으로 확신한다.

2006년 9월 1일
띠루반나말라이, 라마나스라맘에서

---

1) *T.* 카를 그라울 박사는 1844년 라이프치히 루터선교단의 책임자가 되어 남인도로 갔고, 타밀어를 익혀 타밀 고전 몇 종을 번역했다. 그가 편집한 *Bibliotheca Tamulica sive Opera Praecipia Tamuliensium*(전 4권) 중 제2권에 『해탈정수』 번역이 실려 있다.

머리말

『해탈정수(Kaivalya Navaneeta)』는 널리 알려진 타밀어 비이원론(Advaita)의 고전이다. Navaneeta는 (우유를 정제한) 버터라는 뜻이고, Kaivalya 또는 Kevala는 영혼이 몸 등과의 모든 연관에서 벗어나서 존재하는 상태[獨存]를 뜻한다. 예전의 큰 스승들은 우유의 바다[우파니샤드 등]에서 지혜의 우유를 건져내어 항아리들[옛 문헌들]에 담았다. 『해탈정수』의 저자 딴다바라야 스와미(Tandavaraya Swami)는 자신이 그 우유에서 다시 버터를 뽑아냈다고 말한다. 이것을 얻은 사람들은 (신적 지혜, 곧 **브라만의 지**知라는 버터를 먹고 영원한 만족을 얻어) 먼지[실재하지 않는 감각대상들]를 먹으며 돌아다니지 않게 될 것이다.

제175연과 179연에는 이 저작을 지은 이의 스승인 난닐람(Nannilam)의 나라야나 데시까르(Narayana Desikar)에 대한 언급이 들어 있다. 저자는 예언적 통찰력으로 자신에게 적절한 이름을 지어준 부모님의 위대함을 찬양한다. 딴다바(Tandava)는 현재의 문맥에서 (스승의) 손짓을 따라 탄생의 바다(윤회계)를 건너뛴 사람이자, 신적 지혜에서 나오는 환희 속에서 영원히 춤추는 사람으로 해석된다.

이 저작은 '진리의 해설(Tattva vilakkappadalam)'과 '의심의 해소(Sandeham telitarppadalam)'라는 두 부분으로 되어 있다. 이 두 편은 기본적인 철학적 원리들을 설명하고, 이 원리들을 이해하는 과정에서 일어날 수 있는 의심을 해소한다.

저자는 이해하기 쉬운 언어로 비이원론의 가르침을 놀랍도록 명료하게 해설한다. 이 영어 번역은 그것을 보다 광범위한 독자들에게 전달할 것이고, 그리하여 그 가르침의 효용을 확장해 줄 것이다.

1965년 7월 19일, 마드라스 대학교에서
철학교수 V. A. 데바세나빠티

해탈정수

The Cream of Emancipation

1. **독특하신 주님**의 성스러운 발아래 엎드려 경배하오니, 당신은 허공과 같이 모든 존재들의 심장 안에 유일한 주시자로 머물러 계시면서, 그들이 재물·땅·여자에 대한 욕망에 휩쓸리든, 아니면 그런 욕망에서 벗어나 있든, (마음의) 다른 모든 차원 너머에 그 자체로 드높이 있는 일곱 단계의 영적인 경지[1] 위로 우뚝 솟은 봉우리로서, 일곱 군데 성지 중에서도 가장 성스러운 난닐람(Nannilam)[2]에서 빛나고 계십니다.

2. 늘 빛나는 순수한 의식이신 당신을 경배하오니, 그 의식은 (우주를) 창조하고 유지하고 거두어들임에 따라 **브라마**, **비슈누**, 혹은 **막강한 시바**로 현현하고, 또한 무수한 개별 존재들로도 현현하지만, 그러면서도 **그것**은 **지복**의 바다 위에서 작렬하는 태양으로서 늘 자유롭고 완전합니다.

3. 제 스승님의 연꽃 발을 항상 경배하오니, 당신의 은총으로 저는 바로 저의 자아가 일체를 포용하는 **실재**[브라만]이며, 이 우주라는 복합그림은 저의 안에 있는 하나의 현상일 뿐임을 알게 되었지만, 당신은 벽 속의 허공처럼 **진아**로서 머물러 계셨습니다.

---

1) 제2편 제149연과 **부록** 1을 참조하라.
2) 타밀나두 주 중동부의 띠루바루르(Thiruvarur) 군에 속한 읍. 이곳에는 오래된 시바 사원인 마두바네스와라르 사원이 있다.

4. 전능자이신 당신을 찬탄하오니, 당신께서는 저의 **스승**으로 나타나시어 저에게 "그대와 나는 하나다"라고 말씀하셔서, 저의 마음·지성·감각 기관과 몸이 마치 해 앞의 안개처럼 무無로 돌아감을 제가 분명히 알게 하여, 저로 하여금 **당신과 하나** 되게 하셨습니다!

5. 시작도 끝도 중간도 없는 광대한 **무변제**無邊際로 영원히 빛나시는 성스러운 **스승님**의 발을 우러르오며, 나아가 여러분에게 **절대적 존재**의 참된 성품을 이야기하고 속박과 해탈에 대해 설명하는 것은, 너무 아둔해서 경전을 배울 수 없는 사람들도 (진리를) 이해할 수 있도록 하기 위함이라네.

6. 옛날의 모든 **진인**들은 무한한 우유의 바다, 즉 **베단타**(Vedanta)[3])에서 (지혜라는 우유를) 길어 그들의 항아리, 곧 그들의 저작들[4])을 채웠다네. 나는 그 모두를 (스승님의 말씀이라는 불길 위에서) 끓이고 (진아탐구라는 교반기로) 휘저어 이 해탈의 정수를 모두에게 제시한다네. 이제 이것을 나누어 먹고 배고픔을 면한 사람이 다시 바깥 세계의 찌꺼기들을 찾아 헤매겠는가?[5])

7. 스스로 늘 자유로우시며 나를 당신의 것으로 만들어 버리신 나의 스승님 벤까떼사 무꾼다(Venkatesa Mukunda) 님을 우러른 다음, 두 편으로 나뉜 이 『해탈정수』를 지으니, 제1편(*Tattva vilakkappadalam*)에는 진리에 대한 명료한 해설이 담겨 있고, 제2편(*Sandehamteli-tharppadalam*)에서는 전편에서 일어난 모든 의심을 해소한다네.

---

3) 우파니샤드를 말한다.
4) 경經(*sutras*)·설화집(*itihasas*)·어록(*kavyas*)·논서(*bhashyas*) 등을 말한다.
5) 즉, 세속적 삶에 대한 그들의 욕망을 충족시키려고 하는 것이다.

제1편 진리의 해설

8. 일시적인 것[비실재적 현상들]과 영원한 것[실재, 곧 본체]을 구별하는 분별(Viveka), 금생이나 내생에서 쾌락을 향유하는 데 무관심한 것, 여섯 가지 자질, 해탈에 대한 열망—이것이 진리를 깨닫기 위한 네 가지 필수조건(sadhanas)이라고 진인들은 말한다.

9-10. 여섯 가지 자질이란 평온·절제·물러남·인내·집중·믿음이니, 평온(sama)은 마음의 제어이고, 절제(dama)는 감각의 제어이며, 물러남은 (계급·교의·가문 등과 관련된) 활동의 그침이고, 인내(titiksha)는 격정의 제어로서 감내堪耐를 포함하며, 집중(samadhana)은—진인들에 따르면—마음을 안정시켜 (경전과 진인들에 의해) 드러난 진리를 사유하는 것이고, 믿음(sraddha)은 스승과 경전에 대한 믿음을 뜻하니, 이것이 이 범주의 여섯 가지 용어의 의미이다.

11. 세간의 어떤 일도 그것을 해낼 만한 조건을 제대로 갖추지 못하면 누구도 이룰 수 없다. 같은 이유로 이 네 가지 범주의 필수조건을 갖춘 사람만이 깨달음을 얻을 수 있다. 초보자는 그것을 쉽게 얻지 못하는데, 만약 쉽게 얻는다면 그것은 그가 무수한 과거 전생에 자신을 계속 정화해 왔기 때문이라고 할 것이다.

12. 자아, 원소들, 그리고 섭리에서 일어나는 세 가지 고초로 고통 받아, 더위에 바싹 탄 벌레같이 꿈틀거리면서 윤회를 끝내기 위해 지혜의 감로에 몸을 담그려고 헐떡거리는 자만이 지知를 얻기에 적합하다.

13. 해탈에 대한 욕망이 커지면서 그는 처자식과 재산에 무관심해져, 마치 사냥꾼의 올무에서 벗어난 영양羚羊처럼 그들로부터 달아나 성스러운 스승을 찾아갔고, 온 마음을 다해 스승을 존경하였다.

14. 그는 스승께 정성껏 예배한 뒤에 자리에서 일어나 진심으로 흐느껴 울면서 말했다. "오 스승님! 저는 결국 너무나 헛된 세간적 삶의 모진 고통을 오래 겪어 왔습니다! 자비로우신 스승님, 저를 다섯 껍질에 얽어매는 끈을 끊으시어 저를 구해 주시고, 제 마음을 평안하게 해 주십시오!"

15. 스승은 그를 마치 거북이가 제 알을 사랑하듯 사랑스럽게 생각하고, 물고기가 제 알을 보듯 사랑스럽게 그를 보면서, 새가 제 알 위에 자기 날개를 덮듯이 그를 두 손으로 쓰다듬으며 말했다.[1] "그대의 탄생을 끝낼 수 있는 수단이 있다. 내가 그것을 일러 주겠는데, 만약 그대로 행하면 그대의 탄생은 그치게 될 것이다."

16. "그대의 탄생은 그치게 될 것이다"는 말소리를 듣자마자, 그는 몸이 전율하고 심장은 마치 너른 저수지에서 목욕한 뒤 상쾌해진 듯이 즐거운 채, 사랑이 솟구치듯 기쁨의 눈물을 흘리면서 스승의 성스러운 두 발을 부여안고 다시 기원하였다.

17. "비록 당신의 종從인 제가 당신의 가르침을 완수해 내지 못한다 하더라도 당신께서는 은총으로 저를 바로잡아 주실 수 있습니다. 방금 '그대의 탄생을 끝낼 수단이 있다'고 하셨지요! 부디 그것을 말씀해 주셔서 저를 구원해 주시기를 간곡히 바랍니다."

18. 그가 하심下心이 잘 된 것을 보자 스승은 제자의 영혼을 바라보면서, 마치 말벌이 잘 고른 (다른 곤충의) 애벌레를 땅 속의 자기 방에 넣어

---

1) 이것은 생각, 바라봄 및 접촉에 의한 세 가지 전수傳授(initiation)를 상징한다.

두고 그 앞에서 날개를 떨며 잉잉거리듯이, 그 영혼이 자신의 참된 성품을 되찾을 수 있도록 하기 위해 그를 가르치기 시작한다.2)

19-20. "여기를 보라, 아들이여! 자신의 참된 성품을 잊어버린 사람은 거듭 태어나고 죽으면서, 마치 회오리바람에 휘말린 깃털처럼, **진아**의 참된 성품을 깨달을 때까지 시간의 끝없는 바퀴 속에서 구르고 또 구른다. 그가 만약 개인적 자아와 그 바탕인 **진아**를 보게 되면 그 바탕, 곧 **브라만**이 될 것이고 탄생에서 벗어날 것이다. 그대 자신을 알면 어떤 해害도 그대에게 닥쳐오지 못할 것이다. 그대가 물었기에 내가 이것을 그대에게 말해주었다."

[주: 가르침은 이 지점에서, 그리고 실로 이 시구에서 완료되었다.]

21. 제자: 스승님, 저를 바보로 아셔서 그런 말씀을 하십니까? 세상에 자기(**진아**)를 모르는 어떤 사람이 있을 수 있습니까? 그렇다면 어떻게 그들이 생사윤회에 휘말리겠습니까? 당신께 온전한 믿음으로 간청하오니, 틀림없는 **진리**를 저에게 말씀해 주십시오.

22. 스승: '몸'(*deha*)이 무엇이고, '몸을 가진 자'(*dehi*)가 누구인지를 아는 사람만이 **자기**를 깨달은 자이다.

제자: 이 거친 물건 외에 달리 누가 몸을 가지고 있습니까?

이 말에 **스승**은 연민으로 미소 지으며 말했다.

23. 스승: 그대는 '몸을 가진 자'가 조대신粗大身(거친 몸)과 다른 이유를 모르겠다고 말한다. 그렇다면, 그대의 꿈속에서는 누가 주체로 나타났는지, 아니면 꿈의 고통조차 없는 (깊은) 잠을 누가 경험했는지, 또 아니면 생시 상태에서의 이 의식은 무엇인지를 말해 보라!

24. 제자: 우리가 매일 경험하다시피 생시 상태의 경험자나, 생시의 의식

---

2) 시제가 (과거에서 현재로) 변하는 것은 원문에 있는 대로이다.

이 사라졌을 때의 꿈들의 경험자, 혹은 깊은 잠의 경험자는 (조대신과) 다를 수밖에 없다는 것을 알 수 있습니다. 하지만 그것을 깨닫지 못합니다. 그것은 그저 마음속에 언뜻 스쳤다 금방 사라져 버립니다. 그것을 부디 설명해 주십시오.

25. 사람들이 초사흘의 초승달을 지적하기 위해 땅 위에 선 나무를 가리키고, 아룬다티(Arundhati) 별3)이 어디라고 하기 위해 다른 별들을 가리키듯이, 진인도 미세한 원인을 알게 하기 위해 거친 것을 가리키기 시작했다.

26. 스승: 베단타는 총체적으로 속박(bandha)과 해탈(mukti)의 원인으로 덧씌움(aropa)4)과 그 소거消去(apavada)를 이야기한다. 거짓된 덧씌움에서 속박이 야기되고, 그것의 소거에서 해탈이 온다는 것이다. 이제 덧씌움에 관해서 들어보라.

27. 덧씌움은 하나를 다른 것으로 보는 것이니, 밧줄을 뱀으로 보고 기둥을 사람으로 보며, 신기루에서 물을 보거나 텅 빈 하늘에서 푸른 천공天空을 보는 것과 같다.

28. 이와 마찬가지로, 이름과 형상에서 벗어나 있고, 두 번째가 없는 같은 하나이며, 스스로를 의식하는 완전한 **브라만** 안에서, 5대 원소와 그것들의 조합을 보는 것은 환幻의 산물이다.

29. 덧씌움이 어떻게 창조계를 일으키느냐고 묻는다면 (그 대답은 이러하다.) 시작 없는5) 개아(jiva)들은 깊은 잠에 빠진 듯이 **미현현자**未顯現者(Avyakta) 속에 미현현 상태로 있다. 이 상태가, **시간**이라고도 불리는 **이스와라**의 생성적 사고에 의해 교란된다. 그러면 **미현현자**는 원인적

---

3) T. 큰곰자리(북두칠성)에 속한 희미한 별로, 진인 바시슈타의 부인이라고 한다.
4) 그릇된 지知, (원인을 다른 것에) 잘못 귀속시킴, 또는 환幻.
5) 그 시작은 알 수 없다.

158 불이해탈의 등불

[잠재적]이기를 그치고 세 가지 구나(gunas)가 현현된다.

30. 그것은 사뜨와(sattva)·라자스(rajas)·따마스(tamas)인데, 각기 순수한 흰색·붉은색·검은색, 혹은 맑음·흐림·어두움이다. 이 셋은 동등하지만, 그 중의 하나가 늘 우세하기 마련이다.

31. 이것이 하나의 설명이고, 또 한 가지 설명은 다음과 같다. 미현현으로 남아 있는 원인적 상태는 나중에 **마하뜨 따뜨와**(mahat tattva)[개아들의 총합]로 확장되는데, 이것이 에고(ahankara)로 현현되고 그 안에서 세 가지 구나가 드러난다.

32. 허공 같은 의식(Chit)이 그것들 안에서 반사된다. 그 세 가지 중에서 사뜨와는 맑고, 그래서 **마야**(Maya)라고 불린다. 그 안에서 반사되는 브라만이 곧 만물에 내재해 있으면서 마야나 어떤 구나에 의해서도 오염되지 않는 우주의 지성적 원인인 **하느님**(Isan-이스와라)이다.

33. 하느님에게는 이 깊은 잠(sushupti)인 이것(마야)이야말로 원인신原因身인 지복껍질이다. 라조구나(rajoguna-라자스)는 무지(avidya)[진정한 지知가 없는 것]이다. 의식은 (부단한 동요로 인해 맑지 않은) 이 구나 안에서 반사되어 무수한 존재들을 낳는다. 이 상태에 있는 개아(jiva)가 **쁘라냐**(prajna)라는 것이다.

34. 오염을 붙들고 있는 개아들에게는 그것이 지복껍질(anandakosha)인 깊은 잠의 상태이자 원인신(karana sarira)이다. 지금까지는 덧씌움의 원인적 단계를 묘사하였다. 이제 그 미세한 국면을 설명할 테니 들어 보라.

35. 자신과 분리 불가능한 **마야**의 경이로운 모든 힘들을 가진 **하느님**의 자애로운 은총으로, 따모구나(tamoguna-따마스)가 이때 개아들에게 경험의 소재를 제공하기 위해 두 측면으로 나누어지는데, 1) 실재에 대한 짙은 은폐(avarana)와, 2) 현상계의 다수성(vikshepa)이 그것이다.

36. 이 두 가지 중 후자의 안에서 허공(ether)이 나타나고, 허공에서 공기가, 공기에서 불이, 불에서 물이, 물에서 흙이 나타난다. 발생 상태에 있는 이 다섯 가지를 통틀어 원소(elements)라고 부른다. 이 원소들로부터 (세계를) 경험하기에 적합한 몸들이 일어난다.

37. 이 5대 원소 모두에 세 가지 구나가 편재한다. 순수한 사뜨와 안에서 각기 개별적으로 작용하는 (다섯 가지) 지식기관(jnanendriyas)[6]이 일어나고, 또한 집단적으로 작용하는 마음과 지성이 일어난다. 사뜨와의 이 일곱 가지 산물이 지知의 도구를 이룬다.

38. 그런 다음 라조구나(rajoguna- 라자스)에서는 집단적으로 작용하는 (다섯 가지) 생명기운[7]이 일어나고, 개별적으로 작용하는 (다섯 가지) 운동기관(karmendriyas)[8]이 일어난다. 이상 17가지 근본요소들이 천신·악마(아수라)·인간·동물 기타 모든 살아 있는 유기체들의 미세신微細身(subtle body)을 이룬다.

39. 그러한 한 몸에 결합된 개아를 일러 따이자사(taijasa)라고 한다. 그리고 비슷한 조건 하의 하느님은 히라냐가르바(Hiranyagarbha)로 알려져 있다. 두 경우 모두 그것은 링가 몸(linga sharira) 혹은 미세신이라고 불리고, 이것은 세 가지 껍질[생기껍질·마음껍질·지성껍질]을 포함한다. 이것은 그들의 꿈의 상태이다.

40. 미세신에 대해서는 충분히 이야기했다. 이제는 조대신粗大身의 덧씌움 과정에 대해서 묘사할 테니 들어보라. 늘 지켜보고 있는 하느님은 5대 원소들을 결합하여 개아들을 위한 조대신들과, 그들이 경험할 대상들을 전개한다.

---

6) 청각·시각·촉각·미각·후각의 감각기관들.
7) 쁘라나(prana)·아빠나(apana)·비야나(vyana)·우다나(udana)·사마나(samana).
8) 손·발·언어기관·배설기관·생식기관.

41. 5대 원소 각각은 둘씩 절반으로 나뉘는데, 각 절반은 다시 4등분으로 나뉜다. 그런 다음 한 원소의 주된 절반이 다른 네 원소 각각의 4등분체와 결합한다. 이 과정에서 거친 원소들이 만들어지고, 거기서 네 부류의 존재들9)과 그들의 경험, 우주와 그 우주의 세계들이 창조되었다.

42. 조대신과 결합된 개아를 일러 **비슈와**(*visva*)라고 한다. 그리고 비슷한 조건 하의 **하느님**은 **비라뜨**(*Virat*)로 알려져 있다. 조대신은 음식껍질(*annamaya kosha*)이며, 그들의 생시 상태이다. 조대신에 대한 이 간략한 진술을 기억하라.

43. 제자: 스승님, 드높은 하느님과 보통의 개아에게 부가물들(*upadhis*)10)이 공통된다면, 그들 간의 차이를 우리가 어떻게 알 수 있습니까?

스승: 결과(*kariya*)인 부가물이 개아이고, 원인(*karana*)인 부가물이 하느님이다.11) 또한 단위들과 그 총합 간의 차이도 있다.

44. 나무들은 단위를 이룬다. 그것들이 모인 것이 숲이다. 일반적으로 말해서 움직일 수 있는 개아들(동물)과 움직일 수 없는 개아들(식물)은 별개의 단위이며, 그들의 합계가 하느님이다. 이것이 하느님과 개아들 간의 차이점이다.

45. 이제까지 덧씌움이 무엇인가를 이야기했다. 눈에 보이는 모든 것은 단지 꿈과 같이 덧없다는 것을 의심 없이 아는 사람만이 **진인**이다. 이제 덧씌움의 소거 과정, 즉 겨울 구름장들이 모두 걷혔을 때의 맑

---

9) 태생胎生·난생卵生·화생化生·습생濕生.
10) 조대신·미세신·원인신의 상태들이 부가물을 이룬다.
   T. '부가물(*upadhis*)'이란, 어떤 존재에게 덧붙여져서 그의 본래적 성품이 드러나지 않게 제약하는 조건이나 상태를 말한다.
11) T. '결과로서의 그런 상태들은 개아이고, '원인'으로서의 상태들은 하느님이라는 의미이다. 원인으로서의 상태란 (마야·히라냐가르바·비라뜨를 포함하는) 보편적 의식의 상태를, 결과로서의 상태란 무수한 개아들 안에서 반사된 개별적 의식의 상태를 가리킨다.

은 하늘과 같은 경이로운 **해탈**(*moksha*)에 이르는 길에 대해서 잘 들어보라.

46. 이것은 뱀이 아니라 밧줄이고, 이것은 도둑이 아니라 굵은 기둥이(라는 것을 조사해 보고 발견하)듯이, 우리는 스승의 말씀과 경전의 빛에 의해 몸·세계·원소들이 브라만, 즉 불변의 의식일 뿐이라는 것을 의문의 여지 없이 이해한다. 이것이 덧씌움의 소거임을 알라.

47. 원인과 결과는 천과 실, 장신구들과 금, 그릇들과 점토처럼 동일한 것이다. 몸을 그 선행원인 속으로 녹여 넣어, 결국 모든 것의 근본 원인인 무지에까지 소급하는 것이 덧씌움을 소거하는 방법이다.

48. **제자:** 당신께서는 따모구나(*tamoguna*)가 두 가지 측면, 즉 은폐와 다양성으로 작용한다고 말씀하셨습니다. 욕망에서 비롯되는 다양성에 대해서도 설명해 주셨습니다. 스승님, 다른 측면인 은폐의 결과에 대해서 말씀해 주십시오.

49. **스승:** 은폐력(*avarana*)은, 능가할 자 없는 하느님과 진아를 깨달은 진인들을 제외한 모든 몸 가진 존재들의 내적인 소견을 "그것은 없다", "그것은 빛나지 않는다"는 형태로 가린다. 마치 겨울밤의 짙은 어둠이 천지와 동서남북을 우리의 시야에서 가리듯이.

50. 외적으로는 이것이, **완전함인 브라만**을 (세계와 같은) 그의 변상變相들과 구별하는 것을 온통 가로막고, 내적으로는 순수한 의식인 **진아**를 (내적 기능, 즉 에고·마음과 같은) 그것의 변상들과 구별하는 것을 가로막는다. 따라서 그것은 끝없는 생사윤회라는 저 만성병의 유일한 원인이다.

51. 그러면 이런 의문이 일어난다. 바탕이 완전히 숨겨져 있을 때 덧씌움은 어디에 의지하는가? 그리고 만약 바탕이 숨겨져 있지 않다면 어떤 덧씌움이 있을 수 있는가? (그 답변은 이러하다.) 바탕에는 일

반적 바탕과 특수한 바탕의 두 가지가 있는데, 그 중에서 일반적 바탕은 지속적이고 끊임없는 상태로 남아 있다. 일시적 덧씌움은 특수한 바탕이다.

52. 세계 안에서 보통의 바탕인 "이것이 있다"는 결코 은폐할 수 없고 특수한 바탕인 "이것이 밧줄이다"만 은폐할 수 있다.12) 마찬가지로, 개아의 경우에도 무지는 "내가 있다(I AM)"는 바탕은 은폐하지 않고 "내가 브라만이다"라는 특수한 지(知)만 은폐한다.

53. **제자**: 스승님, 다섯 껍질, 개아, 그리고 세계로 일어나면서 순수한 존재를 시야에서 가리는 다수성(vikshepa)의 작용에 대해 은폐력이 비난받는 것은 어째서입니까?

    스승: 그 질문에 대한 나의 대답을 잘 들어 보라.

54. 다수성의 힘이 불행으로 가득한 생사윤회의 직접적 원인이기는 하나, 그것은 진지하게 해탈을 추구하는 사람들에게는 이로운 것이다. 밤의 어둠(은폐력)이 우리의 유용한 활동을 위해 낮의 밝음(다수성의 힘)만큼 도움이 되겠는가? 그대에게 더 이상 무슨 말을 하겠는가? 그러므로 아들이여, 두 가지 중에서도 은폐력이 더 해롭다.

55. 깊은 잠 속에서나 (우주의) 해체 시에 세계가 시야에서 완전히 사라졌다고 해서, 이어지는 탄생의 반복(생사윤회)에서 벗어남(해탈)을 얻은 자가 있는가? 다양성의 힘은 한데 모이면 해탈을 가져올 수 있으나, 무지의 두터운 막은 현재의 재앙을 가져온 유일한 원인이다.

56. 그대는 이러한 이의를 제기할지 모른다. 즉, 다양성의 힘은 자개에서 은이 보이는 것과 같은 덧씌움이라고 말해지고 따라서 거짓되므로,

---

12) T. "이것이 있다"는 앎은 우리가 밧줄을 보든 뱀을 보든 존재하며, 그것은 끊임이 없고 지속적이며 일반적인 앎이다. 반면에 그것을 뱀으로 보면 밧줄에 대한 앎은 없고, 그것을 밧줄로 보면 뱀에 대한 앎이 없다. 그러한 앎은 밧줄을 인식했을 때는 참되지만, 뱀이 있다고 여길 때는 참되지 않다.

이러한 거짓된 힘의 도움을 받아 얻는 해탈도 똑같이 거짓될 수밖에 없다고. (그 답변은 이렇다.) 무서운 꿈이 비록 실재하지는 않아도 꿈꾸던 사람을 깨어나게 한다. 해탈도 그와 같이 실재한다.

57. 독毒에는 흔히 다른 독이 해독제가 되고, 한 쇠꼬챙이는 다른 쇠꼬챙이로 끄집어내며, 화살들이 다른 화살들에 밀려나고, 때가 다른 때 [즉, 백토]에 의해 세척되듯이, 그 자체로는 약한 무지도 그 자체로는 같은 마야인 (어떤) 방법들에 의해 뿌리 뽑힐 수 있고, 나중에는 이것도 불에 타는 송장을 뒤집는 데 쓰이는 막대기처럼 소멸한다.

58. 이러한 마야를 통해서 개아들은 다음과 같은 7가지 발전 단계를 경험하는데, 그것은 무지(avidya)·은폐(avarana)·다수성(vikshepa)·간접지(paroksha jnana)·직접지(aparoksha jnana)·불행의 소멸(dukha nivritti)·지고의 지복(sukha avapti)이다.

59-60. 내적인 자아가 다름 아닌 브라만이라는 사실을 잊어버리는 것이 무지이고, 그대에게 "브라만은 없다. 나에게는 그가 보이지 않는다"라고 말하게 하는 것이 은폐이다. "나는 사람이다. 나는 개아다"라는 관념으로 솟아오르는 것이 다수성이고, 스승의 가르침에 의해 자기의 성품을 아는 것이 간접지이다. 실재(진아)에 대한 탐구를 하여 일체의 의심 없이 비이원적 존재로 머무르는 것이 직접지이다. 한계들과 (자신이) 행위자라는 느낌을 종식시키는 것이 불행의 소멸이고, 최종적 성취, 즉 속박에서 벗어남이 지고의 지복이다.

61. 이 점을 보여주기 위해 이제 새로운 이야기 하나를 들려주겠다. 열 명의 사람이 하천을 건넜는데, 건너편에 도착하여 각자 아홉 명의 남들을 세고 자기 자신을 세는 것을 빼먹었다. 그들은 (열 번째 사람을 잃어버렸기 때문에) 모두 당황했다.

62-63. 뭘 알지 못하고 미혹되어 있는 것이 무지인데, 이것이 착각을

야기한다. "열 번째 사람을 잃어버렸다. 못 찾겠다." 이런 생각이 (진리의) 은폐이다. 동료를 잃어버렸다고 생각하고 슬퍼하는 것이 다수성(불행한 현실의 나타남)이다. 그들을 동정하여 "열 번째 사람은 그대들 가운데 있다"라고 말해주는 나그네의(즉, 스승의) 말에 귀를 기울이는 것이 간접지이고, 그 친절한 나그네가 다시 그들 중의 한 명에게 다른 사람들을 세게 하고 나서 그 사람을 가리킬 때, 자기 자신이 열 번째 사람임을 발견하는 것이 직접지(진리 깨달음)이다. 잃어버린 열 번째 사람에 대한 슬픔이 사라지는 것이 불행의 소멸이고, 자기 스스로 의심할 수 없이 확인했을 때의 기쁨이 지고의 지복이다.

64. 제자는 이렇게 기원하였다. "스승님! 부디 저의 **진아**를 보여주시어, 제가 **그것**을 그 이야기에서 말하는 열 번째 사람으로 참으로 알 수 있게 해 주십시오."

스승: "그대가 **그것**이다(That Thou art)"라는 큰 말씀(mahavakya)이 있다. 거기서 동사 '이다(art)'는 대명사인 '**그것**'과 '**그대**'가 궁극적 의미에서 동일함을 확립한다. 어째서 그런지 말해줄 테니 들어 보라.

65. 허공이 단 하나이면서도 광대한 허공, 구름 속의 허공, 항아리 속의 허공, 물속의 허공으로 네 가지듯이, 단 하나인 **의식**(Chit)도 일체에 편재하는 **브라만**, **하느님**, **진아** 그리고 **개아**로 불린다.

66. 위의 큰 말씀에서 '**그것**'은 전능한 **하느님**을, '**그대**'는 개아를 나타낸다. 그러나 궁극적으로는 각기 **마야**에서 벗어나 있는 **브라만**과, 한계들에서 벗어나 있는 내적 **진아**를 뜻한다. 그것들은 이제 끓인 우유 속의 버터처럼 서로 묶여 있다. 우유를 휘저으면 버터가 분리되듯이, 그대도 **진아**를 깨달아서 그처럼 분리되어야 한다.

67. (개아의) 부속물들(몸·마음 등)을 없애는 방도는 "나는 몸이다"라는 현재의 관념을 죽이는 것이다. 몸은 5대 원소의 집합에 지나지 않으므

로 결국 하나의 송장에 불과하다. 또한 그대는 풀무질로 불룩거리는 공기처럼 콧구멍으로 들락거리는 그 숨일 수도 없다. 그것은 그냥 라조구나(rajoguna)의 한 기능일 뿐이다.

68. 진아가, 행위자와 도구의 관계에서 서로 맞서는 지성이나 마음일 수 있겠는가? 이 두 껍질(마음껍질과 지성껍질)은 사뜨와 구나(sattva guna)의 양상들일 뿐이다. 별 도움 되지 않는 깊은 잠의 지복을 진아로 착각해서는 안 된다. 그것은 따모구나(tamoguna)의 한 양상일 뿐이기 때문이다.

69. 진아로서의 '그대'가 사뜨(Sat)・찌뜨(Chit)・아난다(Ananda)이고, 평등하고 불변이고 단일하고 영원하며 일체에 두루한 주시자임을 알고, 그에 반대되는 성품, 즉 거짓되고 지각력 없고 고통스러운 등의 성품을 가진 다섯 껍질의 함정에서 벗어나라.

70. 제자: 제가 다섯 껍질에서 떨어져 나와 그 너머를 보면 공백 상태만 있고 그 이상은 아무것도 보이지 않습니다. 이 공백 상태를 진아에 대한 지고의 체험으로 보아야 합니까? 이것을 참으로 말씀해 주십시오, 스승님!

71. 제자의 이러한 질문에 대해 스승은 이렇게 말했다: 앞서의 일화에서 지성이 미혹된 열 번째 사람은 아홉 사람만 센 다음 자신을 열 번째 사람으로 인식하지 못하고 멍해졌다. 그런 멍함이 열 번째 사람일 수 있겠는가? 착한 아들이여! 그대가 곧 일체[공백 상태와 다섯 껍질]를 보는 자이다.

72. 신성한 반얀나무 아래 앉아 계신 스승님(다끄쉬나무르띠)에 의거해, 나는 진리를 말한다! 그대는 거칠고, 미세하고, 원인적인 무지와, 생시・꿈・잠의 상태들과, 과거・현재・미래의 시간이 지나가는 것을 지켜보는 불변의 주시자이다. 이런 것들은 지복의 바다 안에서 끝없이 일

어나고 스러지는 파도들과 같다.

73. '어떤 빛으로, 일체를 보는 주시자인 저 자신을 보아야 합니까?'라고 묻지 말라. 스스로 빛나는 빛을 비추는 빛이 있을 수 있겠는가? 열 번째 사람은 다른 사람들 가운데 있는 한 사람으로 자신을 안다. 그의 안에 열한 번째 사람이 있는가?

74. 지知를 알려면 지知가 필요하다고 주장하는 것은 어리석은 일이며, 끝날 수 없는 논쟁으로 이어진다. 그대는 알려지는 것도 아니고 알려지지 않는 것도 아니다. 그대 자신이 스스로 빛나는 지知임을 깨달으라.

75. 단것을 달게 하는 설탕의 단맛은 설탕의 성품 아닌가? 그대 자신이, 대상들을 '이것'과 '저것'으로 알려지게 하면서 그 자체는 그것들의 너머에 있는, '나'의 의미(진아)라는 것을 깨달으라.

76. 위에서 묘사한 진아는 (큰 말씀 "그대가 그것이다"에서) '그대'의 1차적 의미이다. 한계들에 의해 결코 구속되지 않는 브라만이 '그것'의 1차적 의미이다. 그것들의 2차적 의미는 각기 찰나적인 개아와 하느님이다. 이 두 별개의 실체는 결코 동일할 수 없다.

77. 하느님과 개아의 구분은 그들의 이름, 처소, 인위적 제한들, 몸과 능력들에 기인한다. 그들은 지하계와 천상계만큼이나 서로 멀리 떨어져 있다. 이런 점에서 보면 그들 간의 동일성은 생각할 수도 없다.

78. 용어들을 관습적으로 받아들이는 것이 앞뒤가 맞지 않아 보일 때, 고대의 전승지傳承知(ancient lore) 학자들은 세 가지 해석 방법을 사용하여 참된 의미를 산출했으니, 그것은 분리, 결합 그리고 그 둘을 합친 것이다.13)

---

13) *T.* 용어의 정확한 의미 해석을 위한 이 세 가지 방법에 대한 자세한 설명은 『라마나 마하르쉬 저작 전집』, 344쪽 각주 36 참조.

79. 1) "갠지스 강 위의 집"14)과, 2) "검은 것은 남고 붉은 것이 달아났다"15)와, 3) "이 사람이 그 데바닷따(Devadatta)다"라는 것이 (각기) 위 세 가지 방법의 예이다. 몇몇 경전 문구들의 외관상 모순점들은 이 세 가지 해석 방법을 신중하게 사용함으로써 제거된다.

    (여기서는 마지막 방법만이 적용될 수 있다.)

80. "이 사람이 그 데바닷따다"라는 예에서는, 다른 때 다른 장소에서 보인 역시 데바닷따라고 하는 그 사람이, 지금 이 자리에서 보이는 이 사람이다. 시간과 장소는 다르지만, 조금만 생각하면 그 사람이 같은 사람이라는 것을 알 수 있다.

81. 마찬가지로, '그것'과 '그대'라는 말에서 그 문자적 의미를 배제하고, **의식-원리를 브라만이자**―그것의 끊임없는 동일성이 '이다(art)'에 의해 확립되는―**주시자**로 간주하면, 브라만이 곧 자기(진아)이고 자기가 곧 브라만이다.

82. 항아리 안의 물에 반사된 허공과 구름 속에서 반사된 허공16)은 둘 다 우발적이며 따라서 실재하지 않는 반면, 항아리 속의 허공과 광대한 허공은 함께 똑같은 하나이다. 마찬가지로, 일체에 편재하는 **브라만**과 개인적 존재 안의 **주시자**는 함께 똑같은 하나이다. 그것을 체험하여 "내가 곧 **실재**다"라는 깨달음 안에 고정될 수 있어야 한다.

83. 이 말을 듣자 제자는 **스승**의 가르침을 충실히 따라 다섯 껍질과 공백 상태를 내버리고 "나는 **브라만**이다"로서의 **진아**를 깨달았고,17) 그것을 넘어서서 **완전한 존재**(Perfect Being)로서 머물렀다.

---

14) 이것은 갠지스 강물 위의 집이라는 뜻이 아니라 '갠지스 강변의 집'이라는 뜻이다.
15) 이것은 "검은 암소들은 남아 있고, 붉은 말들은 달아났다"는 뜻이다.
16) 허공은 눈에 보이지 않는다. 그러나 구름이 있는 부분은 우리가 보기에 구분된다. 따라서 그것은 구름 속에서 반사되는 허공이라고 말해진다.
17) T. 다섯 껍질과 공백 상태를 내버리고 진아를 깨닫는 것이 여기서는 잠깐 사이의 일처럼 서술되었으나, 이것은 실은 스승 곁에서 상당 시간 수행한 뒤의 결과일 수 있다.

84. 은총의 화신인 스승의 시선을 받자 이 상근기上根機 제자는 지복의 바다 속으로 가라앉았다. 나뉘지 않은 전체로서, 몸·기관들 기타 모든 것에서 벗어나 완전해진 마음을 가지고 순수한 의식으로서 (거기에) 합일되었고, 깨어 있는 동안 자신도 모르게 진아가 되어버렸다.

85. 복된 제자는 그 상태에 오랫동안 머무르고 난 뒤에 마음을 부드럽게 바깥으로 향했다. 그때 그는 자신의 영예로운 스승이 앞에 계신 것을 보았다. 제자의 눈은 기쁨의 눈물로 가득 찼다. 그는 사랑에 충만하여 스승의 발아래 엎드렸다. 그리고 일어나서 스승을 한 바퀴 돈 뒤에 두 손을 합장하고 말했다.

86. "스승님, 당신께서는 저의 가장 내밀한 진아로 머물러 있는 실재이시면서, 제가 그 모든 무수한 환생을 하는 동안 저를 지배하셨습니다! 저를 가르치기 위하여 외적인 형상(육신)을 걸치신 당신께 영광이 있으시기를! 저를 해탈시켜 주신 당신의 은총에 어떻게 보답 드릴 수 있을지 모르겠습니다. 영광! 당신의 성스러운 두 발에 영광이 있으시기를!"

87. 스승은 그에게 미소를 지으며 그를 가까이 끌어당겨, 아주 자애롭게 말했다. "그대의 체험을 가로막는 세 가지 장애[18] 없이 진아 안에 확고히 머무르는 것이, 그대가 나에게 할 수 있는 최상의 보답이다."

88. 제자: 스승님! '너'와 '나'의 이원적 지각을 초월한, 그리고 진아가 전체적이고 일체에 편재한다는 것을 발견한 그런 깨달음이 언제라도 저를 떠날 수 있습니까?

스승이 답변했다: 경전을 공부하거나 스승의 은총에 의해 '나는 브라만이다'라는 진리를 깨달을 수는 있지만, 장애를 만나면 그것이 확고

---

18) *T.* 제89연에서 말하는 '무지·불확신·그릇된 앎'을 뜻한다.

할 수 없다.

89. 무지·불확신·그릇된 앎은 과거의 무수한 생에 걸친 오랜 습習에서 비롯되는 장애인데, 이런 것들이 문제를 야기하면 깨달음의 열매가 사라질 수 있다. 그러니 진리를 듣고(sravana), 성찰하고(manana), 명상하여(nididhyasana) 그것들을 뿌리 뽑으라.

90. 주문呪文19)으로 억제하면 불이 무엇을 태우지 못한다. 마찬가지로, 결함이 있는 깨달음으로는 저 속박을 종식시키지 못할 것이다. 따라서 진리를 듣고, 성찰하고, 명상하는 데 전념하여 무지·불확신·그릇된 앎을 뿌리 뽑으라.

91. 무지는 자기가 브라만이라는 진리를 가리고 그 대신 다수성을 현출한다. 불확신은 스승의 말씀에 대한 확고한 믿음이 없는 데서 온다. 무상한 세계가 하나의 실재이고 몸이 곧 자기라고 하는 환幻이 그릇된 앎이다. 진인들이 그렇게 말한다.

92. 진리를 듣는 것(청문)은 마음을 "그대가 그것이다"라는 가르침에게로 부단히 돌리는 것이다. 성찰은 이미 들은 문구의 의미를 탐구하는 것이며, 명상(일여내관)은 마음의 일념집중이다. 매일 이렇게 하면 틀림없이 해탈을 얻을 것이다.

93. '아는 자'와 '앎'의 느낌이 지속되는 한, 수행을 계속해야 한다. 그 뒤에는 아무 노력이 필요 없다. 허공처럼 오염되지 않은 순수하고 영원한 의식으로 머무르고 그리하여 생전에 해탈하면, 몸을 벗은 뒤에도 영원히 그것으로 살게 될 것이다.

94. 허공처럼 머무르면서 이승에서 해탈한 현자들은 공덕의 차등에 따라 네 부류가 있으니, 브라마비드(Brahmavid)[브라만을 아는 자], 바라(vara),

---

19) 스땀바나(stambhana).
　T. Stambhana는 '이동이나 흐름의 차단'을 뜻하며, 여기서는 불길을 차단하는 주문이다.

바리야(varya) 그리고 바리슈타(varishta)이다.

95. 꾸준한 수행으로 브라만에 대한 분명한 깨달음을 얻은 브라마비드들은 그들의 계급과 인생단계에 따른 의무(varnasrama dharma)조차도 남들의 이익을 위해, 경전들이 규정한 대로 계속 수행해 나간다. 그러나 지고의 상태에서 벗어나지 않는다.

96. 그들에게 감정이 일어난다 해도 그것은 일순간 사라지며, 연잎 위의 물방울처럼 초연히 사회에서 살아가는 브라마비드들의 마음을 오염시키지 못한다. 그들은 자신이 아는 지知를 드러내지 않아 무지한 것처럼 보이며, 내면을 향한 지복이 강렬하기에 침묵을 지킨다.

97. 발현업(prarabdha)[현생에 열매를 맺는 업業]은 사람들이 과거생에 한 행위에 따라 서로 다르다. 그래서 해탈한 진인들 간에도 현재 하고 있는 일이 다른 것이다. 그들은 성스러운 따빠스를 할 수도 있고, 거래와 통상에 종사할 수도 있으며, 나라를 다스릴 수도 있고, 탁발승으로 유랑할 수도 있다.

98. 그들은 과거도 미래도 생각하지 않을 것이고, 구한 바 없이 오는 음식을 먹을 것이며, 해가 달이 된다든가 하늘이 반얀나무처럼 그 싹을 아래로 펼치거나 송장이 되살아나는 등 어떤 경이로운 일에도 놀라지 않을 것이고, 선과 악을 분별하지도 않을 것이다. 왜냐하면 그들은 늘 일체에 대한 불변의 주시자로 남아 있기 때문이다.

99. 다른 세 부류 중에서 바라(vara)와 바리야(varya)는 삼매三昧(samadhi)에 안주해 있다. 바라는 몸을 유지하는 데 대한 관심을 느끼고, 바리야는 남들이 그것을 환기시켜 준다. 바리슈타(varishta)는 자기 스스로나 남들을 통해서나 결코 몸을 자각하지 못한다.

100. 이런 진인들은 이 세상에서 아주 드물다. 여러 진인들의 삶에서는 구별할 만한 특징들이 있지만 해탈의 체험에서는 그들 간에 어떤 차

이도 없다. (등급이 높은 진인들이) 힘들게 얻은 삼매는 어떤 이점이 있는가? 외적으로 활동하는 브라마비드는 더러 재난의 불행을 느끼는 것처럼 보이지만, 다른 진인들은 끊임없는 지복 안에 안주해 있다.

101. 이제 만약 그런 브라마비드가 무지인들처럼 산다면, 그들은 어떻게 윤회에서 벗어나 있고, 그들의 무지는 어떻게 사라지는가? 일체에 편재하는 허공(空)은 그 무엇으로도 오염되지 않지만, 다른 네 원소는 대상들과의 접촉에 의해 오염된다. 브라마비드와 무지인들도 그와 같다.

102. 불멸의 베다들이 선언하기를, 성스러운 진인에 대한 오롯한 헌신은 브라마·비슈누·시바를 기쁘게 할 뿐만 아니라, 베다의 모든 의식儀式을 거행한 것과 맞먹는 공덕을 얻게 하며, 결국 윤회에서의 해탈을 안겨준다고 한다. 이제 생전해탈이 어떻게 몸이 해체된 뒤에도 지속되는지 들어보라.

103. 다생多生에 모여서 쌓여 있는 갖가지 업業은 마치 큰 불길 속의 솜처럼, 진지眞知(jnana)의 불길 속에서 모조리 불타 버린다. 더 이상은 업業이 진인에게 결코 다가올 수 없다. 현생을 일으킨 업業은 그 열매를 경험할 때 소진된다.

104. 그가 발현업發現業을 경험하는 동안에 한 행위들의 공덕과 죄악은 어떻게 해서 나중에 그에게 영향을 주지 않게 되는가? 그를 비방하는 사람들은 그 죄악을, 그의 헌신자들은 그 공덕을 나누어 받아가기 때문이다.

105. 무지라는 원인신原因身은 희유한 진지眞知의 불길 속에서 재가 되며, 눈에 보이는 조대신粗大身은 때가 되면 송장이 된다. 그럴 때 미세신微細身은 마치 벌겋게 단 쇠에 떨어지는 물방울처럼, 이 세 가지 몸 저변에 내내 절대적 상태로 남아 있는 진아 속에서 해소된다.

106. 항아리라는 개체가 부서지자마자 항아리 속의 허공은 일체에 편재하는 허공과 구분할 수 없게 된다. 마찬가지로, 몸이라는 한계가 사라지면 **생전해탈자**(*jivanmukta*)는 본래적이고, 영원하고, 시작도 중간도 끝도 없고, 안도 밖도 없는, 몸 없는 해탈의 상태로 돌아간다.

107. 허공이 일체에 편재하지만 새로 판 우물 속에서는 새로 열리는 것처럼 보이듯이, 브라만은 항상 존재하지만 우리가 스승이나 경전이 가르쳐 주는 **진아탐구**로써 깨달음을 얻으면 마치 그것이 새로 깨달아진 것처럼 보인다. 그러니 아들이여, 평안하라. 우리는 늘 같은 무한한 존재이다!

108. 전 우주는 마치 신기루의 물, 자개의 은, 허공의 건달바성乾闥婆城20), 꿈에서 보는 꿈나라, 하늘의 푸름, 밧줄상의 뱀, 석녀의 자식, 토끼의 뿔, 혹은 굵은 기둥에서 보이는 도둑처럼, 실재하지 않는다. 아들이여! 순수한 의식만이 실재한다. 그러니 어느 한 순간도 진아를 잊지 말라.

[주: 『해탈정수』의 제1편은 여기서 끝난다.]

---

20) *T.* '건달바성'이란 건달바들의 도시를 말한다(건달바는 천상의 음악신들이다). 공중의 구름들이 찬란한 색깔을 띨 때, 어떤 사람들은 그것이 건달바들의 도시라고 여길 수 있다. 이것은 실재하지 않는 하나의 환상을 가리키는 비유의 하나이다. 또한 193쪽 각주 24 참조.

제2편 의심의 제거

1. "사람들이 구덩이를 파고 긴 기둥을 부드럽게 묻은 다음 흙을 채우고 다져서 그것을 단단히 고정하듯이, 나는 **지고한 의식으로서의 진아**에 대한 (그대의) 깨달음이 흔들림 없이 머무르도록, 의심들을 제거해 주겠다."

2. 마음이 순수하고 **진아**를 깨달은 제자는, 자아를 몸과 그릇되게 동일시하던 때부터 상相이 없고 몸이 없는 해탈의 순간까지, 어린 원숭이가 어미에게 매달리듯 스승에게 매달렸다.

3. 사랑하는 제자가 자신을 그림자처럼 따르는 것을 본 스승이 그에게 물었다. "그대는 주시자로서만 흔들림 없이 머무를 수 있는가? 그대의 모든 의심은 사라졌는가? 아니면 분별 의식이 이따금 슬며시 기어드는가? 그대의 상태를 말해 보라."

4. 이 말에 제자는 스승의 발 앞에 절하고 말했다. "아버지, 무지의 어둠과 세간적 삶이라는 황야 속에서만 배회할 수 있는 분별이라는 유령이, 당신의 가르침이라는 해가 당신의 은총이라는 산꼭대기 위로 떠오른 뒤 지혜의 밝은 대낮 속에 있는 (저의) 내적인 시야에 감히 나타날 수 있겠습니까?"

5. "귀신을 제도한 뒤에도 그 귀신 들렸던 사람에게 부적을 붙여서 또다시 어떤 문제가 닥쳐오지 않게 보호하듯이, 저의 무지가 이미 당신의 가르침에 의해 몰아내어지기는 했지만, 제가 **진아** 안에 확고히

고정될 수 있도록 당신의 가르침을 더 청합니다."

6. "당신께서 '경전을 통해서 진아가 브라만이라는 것을 알되, 언어[공부나 토론]로는 비이원적 브라만에 도달할 수 없고, 그것은 심장 속에서 깨달아야 한다. 비천한 마음은 스스로 빛나는 브라만에 도달할 수 없다'고 말씀하셨습니다. 이 두 가지 말씀에 대해 의심이 일어났습니다. 부디 그것을 밝혀 주십시오."

7. 스승: 브라만은 감각기관이나 추론의 대상이 아니고 그것에는 두 번째가 없기 때문에, 그것은 직접지각(pratyaksha), 추론(anumana), 혹은 비유(upamana)를 넘어서 있다. 또한 그것은 속성을 벗어나 있어 언어로 표현될 수 없다는 것을 알라.

8. 브라만은 언어를 넘어서 있다고 선언하는 베다는 또한 ("그대가 그것이다"라는) 문구로써 그것을 규정한다. 어느 것이 맞느냐고 묻는다면, 둘 다 맞는다고 알라. 베다는 결코 거짓일 수 없기 때문이다.

9. 처녀가 다른 남자들에 대해서는 "그는 아닙니다, 그는 아닙니다" 하다가, 자기가 사랑하는 사람을 가리켜 보이면 수줍어하면서 침묵하듯이, 베다는 브라만이 아닌 것을 "이건 아니다, 이건 아니다"로 부정하고, 침묵으로써 브라만을 지적한다.

10. 그대가 한 질문의 앞부분에 답했으니, 두 번째 부분에 답하겠다. 심장이 외적인 감각기관들을 지배하면 그 기능들은 지성과 마음으로서 안팎으로 작용한다.

11. 그대의 얼굴이 거울에 반사되듯이, 순수한 의식의 이미지(Chidabhasa- 의식의 반사된 빛)가 지성 안에서 보인다. 이와 함께 마음이 기능을 시작하는데, 이것을 지(知)라고 한다, 훌륭한 아들이여!

12. 녹은 금속이 그것을 부은 주형의 형상을 취하듯이 마음은 대상들의 형상을 취하고, 그 형상들은 (의식의) 반사된 빛에 의해 드러난다. 시

력과 빛이 없으면 어둠 속의 물건이 발견될 수 없다.1)

13. 빛나는 등불과 분명한 시력의 도움이 있어야 어둠 속의 물건을 발견할 수 있다. 해를 보려면 시력만 있으면 된다. 현현된 우주를 보기 위해서는 상相 있는 마음(vritti)과 반사된 의식 둘 다가 필요하다. 그러나 실재를 깨닫기 위해서는 깨달음을 열망하는 '상相 있는 마음'만이 유용할 것이다.

14. 상相 있는 마음과 반사된 진아의 결합을 마음이라고 한다. 마음으로 브라만에 도달할 수 있는 이유는, 깨달음을 얻기 위해서는 그 자신을 향한 마음의 상相이 필요하기 때문이다. 그러나 반사된 의식인 부분의 마음으로는 브라만에 도달할 수 없다. 그 의미를 이렇게 조화시키고 의심에서 벗어나라.

15. **제자:** 틀림없는 지혜의 달인이신 **스승님**, 지금까지 당신의 가르침을 이해했습니다. 부디 다른 질문을 하나 드리게 해주십시오. 움직임에서 벗어나 있고, 끊임이 없고, 완전하고, 변모되어 **그것** 속으로 합일된 그러한 마음 상태가 **삼매요가**(samadhi yoga)[혹은 평안 속의 합일]로 불리지 않습니까? 그네처럼 늘 움직이고 일순간에 여러 세계를 일으키는 이 마음이 어떻게 고요해져서, 마치 외풍에서 보호되는 불길처럼 **진아** 안에 안정되게 머무를 수 있습니까? 부디 말씀해 주십시오.

16. **스승:** 활동적 마음은 세 가지 구나로 이루어져 있으니, 그 중의 하나가 우세하면 다른 두 가지는 숨어 있게 된다. 사뜨와 구나가 우세하면 신적인 자질들이 나타나고, 라조구나가 우세하면 세계·몸·경전에 관한 습들[세간습·육신습·경전습]이 나타나며, 따모구나가 우세하면 악한 성품(asuri sampat)이 나타난다.

---

1) 빛은 어둠을 없애지만 대상은 눈이 보아야 한다. 마찬가지로, 마음의 상들은 마음의 반사된 빛에 의해 비추어지는 대상들이다.

17. 사뜨와는 마음의 성품 자체인 반면, 다른 두 성질은 부가물일 뿐이며, 따라서 마음에서 추방될 수 있다. 그대의 신적 성품을 꾸준히 붙들면 라자스와 따마스는 목이 졸려 내적인 긴장과 외적인 다양성이 사라진다. 그러면 그대의 마음이 오염 없이 빛나면서 움직임이 없어지고 허공처럼 미세해진다. 그럴 때 그것은 자연히 **브라만**과 하나가 되며—이미 그러하지만—**무상삼매**에 머무른다.

18. 때 묻지 않은 거울 하나를 비슷한 다른 거울 앞에 두면 그 반사면들은 구분할 수 없는 하나의 전체가 된다. 마찬가지로, 맑은 마음이 무한자, 곧 **사뜨-찌뜨-아난다**인 **브라만**과 하나가 되어 오염되지 않은 상태로 머무를 때, 마음속에 다양성이나 움직임이 어떻게 있을 수 있겠는지 말해 보라.

19. **제자:** 마음이 브라만 안에서 상실되어 그것과 하나가 되었다면, **생전해탈자**[살아 있는 동안 해탈한 현자]는 어떻게 발현업을 소진할 수 있습니까? 그 결과를 경험해야 소진되지 않습니까? 그런 경험은 분명 마음을 필요로 할 것이고, 마음이 없다면 어떤 경험도 있을 수 없습니다. 만약 마음이 지속된다면 어떻게 그들을 해탈했다고 할 수 있습니까? 저는 이 점이 헷갈리니, 부디 이 의심을 해소해 주십시오. 모든 의심이 해소되지 않으면 제가 해탈할 수 없으니 말입니다.

20. **스승:** 마음 소멸에 두 가지 등급이 있으니, 형상 있는(sarupa) 마음 소멸과 형상 없는(arupa) 마음 그 자체의 소멸이다. 전자는 **생전해탈자**들에게 해당되고, 후자는 **무신해탈자**(Videhamukta)[몸을 떠난 진인들]에게 해당된다.[2] 사뜨와만 남긴 채 라자스와 따마스를 없애는 것이 형상 있는 (마음) 소멸이다. 죄 없는 자여! 미세신과 함께 사뜨와가 사

---

[2] T. 마음 소멸에 두 가지가 있는 것은 앞의 『불이각등』에서도 나왔다(130쪽 참조).

라질 때만이 형상 없는 (마음) 소멸이라고 말해진다.

21. 사뜨와는 순수하며 마음의 성품 그 자체를 이룬다. (마음에 형태를 부여하는) 라자스와 따마스가 (적절한 수행에 의해) 소멸되면 '마음'이라는 용어의 정체성이 상실된다. 진인들은 그러한 상태에서, 구한 바 없이 다가오는 어떤 음식이나 먹고, 과거나 미래를 생각하지 않으며, 기쁘다고 환희하고 슬프다고 한탄하지 않고, 행위자 의식을 극복하여 무위자無爲者가 되어 마음의 상相들과 세 가지 상태를 주시할 것이므로, 해탈해 있으면서도 발현업을 통과할 수 있다. 거기에는 아무 모순이 없고, 이 점에 대해서는 어떤 의심도 가질 필요가 없다.

22. 활동의 전 기간 또한 평안의 상태라는 이야기를 듣고, 그대는 "행위는 변하는 마음이 있음을 의미하고, 그런 변화가 있을 때는 평안이 빠져나가는 것 아닌가?"라고 반론할지 모른다. (그러나) 진인의 상태는 집에서 자기 할 일을 하면서도 애인에 대한 사랑의 전율이 그치지 않는 처녀의 상태와 같다.

23. **제자**: 생전에 해탈하여 몸이 겪는 사건들을 초월하였고, 행위자 의식과 개인성 전체를 상실하고 브라만과 하나가 된 진인이 발현업의 경험자라고 한다면, 그는 행위자이기도 해야 합니다. 완전한 무위자에게 경험이 있을 수 있습니까? 모든 불행을 제거하시는 스승님! 부디 이 점을 밝혀 주십시오.
스승: 완전한 행위자(Maha-karta), 완전한 향유자(Maha-bhogi), 완전한 포기자(Maha-tyagi)로서 그들이 얼마나 위대한지를 들어 보라.

24. "자석산磁石山은 그 자신 움직이지 않고 사물들을 움직이게 하지도 않지만 쇳조각들이 그 산 쪽으로 스스로 움직이듯이, 나는 스스로 행위하지 않고 남들을 행위하게 하지도 않지만 온 세상 사람들이 내 앞에서 활동한다. 나는 마치 해처럼, 몸·감각기관 등의 모든 기능

과, 마음이 **브라만**에 합일된 데서 오는 **평안**의 상태에 대해서도 그에 관여하지 않는 주시자로 남아 있다." 이런 확고한 체험을 소유한 자가 완전한 행위자이다.

25. 자기 앞에 오는 것이면 맛이 있건 없건, 깨끗하건 깨끗하지 않건, 건강하건 건강하지 않건, 마치 자기 앞에 놓인 일체를 태워버리는 불길같이 (분별심 없이) 먹는 자가 **완전한** 향유자이다. 마음이 수정같이 맑고, 지나가는 국면들이 크든 작든 좋든 나쁘든, 그 자신의 것이든 남의 것이든, 그에 의해 영향 받지 않는 사람이 **완전한 포기자**이다. 해탈한 **진인**은 정확히 이 세 가지 덕(을 합친 것)의 모범이다.

26. **제자**: 만약 **진인**이 발현업에 따라 한 몸 안에 살면서 행위도 하고, 해탈을 원하는 다른 사람들을 만족시키기 위해 가르침도 베푼다면, 어떻게 그의 과업이 끝났다고 볼 수 있습니까? 저의 불행의 원인을 자비롭게 제거해 주신 **스승님**, 부디 이에 답변해 주십시오.

27. **스승**: 사람들이 몰두하는 것에 세 가지가 있다. '금생이나 내생의 삶에 속하는 것들'은 즐김에 대한 욕망(*bhogeccha*), 소유자 의식(*mamata*), 몸에 대한 집착을 가진 무지한 자들에게만 해당된다. 해탈을 열망하는 사람들만이 '진리를 배우는 일 등'(청문·성찰·일여내관)에 마음을 기울인다. 그러나 모든 면에서 완전한 사람이라면 (진아안주 외에) 무엇을 배우거나 그 비슷한 다른 행위를 하여 얻을 것이 무엇인가?

28. **제자**: 스승들 중의 정수리 보석이시여! 제 말씀을 들어 주십시오. 금생이나 내생의 삶의 기쁨들을 의도적으로 내버린 그런 분들만이 참된 지혜를 실천할 수 있다는 것은 맞습니다. 그런데 세간적 활동과 의식儀式 행위에서 돌아서서 해탈의 길을 밟는 사람들이 예전 방식으로 돌아갈 수도 있습니까? 마음이 확고해지려면 청문·성찰·명상이 필요하지 않습니까? 부디 참으로 말씀해 주십시오!

29. **스승**: 지혜로운 아들이여, 내 말을 들어 보라. 진리를 알지 못하는 사람들은 (경전과 스승들이 가르치는) 진리를 배워야 하고, 의심이 있는 사람들은 성찰을 해야 하며, 그릇된 앎에 사로잡혀 있는 사람들은 명상을 닦아야 한다. 그러나 참되면서도 허공 같은 존재-의식-완전함이 되어 버린 사람들에게 부족한 무엇이 있을 수 있는가?

30. **제자**: 스승님, 제 말씀을 들어 보십시오! 지혜로운 사람들도 무지한 사람들처럼 "나는 했다, 나는 보았다, 나는 먹었다, 나는 갔다"고 말할 수 있습니까? 그런 분들은 그릇된 앎에서 벗어나 있다고 하셨는데, 실재하는 브라만에 대한 깨달음이 그런 표현들을 용납할 수 있습니까? 이 점에 대해 부디 저를 깨우쳐 주십시오.

31. **스승**: 꿈에서 깨어나는 사람이 꿈속에서 자신이 경험한 것들을 이야기하듯이, 진아를 깨달은 진인은 무지인들의 언어를 쓰기는 해도 에고로서 속박되어 있지 않다. 불멸의 신이 되기 직전에 자신의 몸을 불길 속에 던지는 사람은, 그의 몸이 재가 될 때까지는 한 사람으로만 이야기된다. 마찬가지로, 에고가 없는 진인도 몸을 벗을 때까지는 남들처럼 활동하는 것으로 보인다.

32. **제자**: 그렇다면 스승님, 비록 대상들은 실재하지 않는다 해도 (그것들과 연관된) 활동들은 불행을 야기하지 않겠습니까? 대상들이 지知의 지복을 안겨줄 수 있습니까? 그 지복은 대상들이 없을 때만 느껴집니다. (그 지복을 얻으려면) 우리가 일념(삼매 상태)이 될 필요가 있지 않습니까? 그리고 만약 그 사람이 그것(삼매의 수행)을 닦는다면 그는 자신의 과업을 완수했다고 할 수 있습니까?

33. **스승**: 진아를 깨달은 아들이여! 발현업이 끝날 때 활동도 끝이 난다. 삼매三昧 수행이나 세간적 일은 마음의 활동 아닌가? 초월적 진아와 하나가 되었는데, 그것과 다른 어떤 것을 할 수 있겠는가? 만약 그가

삼매를 닦아야 한다면, 진아 안에 자리 잡고 있다고 말할 수 없다.

34. **제자**: 지고의 스승님! 그렇다면 진아 안에 자리 잡고 있어 더 이상 아무것도 할 일이 없는 사람들 중 어떤 분들은 왜 마음을 제어하는 명상을 닦습니까?

    스승: 생전에 해탈한 진인들은 그들의 발현업에 따라 여러 가지 방식으로 활동하는 것처럼 보이는 것이라고 이미 이야기했다.

35. 나의 훌륭한 자식이여, 내 말을 더 들어 보라. 진인의 활동은 오로지 세상 사람들을 향상시키기 위한 것이며, 그는 얻을 것도 없고 잃을 것도 없다. 세상 사람들을 위한 은총의 저장소일 뿐인 **전능자**는 창조계(세간적 존재들)의 선행과 악행 등에 영향 받지 않는다.

36. **제자**: 오 스승님, (초월적으로) 형상이 없으시고 이스와라로서 (우주적으로) 활동하시며, 인간 형상으로 (이 세상에) 나타나신 분이시여! 당신께서는 진인과 이스와라가 동일하다고 말씀하십니다. 어떻게 그럴 수 있습니까?

    스승: 그렇다. 이스와라와 진인은 동일하다. 왜냐하면 그들은 '나'와 '내 것'에서 벗어낫기 때문이다. 진인은 그 자신 이스와라이고, 개아들의 총합이며, 또한 우주이기도 하다.

37. **제자**: 주님, 만일 진인이 해탈하면 그가 곧 모든 개아라고 하신다면, 남들이 어떻게 속박되어 있을 수 있습니까? 만일 개아들이 다양하다고 하면 그는 모두일 수가 없습니다. 일체를 아시는 스승님! 이 질문에 대해 부디 자세히 답변해 주십시오.

38-39. **스승**: 모두의 안에서 '나-나'로서 빛을 발하는 진아는 완전하며 부분이 없다. 그러나 개아들은 에고 형상 안의 한계들만큼이나 다양하다. 세상 사람들을 즐겁게 하는 달이 오직 하나인 반면, 달이 반사된 모습은 연못·웅덩이·저수지·개천·물통과 물주전자의 개수만큼

이나 많다. 그 중의 하나가 소멸하면 그 모습은 더 이상 반사되지 않고 그것의 원물, 즉 달 속으로 다시 흡수된다. 다른 반사된 모습들은 그럴 수 없다. 그와 마찬가지로, 한계들이 소멸된 개아는 그것의 근원인 진아 속으로 흡수되지만, 다른 개아들은 그렇지 않다.

40. **제자**: 어떻게 한 진인이, 우주의 창조·보존·파괴의 신들인 **브라마·비슈누·시바**이기도 한 **이스와라**와 같을 수 있습니까? 그들은 남들의 생각을 점칠 수 있고 과거·현재·미래를 알 수 있으며, 모든 존재들에 내재할 수 있습니다. 엄청난 고행을 하신 **스승님**! 저는 **진인**에게서 이러한 성질들을 조금도 찾지 못하겠습니다.

41. **스승**: 한 저수지의 물과 강력한 빛은 한 마을 전체를 돕는 반면, 한 항아리의 물과 하나의 등불은 한 가정의 가족들만 도울 수 있다. 현자와 어울리는 아들이여! **이스와라**와 **진인**은 그들의 지(知3))에 있어서 다르지 않지만, **마야**의 한계들과 관련해서 더 낫고 못하다고 이야기되는 것이다.

42. 인간들 중의 왕들과 **싯다**들(siddhas)4)처럼, **나라야나**(비슈누) 같은 신들은 이전에 한 비상한 고행 덕분에 아니마 등 몇 가지 초능력(싯디)5)을 가지고 있다. 인간들은 이런 능력을 보유하지 않아 더 못한 것처럼 보이지만, 브라만의 관점에서는 그들 사이에 조금도 차이가 없다.

---

3) 지혜, 곧 "나는 브라만이다"라는 깨달음.
4) 과거와 미래의 것이거나, 멀리 있거나 숨겨져 있는 모든 것에 대한 지식을 획득한 달인들은 남들의 생각을 읽거나 코끼리 같은 힘, 사자 같은 용맹함, 바람 같은 날램을 얻을 수도 있고, 허공을 날거나 물 위에 뜨거나 땅 속으로 들어갈 수도 있으며, 일순간에 11개의 세계를 명상하는가 하면, 다른 특이한 능력들도 발휘할 수도 있다.
5) 초능력에는 다음의 8가지가 있다. 1. 아니마(anima): 원자처럼 작아지는 것. 2. 마히마(mahima): 엄청난 크기로 커지는 것. 3. 라기마(laghima): 신체상승(예컨대, 햇빛을 따라 해의 궤도까지 올라가는 것), 4. 쁘라까미야(prakamya): 신체기관을 무한정 연장하는 능력(예컨대 손가락 끝으로 달을 만지는 것. 5. 가리마(garima): 저항할 수 없는 의지(예컨대, 물속으로 들어가는 것만큼이나 쉽게 땅속으로 들어가는 것). 6. 이시뜨와(isitva): 유정有情·무정無情의 모든 존재들을 지배하는 것. 7. 바시뜨와(vasitva): 자연의 경로를 바꾸는 능력. 8. 쁘랍띠(prapti): 원하는 모든 것을 성취하는 능력.

43. 제자: 저를 해탈시켜 주신 **스승님!** 아니마와 같은 그런 초능력을 소유한 많은 진인들이 세상에 존재하기는 했지만, 당신께서는 이러한 능력들이 **이스와라** 자신의 것이라고 말씀하십니다. 부디 그 문제를 저에게 분명하게 설명해 주십시오.

스승: 그 능력들은 **영광스러운 전능한 존재**에 대한 그들의 헌신, 그들의 고행6)과 요가 수행의 결실이라는 것을 알라.

44. 제자: 제 스승님의 형상을 하신 **시바시여!** 만약 이런 능력들과 해탈이 공히 **따빠스**(*tapas*)의 결실이라면, 모든 **진인**이 예전의 **진인**들처럼 그 두 가지를 구비하고 있어야 할 것입니다. 우리는 예전 진인들이 그런 싯디들을 가지고 있었고 동시에 해탈했다는 것을 압니다. 왜 (지금은) 모든 **진인**이 그런 능력까지 가지고 있지는 않은 것입니까?

45. 스승: 구함(*kamya*-무엇을 얻으려는 욕망)이 있는 따빠스와 구함이 없는 따빠스 중에서, 전자는 얻고자 한 능력을 안겨주고, 후자는 지혜를 안겨준다. 그래서 각기 그에 해당되는 결실만 산출할 수 있고, 그것이 법칙이다. 예전 진인들은 분명 두 가지 따빠스를 다 닦았던 것이다.

46. 죄 없는 아들아! 자나까 · 마하발리(Mahabali) · 바기라타(Bhagirata) 등의 사람들은 해탈만 얻었다. 그들이 무슨 싯디를 과시했던가? (아니다.) 어떤 현자들은 싯디만 구했고, 또 어떤 사람들은 싯디와 해탈 둘 다를 구했다. 이런 싯디들은 보여주기 위한 것일 뿐 그 이상 아무것도 아니며, 그런 능력이 해탈을 대신해 주지는 않는다.

47. 제자: 해탈의 결과가 합일의 지知(*Yoga-jnana*)[개인적 자아와 보편적 진아의 동일성을 깨닫는 것]일 뿐이라면, 어떻게 지금 여기에서(살아생전에) 해탈한 진인들 중 어떤 분들7)은 싯디를 얻기 위해 노력했습니까?

---

6) 단식, 기도, 의식儀式 등.
7) 예컨대 (『요가 바시슈타』에 나오는) 쭈달라(Chudala)가 그러하다.

스승: 발현업은 (고통이나 쾌락으로) 경험되는 그 열매를 안겨준 뒤에야 소진된다. 따라서 해탈한 진인들이 얻은 싯디는 발현업의 결과일 뿐이라고 간주해야 한다.

48-49. 제자: 성스러운 경전과 추론에 의거해 저의 모든 질문에 너무나 자비롭게 답변해 주시어 제 마음이 흔들림 없이 머무르게 해주신 스승님, 저는 지금 마음의 미혹8)에서 벗어나 순수하고 맑은 상태에 있습니다. 이미 맑은 거울을 조금 더 깨끗이 한다고 해서 분명 해로울 것은 없습니다.9)

저의 불행을 없애주신 스승님! 당신의 말씀은 감로甘露와 같아서 물리지 않습니다. 경전들이 절대적으로 참되지 않은 이야기를 할 수도 있습니까? 자비로우신 스승님, "누구의 업業이든 그것은 그 열매를 맺은 뒤에야 소멸된다"는 말과 "순수한 지혜의 불은 나중에 열매를 맺으려고 대기하고 있는 업業을 태워 버린다"는 말을 어떻게 조화시킬 수 있습니까?

50. 스승: 아들이여, 개아들(jivas)은 (그 수효·역량·종류에서) 무한하며 그들의 행위도 마찬가지로 무한하다. 자비로운 베다는 (그것을 구성하는) 세 편篇10)에서 구도자들의 성향에 따라, 예비적 견해를 앞세우고 궁극적 결론(siddhanta)이 뒤따르게 한다. 마치 꽃이 있고 난 다음에 열매가 있듯이.

51. 지옥에서 고통 받아야 하는 죄인들도 신심 있는 시주물이나 만트라, 고행, 희생제(yajna) 기타 수단에 의해 구원될 수 있다는 것은 사실

---

8) 미혹에는 다음의 다섯 가지가 있다. 1. 세계가 실재한다는 생각. 2. 내가 몸이라는 생각. 3. 내가 행위자이고 향유자라는 생각. 4. 나는 전능자(신)와 별개라는 생각. 5. 순수 의식은 '나'가 아니라 시바라는 생각.
9) 여기서는 옛날의 금속제 거울을 의미한다.
10) '행위(Karma)', '수행(Upasana)', '지知(Jnana)'의 세 편.

아닌가? 지知의 불은 결과를 산출하려고 대기하고 있는 모든 업業을 태워 버린다는 베다의 말을 믿는 사람은 해탈을 성취한다.

52. **제자:** 제 심장의 거소居所에 늘 안주하시는 사랑하는 스승님! 참된 지혜는 다생에 축적된 업業을 뿌리 뽑고 그 사람을 해탈시킬 수 있는데, 왜 가장 뛰어난 사람조차도 그 지혜로써 이익을 얻지 못하고 업業의 쳇바퀴에 떨어져서 죽습니까? 부디 설명해 주십시오!

53. **스승:** 아들이여! 마음이 안으로 향해 있는 사람들은 영원한 그것을 깨닫게 될 것이다. 정신을 다른 데 팔며 걷는 사람이 눈을 뜬 채로 도랑에 빠지듯이, 마음이 밖으로 나가는 사람들은 자신의 욕망을 충족하려고 애쓰다가 끝날 날 없는 윤회의 비참한 바다에 빠져 해탈을 얻지 못한다.

54. **제자:** 선한 행위와 악한 행위는 이스와라에 의해 작동되지 않습니까? 그들 자신이 그의 피조물인 개아들이 무엇을 할 수 있습니까? 어떻게 그들을 탓할 수 있겠습니까, 거룩하신 스승님?

    스승: 그런 것은 경전의 분명한 의미에 무지한 어리석은 사람들이나 할 수 있는 환幻의 말이다. 아들이여, 내 말을 들어 보라!

55. 전능자 하느님의 창조물들과 개아는 다르다. 전능자의 창조계는 우주적이고, 움직이거나 움직이지 않는 모든 것들로 이루어져 있다. 집착·정념·욕망 등으로 이루어진 비천한 개아의 창조물은 에고에 속하지, 확실히 전능자의 것이 아니다.

56. 세 가지 측면11)으로 기능하는 전능자이신 하느님의 창조물들은 해탈을 얻기 위한 수단이 될 수 있는 반면, 개아의 창조물들은 그들에게 계속 환생을 겪게 하는 질병들이다. 설사 창조계가 끝이 난다 해도

---

11) 창조자, 유지자, 파괴자로서의 하느님.

탄생의 운명은 누구에게도 끝나지 않으며, 자신의 정념 등을 포기할 때에만 그것이 끝이 난다.

57. 하느님의 창조계가 해체될 때 환생에서 벗어난 자가 누가 있는가? (아무도 없다.) 시간·공간·몸들이 지속됨에도 불구하고, 많은 사람들이 개인적 창조물이라는 환幻을 소멸하고 지知를 얻음으로써 이승에서도 해탈했다. 따라서 속박과 환幻은 분명히 그 개아 자신이 만든 것이지, 하느님이 만든 것이 아니다.

58. 아스와따(Asvattha)라는 나무가 있는데, 새 두 마리가 거기에 살고 있다. 그 중 한 마리는 욕망에 가득 차서 그 나무의 열매를 즐겨 먹으면서 "맛있다, 맛있다"고 말한다. 아주 고상한 다른 한 마리는 그것을 먹지 않는다. 베다에서 개아와 이스와라를 설명하기 위해 들려주는 이 우화12)를 이해하라.

59. 자신들이 짓는 여섯 가지 악惡13)을 무지로 인해 신의 탓으로 돌리는 저 바보들은 재난을 향해 가지만, 그 악이 신이 만든 것이 아니라 자기 자신이 짓는 것이라고 인식하는 현명한 이들은 해탈을 얻는다.

60. 제자: 지복의 화신이신 스승님! 공평한 신이 어째서 몇몇 사람은 진보시키고 그 나머지 사람들은 타락시킵니까?

스승: 그는 올바른 길을 가는 아들들은 격려하고 그릇된 길을 가는 아들들에게는 눈살을 찌푸리는 아버지와 같다. 잘못하는 이들을 벌주어 그들이 올바른 사람이 되게 하는 것은 자비임을 알라.

---

12) 이 우화는 『만두끼야 우파니샤드』에 나온다. 몸은 쓰러질 수 있는 것이므로 나무에 비유된다. 성스러운 브라만 안에서 그것의 뿌리는 높고, 생기 등을 나타내는 가지들은 낮다. 그것의 지속 시간은 분명하게 확인되지 않는데, 그래서 '의지할 수 없는(Asvattha)' 성스러운 무화과나무라고 불린다. 그것은 무지와 동시에 존재하며, 따라서 기한 미정이다. 개아들은 자신의 업의 결과를 경험하기 위해 이 몸을 필요로 한다. 그래서 그것을 처소(kshetra)라고도 한다. 이 처소에 두 마리 새, 즉 에고와 보편적 진아가 살고 있다. 전자는 경험자이고 후자는 무관심한 주시자이다.

13) 즉, 욕망(kama)·분노(krodha)·탐욕(lobha)·망상(moha)·자만(mada)·시기(matsarya).

61. 세간적 삶의 족쇄가 부서진 아들이여! (천상의) 소원성취수所願成就樹 (kalpakavriksha)와 불과 물은 그것을 찾는 이들의 바람을 성취시켜 주고, 따뜻하게 해주고, 갈증을 해소해 줌으로써 그들을 보호한다. 마찬가지로 이스와라는 그의 헌신자들에게는 친절하고 남들에게는 그렇지 않으니, 잘 생각해보고 그것이 누구의 잘못인지 판단해 보라.

62. 아들이여! 여기에 핵심이 있으니, 경전에서 신이 보여준 해탈에의 길에서 꾸준히 나아가고, 진인들을 따르고 자신의 나쁜 습習을 포기하며, 실재와 비실재를 구분하고, 무지에서 생겨난 환幻을 배척하여 (진아를 깨닫고) 지知를 얻는 사람에게는 환생이 끝날 거라는 것이다. 이것이 진리이다.

63. 이 지知는 진아에 대한 부단한 탐구 수행을 오래 하면 얻을 수 있다.

제자: 이 탐구란 어떤 것입니까?

스승: 탐구란 이런 물음들에 대해 성찰하는 것이다. 즉, "마음 등을 포함하는 몸 안의 이 '나'는 누구인가? 지각력(chit)은 무엇이고, 지각력 없는 것(jada)은 무엇인가? 속박이라고 불리는 그 둘의 결합은 무엇인가? 어떤 것이 해탈인가?"라고 묻는 것이다.

64. 제자: 과거생의 모든 공덕 행위가 누적된 효과가 우리에게 지知를 안겨줄 것입니다. 진아를 탐구해야 할 필요가 어디 있습니까?

스승: 내 말을 들어 보라! 신에게 바친 사심 없는 행위들은 불순수한 요소들을 멀리하고 마음을 순수하게 하는 데 도움이 된다. 이렇게 순수해진 마음은 진아를 탐구하기 시작하여 지知를 획득한다.

65. 제자: 헌신(bhakti)과 무욕, 내세의 행복, 싯디, 고행의 감내, 요가의 성공, 명상 그리고 신의 형상(에 대한 친견)을 얻게 해주는 의식儀式 기타 강력한 행위들이 환幻을 제거하는 올바른 지知를 안겨줄 수도 있지 않습니까? 탐구까지 해야 할 필요가 어디 있습니까, 스승님?

66. **스승**: 만약 그대가 가장 행렬을 하고 있는 사람들이 누구인지 알고 싶다면, 지금 숨겨져 있는 그들의 성격·습관·기질을 찾아내기 시작한다. 반면에 그대가 뛰어다니고, 뜀을 뛰고, 공중제비를 넘고, 기둥을 타오르고, 춤을 추고, 소란을 피운다면, 그것은 그들을 알아내는 데 도움이 되지 않을 것이다.

67. 마찬가지로, 탐구를 통해서만 베다에서 말하는 **지**知에 이를 수 있다. 베다는 브라만을 간접적으로만 가리켜 보일 뿐이다. **진아지**知는 베다를 공부하고, 배고픈 자들을 먹이고, 고행을 하고, 만트라를 염하고, 의로운 행위를 하고, 희생제를 올리는 것 등으로는 얻을 수 없다.

68. **제자**: 빛나는 거울 위의 때는 닦아내야 없어집니다.14) **지**知만을 얻어서 그것을 때가 없게 할 수 있었던 사람이 누가 있습니까? 마찬가지로, 무지의 때는 행위(*karma*)로써 제거해야 합니다. **지**知는 심적인 것일 뿐인데, 어떻게 그 때가 **지**知에 의해 없어지겠습니까? 수정같이 맑은 지혜를 가지신 스승님!"

69. **스승**: 거울에 낀 녹청은 물질적인 것이고 거울에 자연히 붙는 것이다. 그러나 수정에는 검은 것이 본래 없고, 검은 것이 있다면 그것은 그 위에 덧씌워진 것일 뿐이다. 거울에 붙은 때를 없애려면 벗겨내는 작업이 당연히 필요하지만, 수정 위의 검은 것이 덧씌움이라는 것을 아는 데는 마음만으로도 족하다.15)

70. 여기서도 존재-의식-지복 위에 덧씌워진 비존재(*sunya*-空)·무지각·불행은 모두 **마야**(의 유희)에 의한 것인데, 그것들은 본래적이지 않고 실재하지도 않는다. 수치스러운 무지는 소멸될 수 있는 것인데도, 그런 온갖 행위들은 무지와 충돌하지 않고 오히려 무지를 배양한다.

---

14) 여기서 거울은 금속 거울이고, 때는 녹청이다.
15) 뒷면에 검은 박箔을 붙인 맑은 수정에서 비치는 검은색을 무지에 비유한 것이다.

드높은 진지(*Jnana*)[깨달음]야말로 행위와 무지를 태워버리는 불이다.

71. 자기 물건을 집 안의 어디에 두었는지 잊어버린 사람이 (그것을 찾지는 않고) 백 년을 운다고 해서 그것을 찾겠는가? 그러나 그 문제를 생각하면서 탐색하기만 하면 결국 찾아낼 것이다. 진아는 모든 불행의 근본 원인인 망각[무지]을 소멸하는 지知에 의해 직접 깨달아지며, 힘든 일을 몇 유가(*yugas*)에 걸쳐 한다고 해서 깨달아지는 것이 아니다.

72. 제자: 스승님! 지知가 지고의 지복에 이르는 유일한 수단이라고 하는 베다가, 왜 행위편篇(*Karmakhanda*)에서 행위를 덕과 죄, 그리고 그 둘의 혼합으로 분류하여 그 행위자가 천인·동물[짐승·새·나무·곤충 등]·인간으로 각기 환생한다고 하며, 나아가 인간들의 서로 다른 계급과 서열들에 따른 특수한 임무들을 규정하여 그것을 제대로 완수하면 행복을 얻는다고 합니까?

73. 스승: 흙을 먹고 병이 난 아이를 자애로운 엄마가 구슬려서 약이 든 맛난 과자를 먹이듯이, 베다에서 '가정적 임무들을 수행하라, 희생제를 지내라. 모두 좋은 것이다!'라고 찬양하는 것은 다른 어떤 의미가 있다. 천상락天上樂을 구하는 사람들은 그것을 이해할 수 없다.

74. 보아라, 쾌락을 추구하는 자가 그들이 먹고 싶은 것을 먹고, 그들이 껴안을 수 있는 사람을 껴안는 것은 당연한 일일 뿐이다. 모두가 당연히 하는 것을 경전이 굳이 하라고 하겠는가? 그들이 그 정도도 모른단 말인가? 누구도 "까마귀야, 검어라! 불아, 타거라! 님(neem) 잎들아, 써라[苦]! 지나가는 바람아, 불어라!" 하고 명령할 필요가 없다.

75. 베다에서 "발효된 음료(술)와 고기를 먹고 싶으면 제사를 지내고 먹어라, 성적인 충동을 느끼면 아내를 껴안아라"고 말할 때는, 그 사람에게 다른 방법으로 욕망을 충족하지는 말라는 것이다. 베다는 (궁극적으로) 완전한 포기만을 목표로 한다.

제자: 그렇다면, 애당초 왜 그런 계명誡命이 있어야 했습니까?

스승: 그것은 준비적인 것일 뿐 최종적인 것(siddhanta)이 아니다.

76. "발효된 음료를 마셔라, 고기를 먹어라"고 충고하는 베다가 나중에는 "(먹지 말고) 그 냄새를 맡아라"고 말한다는 것을 유념하라. "성교는 아이를 갖기 위해 하라"는 계명도 있고, 또한 "이것[희생제·결혼·부富·기타 소유물]도 포기하라"(는 계명)도 있다는 것을 유념하라. 나아가 완전한 포기는 산야신(sanyasin)이나 브라마짜리(brahmachari)에게 오점이 아니라는 것을 유념하라. 그 전체 의도를 이해하고 행위에 대한 어떤 욕망도 포기하라. 그러면 지복을 얻을 것이다.

77. 제자: 세계를 탄생시키는 무지를 행위들이 도와줄 뿐이라 하더라도, 이러한 다양성을 낳는 무지를 지知가 소멸한다면, 그런 무지가 어떻게 마치 달 속의 검은 점처럼, 흠 없는 지知와 공존하면서 이러한 창조계에 영향을 줄 수 있습니까, 스승님?

78. 스승: 스스로 빛나는 지知[의식]에는 **스와루빠 지知**(Svarupa jnana)[16]와 **상지**相知(Vritti jnana)[17]의 두 가지가 있으니, **스와루빠 지知**가 상相의 지知로 나타나는 것일 뿐이고, 따라서 그것들은 서로를 배제하지 않는다. 스와루빠 지知는 깊은 잠 속의 무지를 소멸시키지 않으며, 스와루빠 지知와 결합되어 있는 무지를 **상지**相知가 태워 없앤다는 것은 그대가 알고 있다.

79. 제자: 풀무처럼 늘어났다 줄어들었다 하는 **마야**가 어떻게 **스와루빠 지知**에 의해 영향을 받지 않고 남아 있다가, **상지**相知에 의해 불타버릴 수 있습니까?

---

16) 일체에 편재해 있는 정적인 의식.
17) 특정한 대상을 겨냥한, 혹은 특수화된 지知 혹은 의식. 스와루빠 지知와 상지相知는 연료 속의 잠재적 에너지와 그것을 재로 만드는 타오르는 불, 혹은 전선 속을 흐르는 전류와 전구의 필라멘트에서 빛으로 나타나는 전류에 비유될 수 있다.

스승: 온 세상을 비추며 세상을 유지하는 해가, 어떻게 렌즈 아래서는 불이 되어 사물을 태우는지를 보라. 마찬가지로 삼매 속에서는 **상지**相知가 무지를 태워버릴 수 있다.

80. **제자**: 행위는 마음·말·몸의 모든 상相을 포함하지 않습니까? 상지相知는 내적 기능(마음)의 한 작용 아닙니까? 그렇다면 우리는 행위[마음의 특별한 한 가지 상相]가 무지를 소멸한다고 말해야 하지 않습니까? 왜 그것에 **지**知라는 번듯한 이름을 붙여 구분해야 합니까? 부디 이것을 설명해 주십시오.

81. **스승**: 상지相知가 마음의 한 상相인 것은 사실이다. 그러나 우리는 같은 어머니의 아들들끼리도 서로 싸우는 것을 보아왔다. 행위는 행위자에게 속하는 반면(*purusha tantra*), 탐구에서 나온 **지**知는 그 개인에게 속하지 않고 **사물 그 자체**에 속한다(*Vastu tantra*).

82. (경전에) 그런 계명들은 행할 수도 있고, 하지 않을 수도 있고, 다르게 할 수도 있지만,18) 위없는 **지**知는 그럴 수가 없다. ("나는 **브라만**이다"와 같은) 명상은 확실히 탐구에 의해 얻는 **지**知와 다르다. 어떤 것을 다른 어떤 것으로 상상하는 것은 강제된 **요가**(명상)이다.19) 직접지[체험으로 얻은 지知]만이 참될 수 있다. 환적인 관념들에 속지 말라.

83. 직접 체험의 결과가 **지**知인 반면, 들은 것에 대한 마음의 관상觀想에 불과한 것이 **요가**(명상)이다. 남들에게서 듣는 것은 기억에서 지워지겠지만, 체험되는 것은 지워지지 않는다. 따라서 체험되는 것만이 실재하고, 명상하는 대상들은 그렇지 않다. 보는 즉시 무지를 소멸하는

---

18) 형상 없는 **브라만**에 대한 명상(*nirguna Brahma dhyana*)조차도 규정된 대로 할 수도 있고, 생략할 수도 있고, 그 사람이 하고 싶은 대로 할 수도 있다. 그것은 지知가 **사물 그 자체**에 고유한 것만큼 그 사람에게 고유하지 않다.

19) 명상에는 여러 종류가 있다. 그 중 하나에서 샬리그람(*Saligram*-검은색의 암모나이트 화석)은 네 팔에 각기 소라고둥·원반·곤봉·연꽃을 든 **비슈누**를 마음에 떠올리기 위한 것이다. 이런 명상은 강제적인 것이지만 **효과**는 있다.

것은 지知이지 행위가 아니라는 것을 알라.

84. 실재하지 않는 명상이 실재하는 최종적 해탈을 안겨줄 수 있다는 것을 의심하지 말라. 내 말을 들어 보라! 명상을 할 때 남에게서 듣고 명상하는 그 상像은 실재하지 않지만, 그것이 실제로 나타나 눈앞에서 그것을 마주하게 되면 그것은 실재하는 것이 된다.[20]

85. 실재하지 않는 명상이 어떻게 실재하고 영원한 해탈에 이르게 하느냐고 묻는다면, 이렇게 말하겠다. 각자는 그가 전생에 마지막으로 한 생각에 따라서 다시 태어난다.[21] 사람들은 그들이 명상하는 형상으로 태어나지만, 어떤 환생도 없도록 하기 위하여 진아(swarupa)에 대해 명상하면 그 사람은 진아가 된다. 이것은 틀림없고 확실하다.

86. **제자:** 만약 속성 없는[초월적인] 브라만에 대해 명상하는 사람들이 그것이 된다면, 인간의 형상을 하신 스승님, 탐구를 하거나 지知를 얻을 필요가 어디 있습니까?

    스승: 브라만에 대한 명상은 들은 말에 기초한다. 그러나 때가 되면 그것이 하나의 체험적 사실이 된다. 이러한 체험을 영구적 탐구, (무지를 소멸하는) 지知 혹은 해탈이라고 한다. 이것이 최종 결론이다.

87. **제자:** (무지가 소멸된) 완전한 실재(paripurna)의 참된 성품 안에 상지相知가 남아 있다면, 끊임없는 존재의 체험(akhanda anubhava siddhi)이 어떻게 있을 수 있습니까?

    스승: 정화 열매(cleaning-nut)[22] 가루가 물속에서 불순물을 씻어내어 그 불순물과 함께 가라앉듯이, 상지相知도 무지를 소멸하면서 그것과

---

20) 내관 단계의 "나는 브라만이다"는 실재하지 않지만, 그에 따라 얻는 "나는 브라만이다"라는 체험은 실재적이라는 이야기이다.
21) 『바가바드 기타』, 제8장을 보라.
22) 니르말리 나무(Strychnos potatorum)의 열매.
    T. 이것을 갈아서 탁한 물에 넣으면 물속의 불순물들과 결합하여 밑으로 가라앉는다(52쪽 각주 참조).

함께 사멸한다.

88. 제자: 그러면 지금 여기서 해탈해 있는 현자의 성품은 무엇입니까?

스승: 그들은 생각에서 벗어나 있고, 따라서 온 세상 사람들이 인정하는 군주처럼, 혹은 어린아이처럼 행복하게 살아간다. 속박과 해탈의 관념이 완전히 사라지므로, 그런 것을 이야기하는 사람이 있으면 그들은 웃어버릴 뿐이다. 모기가 허공을 삼켰다 토해냈다고 말하는 사람이 있다면 비웃음을 사지 않겠는가?

89. 석녀의 아들과 기둥 사람23)이, 허공에서 따온 꽃을 두르고, 자개의 은銀24) 가격을 놓고, 건달바성乾闥婆城25)에서 토끼의 뿔로 무장한 채 싸워 서로를 찌르고 함께 죽어서 유령이 되었다고 하자. 양식 있는 어떤 사람도 이런 이야기를 듣고 흥분하지 않을 것이다.26)

90. 마야 그 자체가 실재하지 않기 때문에 그것의 모든 창조물도 마찬가지로 실재하지 않음이 분명하다. 자손이 그 어미와 다른 종種일 수 있겠는가? 그러니 천국과 지옥, 선과 악에 상관 말고 순수한 존재-의식-지복-완전(Sat-Chit-Ananda-Purna)인 진아(swarupa)로 머물러 있으라.

91. 제자: 스승님, 부디 말씀해 주십시오. 연꽃에 앉으신 **창조주**와 기타 신들, 세상의 위대한 분들, 갠지스 같은 성스러운 강들, 순례지들, 성스러운 축제일들, 베다와 (여섯 가지) 부속서27), 만트라와 고행이 실

---

23) 어둑어둑할 때 굵은 기둥을 사람으로 착각한 경우. 여기서는 그런 환적인 사람을 뜻한다. 이와 비슷한 이야기로, 『요가 바시슈타』에서는 거울에 비친 사람의 모습을 이야기한다.
24) 자개의 흰빛 나는 부분을 은으로 착각한 경우. 여기서는 그 상상된 은을 의미한다.
25) 건달바(Gandharvas)는 천인의 한 부류이다. 석양에는 구름이 황홀한 빛깔로 빛나는데, 그런 밝은 구름들에 대한 특이한 기분 속에서는 이따금 그것이 즐거운 건달바들의 명랑한 도시라는 상상이 일어날 수도 있다.
26) 이 이야기는 존재하지 않는 사람들로 시작하여 상상에 몰두한다. 진인에게는 세계와 그 활동들도, 이 이야기가 무지인에게 그러한 것만큼이나 실재하지 않는다.
27) 찬다스(chandas-운율학), 깔빠(kalpa-의례학), 죠띠샤(jyotisha-천문학) 등이다.
 T. 베다에 포함되어 있는 6가지 보조적 문헌을 Vedanga라고 한다. 위 세 가지 외에 비야까라나(vyakarana-문법학), 니룩따(nirukta-어원학), 쉭샤(shiksha-음성학)가 있다.

재하지 않는다고 하는 것은 불경죄 아닙니까?"

92. **스승:** 만약 꿈속의 장면들을 거짓이라고 하는 것이 불경不敬이라면, 그 존재성을 환幻에서 가져오는 세계를 부정하는 것도 불경이 될 것이다. 반면에 꿈속의 장면들을 부정하는 것이 옳다면, 환幻에서 나오는 세계를 부정하는 것도 당연히 옳다.

93. 뿌라나(Puranas)에서도 거짓된 것을 참되다고 보는 무지한 사람을 덕 있는 사람으로 간주한다면, **진인이** 진리를 진리라고 말한다고 해서 어떤 경전이 그를 비난하겠는가? 원소들과 갖가지 이름과 형상을 가진 그것들의 변상變相들로 나타나는 **마야는** 거짓된 것이다. 존재-의식-지복으로 일체에 편재해 있는 **진아만이** 진리이다.

94. **제자:** 1) **마야는** 어떤 성품을 가지고 있습니까?

2) 누가 그것의 손아귀에 잡혀 있습니까?

3) **마야는** 어떻게 생겨났습니까?

4) 그것이 왜 일어났습니까?

5) **마야가** 브라만과 별개라면, 그 자체가 이원성을 피할 수 없습니다.

6) **마야가** 브라만과 별개가 아니라면, 그 자체가 거짓입니다.

마야의 구름들을 흩어버리는 바람이신 스승님!

95. **스승:** 1) 그것의 본질을 확정할 수 없기 때문에, 마야는 표현 불가능하다고(anirvachanya) 말해진다.

2) "이것은 내 것이다, 나는 몸이다, 세계는 실재한다"고 생각하는 사람들이 그것의 손아귀에 잡혀 있다.

3) 이 불가사의한 환幻이 어떻게 생겨났는지는 아무도 확인해 볼 수 없다.

4) 그것이 왜 일어났느냐 하면, 그것은 (그 사람이) 탐구(vichara)를 하지 않았기 때문이다.

96. 5)와 6) 요술가의 감춰진 능력들은 요술 공연 중에 갖가지 환적인 존재들이 나타나기 전까지는 알 수 없다. 마찬가지로, **브라만의 힘들**(Brahma-sakti)은 알려지지 않고 있고, 원소들이 현현한 뒤에야 그것이 추론된다.

97. 대지를 딛고 서 있는 요술가와 (그가 만들어낸) 온갖 것들은 구경꾼들의 눈에 보이지만, 요술을 부리는 그의 놀라운 재능은 불가사의한 것으로 남아 있다. 마찬가지로, 환幻의 작품[세계]과 환幻을 부리는 자[브라만]는 눈에 보이지만, 환幻의 힘은 눈에 보이지 않는다. **전능자 브라만**에게는 세계의 힘과는 별개의 많은 힘들이 있다.

98. 힘(sakti)은 그 힘을 부리는 자(sakta)와 별개가 아니다. 마법을 부리는 자는 실재하지만 (마법의) 환영幻影들은 실재하지 않는다. 지혜로운 아들이여, 힘을 부리는 자이면서 동시에 **전체**(Purna)로서 그리고 **진아**(Atma)로서 남아 있는 **실재**의 참된 성품을 이런 비유에서 확인할 수 있을 것이다. 이와 같이 (그대의 의심을) 해소하라.

99. **제자:** 실재하지 않는 그 힘을 왜 존재한다고 해야 합니까?

    스승: 지각력이 없는 것처럼 보이는 화초 등이 꽃을 피우고 열매를 맺는 것을 보라. 훌륭한 성품의 아들이여! 그것들 모두에 두루 존재하는 **의식의 힘**(Chit-sakti)이 없다면, 움직이거나 움직이지 않는 모든 존재들이 그들의 본래 성품(svabhava)을 잃어버릴 것이다.

100. 알 속의 배胚들이 자라나 다채로운 색깔의 새들이 되는 경이로움을 보라! 어떤 보이지 않는 힘의 지배 없이는 모든 것[자연 법칙들]이 왕 없는 왕국처럼 소멸되고 말 것이다. 불은 물이 되고, 쓴 것은 단맛이 나며, 타락한 자들마저 베다를 암송하게 될 것이고, 움직이지 않는 산맥들이 공중의 구름처럼 떠다니고, 모든 바다가 사막이 되며, 어디에도 고정된 것이 없을 것이다.

101. 제자: 누구도 보거나 알거나 말로써 표현할 수 없는, 다양한 이름과 형상들의 근본 원인인 이 의식의 힘[마야]을 어떻게 뿌리 뽑을 수 있습니까? 아니면 어떻게 브라만을 비이원적 실재로 명상하여 해탈을 얻을 수 있습니까, **초월적 실재**(Parama-Sat)이신 스승님?

102. 스승: 공기·물·불의 잘 알려진 성질들이 부적이나 주문에 의해 억제되면 그것은 어떻게 되는가? 그대가 다른 생각에서 벗어나 **존재-의식-지복**(Sat-Chit-Ananda)으로 머무르면 마야는 소멸된다. 베다의 전 범위를 뒤져도 다른 어떤 방도도 발견할 수 없다.

103. 흙 안에 드러나지 않고 있던 것이 (항아리로서) 현출된다. 삶의 실제적 효용상, 그 단어가 흙을 항아리로 만들면서 흙을 소멸시킨다. 이름과 형상을 버리고 점토를 인식하는 것이 참된 앎이다. 마찬가지로, 개아들이 서로 별개라는 상상의 관념들을 버리고 **순수한 의식**(Chinmaya)으로서의 **진아**를 깨달으라.

104. 제자: 비록 거짓이라 해도, 존재-의식-지복의 충만함 안에서 집요하게 나타나 보이는 비존재-무지각-불행을 어떻게 없애버릴 수 있습니까?

스승: 물에 비치는 영상影像은 거꾸로 보이고 (물결에) 떨리는 모습이지만, 땅 위에 똑바로 안정되게 서 있는 (원물의) 형상을 생각하면 (물 위의) 그 하찮은 이미지는 실재하지 않는 것일 뿐이다.

105. 지知가 원인이고 대상들은 결과인데, 이름과 형상이라는 유령들이 어떻게 생겨났고 어떻게 사라질 것인가를 논하는 것은 아무 쓸데없다. 훌륭한 아들이여! 이 오랜 꿈[세계]이 어떻게 생겨났고, 어떻게 거두어들여지는지 상관하지 말고, 일체를 포괄하는 **의식-진아**로서 충만한[자각하는] 상태에 머물러 있기만 하라.

106. 비실재에 대한 집착에서 돌아서는 정도만큼 실재에 대한 내적인 시

각은 더 계발된다. 이런 수행을 꾸준히 해 나가면 마음이 제어되고 의식-진아로서 (자신을) 자각하게 되어, 비록 그 쓰라린 몸뚱이 안에 살고 있다고 해도 지복의 바다로서 안주할 수 있게 된다.

107. **제자:** 모든 존재들에게는 일체를 포괄하는 비이원적 진아가 존재-의식-지복으로서 두루 편재한다는 말이 적절한 것인지 모르겠습니다. 개아들이 존재한다는 것은 그들이 모두 '나'라고 말하는 것으로 보아 분명하고, 의식이 존재한다는 것도 우리의 앎이 자명하기 때문에 분명한데, 왜 지복은 그런 식으로 드러나지 않습니까, 스승님?

108. **스승:** 같은 꽃에 모양과 향기와 부드러움이 함께 존재하지만 그 각각은 별개의 감각기관에 의해 인식된다. 그렇지 않으면 그것들이 지각되지 않으며, 그것이 자연법칙이다. 마찬가지로, 존재-의식-지복이 함께 진아에서 나오기는 하나 그 상相들(vrittis)은 부단히 변하고, 세계로 나타나는 데 차별상差別相이 있는 것이다, 아들이여.

109. 사뜨 · 라자스 · 따마스의 세 가지 성질은 각기 안식 · 동요 · 무지라는 세 가지 상相을 낳는다. 그 자체 찬란한 존재-의식-지복은 항상 동질적 전체로 남아 있는데도 서로 다른 것으로 보인다. 우리가 말하는 상相의 구분은 스와루빠 지知(의식인 실재)와는 별개일 뿐이다.

110. 지각력이 없고 둔한 식물 · 광물 · 흙의 경우에는 순수한 존재만 관찰된다. 독毒처럼 작용하는 정욕 등 감정들이 야기하는 번뇌의 상태에서는 어떤 지복도 있을 수 없지만, 존재와 의식은 있음이 분명하다. (외적인 것들에 대한) 엄격한 무집착이 특징인 평안의 상태에서만 존재-의식-지복이 함께 드러난다. 따라서 무지한 어리석음과 동요가 사라진 평안한 마음이야말로 일체-지복(Akhilananda)이다.

111. **제자:** 이 세간의 스승님(Gurunatha)! 저는 사뜨-찌뜨-아난다[존재-의식-지복]의 성격이 분명하게 이해되지 않습니다. 이 사뜨(Sat)는 무엇이고,

찌뜨(Chit)는 무엇이며, 아난다(Ananda)는 무엇입니까?

스승: **사뜨**[존재]는 과거·현재·미래의 어느 때에도 소멸하지 않는 것이고, **찌뜨**[의식]는 여러 대상을 인지하는 것이며, **아난다**[지복]는 욕망의 대상을 즐기는 동안 그 지복의 경험에서 일어나는 기쁨이다.

112. **제자**: 사멸할 몸 안의 거주자에게 4베다의 큰 말씀들(mahavakyas)은 "너는 **사뜨-찌뜨-아난다**이다"라고 선언하고, **스승**들은 "그대가 **브라만**이다"고 말하지만, 우리가 어떻게 "나는 **사뜨-찌뜨-아난다**이다"를 체험할 수 있습니까? 흥분한 코끼리처럼 껍질들(sheaths)의 성채를 공격하여 허물어 버리시는 **스승**님!

113. **스승**: 과거 행위의 결과로 환생이 불가피하다고 말하면 그 사람은 과거에도 존재했다는 이야기 아닌가? 또 천상과 지옥이 현재 행위의 과보로 온다면 그는 미래에도 계속 존재할 거라는 이야기 아닌가? (지옥이나 천상에 적합한) 미세한 몸, 천인의 몸, 인간의 몸은 모두 환(幻)의 결과이며, 자주 변하고 죽어 없어진다. (그러나) 거짓된 몸이 죽어도 그는 늘 살아남으니, 그를 **사뜨**라고 하는 것은 옳다.

114. 어둠에 덮인 깊은 잠 속이나 해나 등불이 없는 밤에도 그는 어둠과 (어둠 속의) 대상들을 틀림없이 지각한다. 그래서 그는 **찌뜨**인 것이다. 그는 또 비할 바 없이 지복스러운 **진아**에 대한 사랑이 결코 시들지 않기 때문에 **아난다**이다. 왜냐하면 사랑은 즐거움의 대상에 대해서만 드러나기 때문이다.

115. 음식·음료 등은 모든 사람이 다 같이 좋아하는데, 이는 거기서 즐거움을 얻을 수 있기 때문이다. **진아**는 그와 달리 지복에 이르는 수단이다. 만약 위에서 묘사한 **진아**를 즐거움의 다른 수단들과 함께 분류해야 한다면, (이렇게 반문해 보자.) 그것과 별개의 즐거움이 어디 있고, 그것을 즐기는 자는 어디 있는가? **진아**가 둘일 수 있는가?

116. 관능적 쾌락에 대한 사랑은 뻔히 드러나지만, 진아에 대한 사랑은 비견할 바 없는 것으로 남아 있다. 관능적 쾌락에 대한 사랑은 변화를 겪는 반면, 진아에 대한 열렬한 사랑은 변치 않는다. 관능적 쾌락은 즐기거나 물리칠 수 있지만, 진아를 받아들이거나 물리칠 사람이 누가 있는가? 진아는 다른 모든 쾌락을 물리칠 수 있지만, 그 자신을 물리칠 수는 없다.

117. 진아가 뜨거운 정열로 자살을 하여 그 자신을 죽이고 그 자신을 없앤다고 생각하는 것은 잘못이다. (자신의) 몸을 죽이는 사람은 그가 포기한 그 몸일 수가 없다. 몸뚱이를 혐오할 수 있을지언정 결코 진아를 혐오할 수는 없다.

118. 사람들은 재산을 추구하지만 재산보다 아들이 더 소중하고, 아들보다 자신의 몸이 더 소중하며, 몸보다 감각기관이 더 소중하고, 감각기관보다 숨이 더 소중하고, 숨보다 자기(진아)가 훨씬 더 소중하다. 이 진아가 핵심이고 다른 세 가지 자아, 즉 2차적 자아(gauna atma) [아들], 환적인 자아(mithya atma)[몸], 행위하는 자아(karta)[에고]는 그 순서로 중요성이 커진다.

119. 사람이 죽을 때는 2차적 자아, 즉 아버지인 그의 재산을 상속하는 아들이 중요하다. 영양을 섭취할 때는 환적인 자아, 즉 몸이 중요하다. 행복한 내세를 바랄 때는 행위하는 자아, 곧 에고가 중요해진다. 그러나 해탈의 상태에서는 진아, 곧 순수한 의식이 최고이다.

120. 호랑이도 순종하면 총애 받고 아들도 우리를 거역하면 미움 받는다. 사랑도 미움도 받지 않는 지푸라기 같은 것들은 이 세상에서 무관심하게 취급된다. 그러나 티 없는 진아에 대한 사랑은 어떤 경우에도, 누구에게서도 줄지 않는다. 그러니 아들이여, 끊임없는 지복일 뿐인 그대의 참된 성품을 탐구하여 진아를 깨달으라!

121. 제자: 거룩하신 스승님! 아난다[지복]는 몇 가지 종류가 있습니까?

스승: 1) 브라마난다(Brahmananda)[예컨대 잠 속에서, 순수한 의식으로 빛나는 기쁨]. 2) 바사나난다(Vasanananda)[즐거운 회상에서 느끼는 기쁨]. 3) 비샤야난다(Vishayananda)[바라던 대상을 얻는 기쁨]의 세 가지 종류가 있다. 어떤 사람들은 여덟 가지 아난다가 있다고 말한다. 위 세 가지가 다른 다섯 가지를 포함하기는 하나, 그 여덟 가지를 말해주겠으니 잘 들어 보라.

122. 1) 감각적 향유의 기쁨인 대상적 즐거움(vishaya sukha).

2) (꿈 없는) 잠의 지복인 브라만의 즐거움(Brahma sukha).

3) 잠에서 깨어난 직후 브라만의 지복을 잠시 기억하는 잔류인상의 즐거움(Vasana sukha).

4) 모든 사랑하는 대상들 중 으뜸인 자기의 즐거움(Atma sukha).

5) (실재와의) 합일 속에서의 위없는 즐거움(Mukhya sukha)[무지의 베일이 완전히 걷혔을 때의 삼매의 지복].

6) (대상들에 대한) 무관심에서 오는 기쁨인 자연적 즐거움(Nija sukha).

7) 하나[진아]만을 보는 비이원적 즐거움(Advitiya sukha).

8) 경전에 부합하게 탐구하는 기쁨인 지知의 즐거움(Vidya sukha)이다.

123. 그것들을 구분하는 특징을 묘사할 테니 잘 들어 보라. 생시의 상태에서 늘 힘들게 일하는 사람이 몸이 피로하면 침상에 누워서 쉰다. 그러면 그의 마음이 쉽게 내면으로 향하고, 그 상태에서 그것은 그것 자체로 빛나는 의식의 지복의 이미지를 반사한다. 그때 그가 경험하는 즐거움은 대상적 즐거움을 대표한다.28)

---

28) 아난다는 안식의 상태인 사뜨와 구나의 특징이라고 앞에서 이야기했다. 따라서 어떤 미묘한 아난다도—관능적 쾌락조차도—요동에서 벗어나 있는 마음(의식)으로 소급할 수밖에 없다.

124. 대상적 즐거움들은 고통스러운 3요소[29]를 수반하기 때문에 만족스럽지 않다고 느끼는 사람은, 마음을 안식시키고 마치 독수리가 둥지 속으로 들어가듯 잠 속으로 떨어져, 무한한 초월적 존재와 하나가 되어 지복스러운 진아로 머무른다. 이 위없는 **지복**의 상태가 곧 비할 바 없는 **브라만의 지복**(Brahmananda)[122. 2) 참조]이다.

125. 깊은 잠의 지복이 곧 **브라만의 지복**이라는 것이 경전의 말씀이다. 어떤 사람들은 푹신푹신한 침대를 공들여 마련하여 그 위에서 잠을 자기도 한다는 사실이 그것을 뒷받침하고, 그 상태에서는 마치 사랑하는 사람을 껴안았을 때처럼 옳고 그름, 남자와 여자, 안과 밖 등의 모든 느낌이 완전히 사라진다는 경험이 그것을 확인해 준다. 따라서 그것이 **브라만의 지복**이라는 것은 확실하다.

126. **제자**: 신들조차 숭배하는 스승님! 당신께서는 일체를 아시고, 제 마음의 이 의문을 자비롭게 해소해 주실 수 있습니다. 인과因果의 이 세계에서 한 사람의 경험은 다른 사람이 느낄 수 없습니다. 깊은 잠 속에서는 지성껍질이 가라앉고 지복껍질이 행복을 경험합니다. 이 경험을 지성껍질이 기억하여 그것을 표현한다면 맞습니까?

127. **스승**: 그 둘(지복껍질과 지성껍질)은 녹은 기(ghee)와 굳은 기(처럼 서로 대비되는 거)라는 것을 알라. 그것들은 (한정하는) 생각의 면에서 서로 다르지만 그들의 (고유한) 지知에서는 다르지 않다. 마음에 의해 한정되고 생시의 상태에서 활동하는 지성껍질과, 순수한 의식의 지복으로 이루어지고 깊은 잠 속에서 고통스러운 마음이 가라앉을 때 나타나는 지복껍질은, 마치 빗물과 저수지 물이 다르지 않듯이 혹은 설탕과 시럽이 다르지 않듯이, 서로 다르지 않다.

---

29) 즐기는 자, 즐김, 그리고 즐김의 대상.

128. **제자**: 그렇다면 왜 사람은 비이원적인 브라만의 지복을 놓쳐 버리고 거기서 나와야 합니까?

스승: 자신의 과거업의 힘에 의해 도로 끌려나오는 것이다. 깊은 잠에서 막 깨어난 사람은 잠의 행복감을 바로 잃어버리지 않는다. 그가 즉시 일어나서 움직이지 않고 그 행복을 잊어버리지도 않기 때문이다. 잠도 아니고 생시도 아닌 이 짧은 평안의 시간이 '기억의 즐거움'[122. 3) 참조]이다.

129. "나는 몸이다"라는 관념이 시작되는 순간, 그 사람은 세간의 문제들 속에서 자신을 잃어버리고 그 지복을 망각한다. 그의 과거업이 고통이나 쾌락을 가져오는 것이다. 평안이 평정심을 가져다준다. 누구나 생각이 비워지고 즐거움이 일어나는 상태를 경험해 본 적이 있다. 바로 이것이 '자연적 즐거움(Nijananda)'[122. 6) 참조]이다.

130. 이것이 삼매의 지복일 수 있는가? (그렇지 않다.) 외부의 습기가 항아리에 든 물은 아니다. 이 (무관심의) 행복은 요가적 삼매의 지복이 에고 위에 드리워진 그림자에 불과하다. 에고가 가라앉고 삼매가 일어나면, 마음은 환경을 의식하지 못하고 그렇다고 잠든 것도 아니며, 몸은 기둥처럼 뻣뻣한 그런 안식의 상태가 된다.

131. 인간들 중의 제왕, 지상의 건달바와 천상의 건달바들30), 혹은 창조 때부터 존재해 온 찬란한 삐리들(piris)31), 그 뒤에 나온 신들과 천상의 우두머리들, **인드라**(Indra), **브리하스빠띠**(Brihaspati)32), **쁘라자빠띠**(Prajapati)[**비라뜨**(Virat)]33), **히라냐가르바**(Hiranyagarbha)34)(혹은 브라

---

30) 음악, 무용 등을 즐기는 천상의 존재들.
31) 신들이 창조되기 전에 창조된 신들의 선배들.
32) 인드라의 스승.
33) 거친 세계의 **창조주**.
34) **창조계의 뿌리**.

마) 등이 즐기는 행복은, 뒤에 오는 존재의 행복이 그 앞의 존재가 즐기는 행복보다 각기 100배이다. 하지만 모두 단편적인 행복이며, 브라만의 **지복**이라는 홍숫물 속의 크고 작은 거품들과 같다.

132. 누구든지 일곱 번째 수준[35])인 **뚜리야띠따**(*Turiyatita*)[36]) 상태에 머물러 있으면 그의 의식-**지복** 체험은 나라다(Narada)·수까(Suka)[37])·시바·비슈누·브라마 등의 그것과 같고, 이원성이나 잠에서 벗어나 있게 된다. 그의 성스러운 발에 묻은 먼지가 내 (비천한) 머리 위에 내려앉기를!

133. 지금까지 그대에게 다섯 가지 **아난다**를 이야기했는데, 나중에 **지**(知)의 지복[122. 8) 참조]을 설명해 주겠다. 진아의 지복은 모두에게 가장 소중한 것이라고 이미 이야기했고, 비이원적 진아의 지복은 **마야**와 **사뜨-찌뜨-아난다**를 설명할 때 이야기했다. 상대물의 쌍들에서 벗어난 아들이여! 더 이상 의심이 있는가? 말해 보라.

134. **제자**: 주 **수브라마니아**(Lord Subramanya)와 저 자신과 전 우주를 창조하셨고 유지하시는 스승님, 제 이야기를 들어 주십시오. 당신께서 말씀하신 **사뜨·찌뜨·아난다**가 각기 그 나름의 특징을 가지고 있다면, 이미 불안정한 마음이 어떻게 (단일성 위에) 고정될 수 있습니까? 저는 그 단어들이 같은 의미를 가진 다른 말이라고 보지 않습니다. 그것이 어떻게 꿀벌들이 (여러 꽃에서) 모은 꿀처럼, 나눌 수 없는 하나의 동질적 전체인지 부디 말씀해 주십시오.

135. **스승**: 물이 차가운 성질과 유동성과 투명함을 가지고 있다고 해서

---

35) 영적인 수준의 7단계는 제149절에 나온다.
36) 문자적으로는 '네 번째를 넘어선'. 생시, 꿈, 잠은 그 기초를 진아 안에 두고 있는 세 가지 상태이며, 그래서 이 세 상태와 관련하여 **진아**를 네 번째 상태라고 한다. 그러나 자기를 일체를 포함하는 유일한 **실재**로 깨닫게 되면, 어떤 이원성도 없고 관계되는 것들도 없다. 따라서 그것은 절대적이다.
37) *T*. 나라다와 수까는 고대의 진인들이다.

세 부분으로 되어 있는가? 아니면 불이 밝고 뜨겁고 붉다고 해서 세 부분인가? 베다는 허공을 위시한 우주를 분석하여 그것이 실체가 없고, 지각력이 없고, 불행에 가득한 것으로 규정해 왔다. 그러면서도 이와 대조적으로, 사람들이 이해하기 쉽도록 오직 하나인 브라만을 사뜨-찌뜨-아난다로 묘사해 왔다.

136. 영원자, 전체(Purnam), 단 하나인 것(Ekam), 최고의 진리(Paramartha), 지고의 브라만(Parabrahman), 저수지[혹은 근원], 평안, 영원히 참된 것, 절대자, 뚜리야(Turiya)['네 번째 상태'], 만물 안의 지속자[혹은 평등자], 주시자(Sakshi), 지知(Bodham), 순수자, (베다가) 간접적으로 뜻하는 것, 영구적인 것, 내거자內居者, 실재(tattva), 허공, 빛, 진아, 해탈, 하느님, 미세한 것 등이 베다가 브라만을 묘사하는 긍정적 용어들이다.

137. 부동자, 무구자無垢者, 불멸자, 헤아릴 수 없는 것, 더럽혀지지 않는 것, 언어를 넘어선 것, 지각력이 없는 것, 무병자無病者, 무오염자, 비교할 수 없는 것, 끊임이 없는 것, (마음이나 감각기관으로) 성취할 수 없는 것, 나뉘지 않은 것, 불생자, 무한자, 파괴되지 않는 것, 성질이 없는 것, 팔다리나 부분이 없는 것, 시작이 없는 것, 무신자無身者, 불변자, 비이원성 등은 부정적 용어들이다.

138. 긍정적이거나 부정적인 이 모든 성질들을 함께 올바르게 고려하면 그것들은 오직 하나를 가리킬 뿐 달리 어떤 것도 있을 수 없다. 또 그것은 여러 가지 다른 말로도 표현될 수 있다. 이처럼 사뜨·찌뜨·아난다가 의미하는 브라만은 단 하나일 뿐이다. 이 단일성을 깨닫고 하나의 나뉘지 않은 전체로서 머물러 있으라.

139. "성질들로써 브라만을 묘사하는 것은 석녀인 어머니를 이야기하는 것과 같다"고 말하지 말라. 브라만에 대한 이야기를 듣지 않고도 그것의 성품을 이해할 만큼 뛰어난 사람이 과연 있겠는가? 브라만에

대한 지知를 얻어 금생에 해탈할 수 있도록, 베다가 자비심에서 드러낸 것은 브라만의 성질들이 아니라 브라만 그 자체이다.38)

140. **제자**: 미혹의 어둠을 몰아내시려고, 수백만 개의 태양이 동시에 떠오르듯 나타나신 **스승님**! 제 이야기를 다시 들어 주십시오. 경전 말씀에 따라 이제 저의 **참된 성품**이 단 하나의 완전한 실재임을 의심 없이 이해했습니다. 그것을 논변으로 더 확립해 주시면 그 진리가 마치 산 나무에 박힌 쇠못처럼 제 마음에 고정될 것입니다.

141. **스승**: 존재가 곧 의식이다. 의식이 존재와 다르다면 그것은 존재하지 않아야 하는데, 그러면 존재가 어떻게 드러날 수 있겠는가? 또 의식은 곧 존재이다. 존재가 의식과 다르다면 그것은 지각력이 없어야 하는데, 지각력 없는 것은 스스로 존재할 수 없다. 이처럼 **존재**와 **의식**은 동일하고, 그것은 **지복**이기도 하다. 이것이 가장 흡족한 논변[문자적으로, 생산적 추론]이다. 그렇지 않으면 **지복**은 존재하지 않고 지각력도 없을 것이고, 어떤 **지복** 체험도 있을 수 없다.

142. 항상 존재하는 **사뜨**는 어떻게 드러나는가? 그 스스로 드러나는가, 아니면 다른 것에 의해 드러나는가?39)

    답: 다른 것에 의해서이다.
    문: 그 다른 것은 존재하는가, 존재하지 않는가?
    답: 존재하지 않는다.
    문: 무슨 소리! 석녀의 자식이 무슨 일을 할 수 있는가?
    답: 그러면 그것은 존재하기는 하나 원래의 **사뜨**와는 다른 어떤 것이라고 하자.

---

38) 진리는 세 가지 증거, 즉 계시(*sruti*)·추론(*yukti*)·체험(*anubhava*)에 의해 확인된다. 계시는 제130-139연에서 다루었고, 추론은 제140-143연, 체험은 제144연에서 다루어진다.
39) 여기서는 스승이 직접 질문과 답변을 구성하여 대답한다.

문: 그것의 존재성은 어떻게 드러나는가? 그대는 "다른 것에 의해서"라고 말해야 한다. 이런 존재물들과 그것을 인식하는 자의 연쇄에 끝이 있겠는가? 따라서 그대의 답변은 유지될 수 없다. 그러니 그 그릇된 추론을 폐기하라.

143. 경전(Sruti)과 이성에 부합하는 체험에 귀를 기울여라. 깊은 잠의 지복은 기억으로서 지속되므로, 그 지복 자체가 지知(arivu)이고 그 밖에 아무것도 없었다. (우주의) 해체(pralaya) 때와 깊은 잠 속에서도 존재하는 그대는 무지의 어둠을 주시한다. 이제 **심장 속으로** 들어가서 일체 **완전한 진아**(Paripurnam)로 안주하라!

144. 여러 경전의 핵심에 통달한 스승의 말씀에 따라 이 제자도 **존재 · 의식 · 지복**이 마치 여러 원천에서 모은 벌꿀처럼 동질적인 같은 **실재**임을 깨달았고, 오랫동안 삼매에 들어 있었다. 그가 눈을 떴을 때는, 자신이 하나의 스크린이고 그 위에 움직이거나 움직이지 않는 대상들로 구성된 우주의 만화경 같은 화면이 비치고 있다는 것을 깨달았다.

145. **제자**: 제가 흠모하는 훌륭하신 **스승님**! 이 독특한 체험을 갖는 것 외에 저희가 달리 해야 할 것이 있습니까? 그것을 생각하고 그것에 대해 이야기하고 그 체험에 젖어 있는 것이 **진인**(Jnani)들의 유일한 임무인 것처럼 보입니다. 앞에서 말씀하신[132. 참조] **뚜리야띠따**, 곧 지知의 일곱 번째 수준이 어째서 가장 높은 수준인지 부디 분명하게 설명해 주십시오.

146. **스승**: 옛사람들은 분석해 본 다음 무지無知의 일곱 단계와 지知의 일곱 단계를 이야기했다. 그 중에서 먼저 무지의 일곱 단계를 들어 보라. 옛사람들은 그것을 이렇게 이름 붙였다.

1) 종자種子 생시(bija-jagrat)[맹아적 생시의 상태].

2) 생시(*jagrat*)[깨어 있는 상태].

3) 큰 생시(*maha jagrat*)[확고히 자리 잡은 생시의 상태].

4) 생시-꿈(*jagrat-swapna*)[백일몽을 꾸는 상태].

5) 꿈(*swapna*)[꿈을 꾸는 상태].

6) 꿈-생시(*swapna-jagrat*)[꿈에서 깬 뒤 그 꿈을 인식하는 것].

7) 잠(*sushupti*)[꿈 없는 잠].

147-148.

1) 맹아적 생시의 상태는 존재의 단일한 상태에서 새롭게 일어나는, 뒤섞임 없는 의식이다.

2) 생시의 상태는 앞서의 맹아적 상태에서는 없었던 에고의 솟아남을 포함한다.

3) 매번의 탄생과 함께 일어나는 '나'와 '내 것'의 솟아남이 확고한40) 생시 상태이다.

4) 환영幻影을 만들어내는 요란한 에고가 곧 꿈꾸는 생시 상태이다.

5) 밥을 잔뜩 먹은 뒤 잠을 자는 동안 마구 떠오르는 환영을 갖는 것이 꿈의 상태이다.

6) 꿈에서 깨어난 뒤 그 꿈들을 생각하는 것이 생시의 상태이다.

7) 무지의 짙은 어둠이 곧 깊은 잠의 상태이다.

이것이 무지의 일곱 단계이다. 이제 해탈을 안겨주는 지知의 일곱 단계를 말하겠다.

149. 현자들이 찬양하는 그 단계들은 이러하다.

1) 열망지熱望地(*Subheccha*)[진리에 대한 갈망].

2) 탐구지探求地(*Vicharana*)[진리에 대한 탐구].

---

40) 그것이 일어날 때마다 그 자신을 드러내기 때문에 확고한 것이다.

3) 박심지薄心地(Tanumanasa)[순수하고 엷어진 마음].

4) 입상지入常地(Satvapatti)[진리 깨달음].

5) 무착지無着地(Asamsakti)[우주에 대한 초연한 시각].

6) 불각지不覺地(Padarthabhavani)[오염 없는 진아자각].

7) 초월지超越地(Turiya)[최고의 형언할 수 없는 상태, 뚜리야].

150-151.

1) 좋지 못한 어울림을 그만두고 지고의 지知(Siva-jnana)를 얻고자 열망하는 것이 열망지이다.

2) 좋은 어울림[진인들과의 친교]에서 구두 가르침과 지知의 경전을 배워서 진리를 성찰하는 것을 탐구지라고 한다.

3) 믿음을 가지고 진리에 대해 명상함으로써 욕망에서 벗어나는 것이 박심지이다.

4) 위의 상태들이 발전하여 마음 안에서 실재에 대한 지知가 빛나는 것이 입상지이다.

5) 진리에 대한 확고한 깨달음으로 환幻에서 벗어나는 것이 무착지[우주에 대한 초연한 시각]이다.

6) 비이원적 지복이 드러나고 3요소가 사라진 것이 불각지이다.

7) 진아의 성품 자체인 숭고한 침묵이 초월지이다. 이 초월지(Turiya)를 왜 뚜리야띠따(turiyatita)라고 했는지 그 이유를 들어 보라.

152. 첫 세 단계는 생시라고 한다. 왜냐하면 세계가 (전과 같이 그 단계들에서) 지각되기 때문이다. 네 번째 단계는 (세계가 꿈과 같이 인식되므로) 꿈에 상응한다. 이 세계에 대한 희미한 지각조차 점차 사라진다. 따라서 다섯 번째 단계를 잠의 상태라고 한다. 여섯 번째 단계에서는 초월적 지복이 편재하고, 그래서 뚜리야[네 번째 상태]라고 한다. 모든 상상을 넘어선 단계가 일곱 번째 단계인데, 베다에서는

이를 숭고한 **침묵**[즉, 뚜리야띠따]이라고 한다.

153. 어떤 진인들은 **뚜리야**라는 이름이 앞에 나온 **뚜리야띠따**에 대한 설명과 상충된다고 생각한다. 그들에 따르면 **뚜리야띠따**는 몸이 없어진 뒤의 찬란한 해탈일 것이다. 그런 개념에서는 여섯 번째 단계가 다섯 번째 단계의 꿈 없는 잠과 비교되는 아주 깊은 잠의 상태이다. 계속하여 이러한 찬란한 단계들의 특이점들을 말해주겠다.

154. 앞 세 단계에 아직 머물러 있는 사람들은 수행자들이고, 해탈하지 못했다. **브라마비드**는 네 번째 단계에 들어간 사람들이며, 순수하고 해탈해 있다. 그 다음 세 단계에 있는 사람들은 각기 **바라**(vara) · **바리야**(varya) · **바리슈타**(varishta), 즉 **브라만**을 아는 자들 중에서 뛰어난 자, 더 뛰어난 자, 가장 뛰어난 자로 불린다. 계속해서 깨달은 자의 단계들이 갖는 수승殊勝함에 대해 말해주겠다.

155. 네 번째 단계에 이르지 못하고 세 가지 단계에 머물러 있다가 죽은 사람들은 천상 세계로 간다. 그런 다음 환생하여 점차 **해탈**을 성취한다. 그들이 배울 것 없는 낮은 수준으로 떨어지는 일은 분명 없을 것이다. 아들이여, 첫 번째 단계 자체도 얻기 어렵다. 이것을 얻으면 **해탈**은 성취한 거나 다름없다.

156. 만약 그들이 이승에서 깨달음의 첫 번째와 두 번째 단계를 얻는다면, 설사 경전비방자들(mlecchas)[41]이라 해도 해탈한 거나 다름없다. 내 **스승님**의 성스러운 두 발을 두고 말하거니와 이것은 진실이다. 그것을 부인하는 자들은 저주받을 것이다! 모두에게 공통되는 **베다**를 의심하지 말라. 보여준 길을 엄격히 따름으로써 "나는 브라만이다"를 분명하게 깨달으라!

---

41) 베다를 비방하는 사람들.

157. **제자:** 다시 싹 트기 쉬운 볍씨와 같던 저를 논에서 건져내신 스승님! 방금 지知의 단계들은 비천한 경전비방자들조차도 최종적 해탈로 이끈다고 말씀하셨습니다. 그러나 어떤 이들은 그 사람이 모든 가정적 인연을 포기하고 출가자(sanyasin)가 되어 은퇴하지 않으면 해탈을 얻지 못한다고 말합니다.42) 부디 이 점에 대한 저의 헷갈림을 해소해 주십시오.

158. **스승:** 올바른 자들로부터 존경 받을 만한 훌륭한 아들이여! 그대의 의심은 정당하다. 그것을 해소해 줄 테니 들어 보라. 가정적 인연을 끊는 포기(출가)에 네 종류가 있으니, 1) 꾸띠짜까(kuteechaka), 2) 바후다까(bahoodaka), 3) 한사(hamsa), 4) 빠라마한사(paramahamsa)가 그것이다. 이 모두 세간의 불행에 대한 만병통치약이다. 그러나 그런 포기의 유일한 필수조건은 법복[황색 승려복]이 아니라 무집착이다.

159. 무집착에도 세 등급이 있는데, 범용한 것과 강렬한 것과 아주 강렬한 것이 그것이다. 어떤 충격으로 인한 무집착은 충동적이고 범용한 것이다. 집과 재산을 영영 버리는 것은 강렬한 무집착이다. 범천梵天(Brahmaloka-브라마가 거주하는 천상계)마저도 환幻으로 보고 경멸하는 것은 아주 강렬한 무집착이다.

160-161. 범용한 무집착으로는 출가(sannyas)의 자격을 얻지 못한다.43) 강렬한 무집착이 있어야 처음 두 등급의 출가 자격이 된다. 만약 신체 강건하면 바후다까로서 돌아다녀야 하고, 그렇지 않으면 꾸띠

---

42) 여기서 그 함의는 이러하다: 출가(sannyas)는 브라민들의 삶에서 네 번째 단계이다. 브라민은 브라마짜리(brahmachari)로 시작하여 베다를 배운 다음, 결혼해 재가자(grihasta)가 된다. 그런 다음 은퇴하여 산림은거자(vanaprastha)가 되고, 마지막으로 모든 것을 포기하고 출가자(sannyasin)가 된다. 혹자는 크샤트리아(kshatriyas)도 출가를 할 수 있다고 한다 (예컨대 라구(Raghu)는 크샤트리아였다). 또 혹자는 바이샤(vaisyas)도 출가할 수 있지만, 수드라(sudras)와 여타 사람들은 그럴 수 없다고 말한다.
43) 충격은 과거에 지은 죄의 결과인 반면, 출가는 덕행의 결실이기 때문이다.

짜까로서 (한 곳에) 머물러 있어야 한다. 무집착이 아주 강렬하다면 한사나 빠라마한사가 될 수 있다. 한사는 **사띠야로까**(Satyaloka)44)를 거치지 않고는 최종적 해탈을 얻을 수 없다고 하지만, 빠라마한사는 지금 여기에서 **해탈**을 얻을 수 있다. 매우 유능한 빠라마한사 등급에는 다시 두 가지 수준이 있다.

162. 빠라마한사는 **진리**를 알고자 하는 사람(구도자)일 수도 있고 깨달은 존재일 수도 있다. 전자는 처음 세 단계에 있는 영리한 수행자이다. 후자는 지금 여기에서 해탈해 있는 탁월하고 순수한 **진인**이다. 전자의 빠라마한사 등급에 다시 두 부류가 있다. 그것도 이야기하겠으니 잘 들어 보라.

163. 그 중 한 부류는 공식적으로 가정의 인연을 포기하고 출가 승단에 들어가 지고의 **지**知를 얻을 것이다. 다른 한 부류는 브라민·크샤트리아·바이샤·수드라로 남아 있으면서 지고의 **지**知를 얻을 것이다. 그대는 경전(shastras)과 실천 수행을 통해 그것을 알고 있으면서 아직도 헷갈리는가? **베다**(srutis)의 전거와 그대 자신의 추론, 그리고 직접 체험에 의해 스스로 그 의문을 해소해야 한다.

164. 탄생이 하나의 사실이라면 죽음도 피할 수 없다. 그러나 결코 태어나지 않는 **브라만**, 바로 그것이 '나'다. 만일 내가 태어나는 존재라면 분명 **브라만**이 '나'일 수 없다. 따라서 나지도 않고 죽지도 않는 **브라만**이 바로 '나'이다.

165-166. **문:** 만약 내가 **브라만**이라면 어째서 내가 그 '나'를 모르는가?
답: 지금 누가 '나'라고 말하는가?
문: 지성이다.

---

44) 죽은 뒤에 가는 천상계, 즉 브라마로까를 말한다.

답: 그것은 기절 상태에서는 상실된다. 결코 사라지지 않고 남아 있는 완전한 의식이 '나'이다.

문: 그 완전함의 상태가 분명하게 이해되지 않는다. 그것을 어떻게 체험할 수 있는가?

답: 깊은 잠 속에서는 행복의 경험이 있는데, 그것이 곧 그것이다. 어떤 부족함을 느끼는 곳에서는 어떤 행복도 경험할 수 없다. 따라서 이 진아는 완전함일 수밖에 없다. 이것이 모든 것의 근원이다.

167. 마음의 상상 속에서 나온 것이 세계(우주)이다. 이 세계들이 저 의식 안에 그 존재성을 두고 있다는 것은 이성이 보여준다. 이 모든 것을 초월하여 무한히 뻗어 있는 **진아**를 탐구하면, '나'는 단 하나의 완전한 **존재**(Being)로 남을 것이다.

168. **제자**: 어떻게 머물러야 당신께서 묘사하신 **지복**을 체험합니까?

    스승: 세 가지 상태[생시·꿈·잠]를 야기하는 (마음의) 상相들을 없애면, 그대의 참된 존재로서 남아 있게 될 것이고, **지복**을 체험할 것이다.

169. 원습(*vasanas*)에 길들여진 탓에 일어나는 (마음의) 상相들을 모두 어떻게 조복 받느냐고 묻는다면, 탐구를 하여 지혜의 왕으로서 지성과 감각기관 모두를 노예로 부리라고 말하겠다. 그러면 (그 상相들을) 모두 조복 받게 것이다.

170. 또 풀무처럼 들고나는 호흡을 부드럽게 제어하면 (마음의) 상相들이 그친다. 만약 이 요가를 닦고 싶지 않다면, 원인신이라는 방대한 무지를 뿌리 뽑을 때 그것들이 그칠 것이다. 그럴 때에도 마음은 그 활동을 멈춘다.

171. **제자**: 원인신이라는 무지를 어떤 수단으로 뿌리 뽑을 수 있습니까?

    스승: 경전은 결코 사람을 잘못 이끌 수 없다. "나는 세계들이 그

안에서 나타나는, 일체 완전한 존재이다"라는 경전 가르침을 그대의 마음속에 확고히 새긴다면, 무지가 어떻게 있을 수 있겠는가?

172. **제자:** 제가 헤매는 마음을 가지고 세간적 일들을 하고 있을 때는 어떻게 그와 같이 머무를 수 있습니까?

    스승: '나'와 별개의 것은 아무것도 없다. 눈에 보이는 모든 것은 '나의 것'이고, 내 꿈과 같이 허구인 이 모든 것을 보는 **의식**(Chit)이 '나'이다.

173. 의식인 '나'를 늘 자각하고 있다면, 그대가 얼마나 많은 생각을 하든, 무엇을 하든 그것이 무슨 상관 있겠는가? 이 모든 것은 잠에서 깨어난 뒤에 생각하는 꿈속의 장면들처럼 실재하지 않는다. '나'는 온통 **지복**이다!

174-177. **제자:** 저는 몸 자체를 저 자신으로 착각하면서 과거의 무수한 생을 겪어야 했습니다. 그러다가 높고 낮은 일체를 하나의 신기루로 보면서, **스승님**의 은총에 의해 '나'로서의 **진아**를 깨닫고 해탈했습니다. 제가 무슨 공덕을 지었습니까? 이 행운을 뭐라고 묘사할 수 없습니다. 저는 제 **스승님**이신 난닐람의 **나라야나**(Narayana)님의 은총을 받았습니다! 황홀경 속에서 저는 제 옷을 하늘로 던져 올리며 기쁨에 겨워 춤을 춥니다! 제 부모님은 얼마나 고상하셨기에 저에게 **딴다바**(Tandava)[춤추는 사람]라는 이름을 지어 주셨는지요. 마치 제가 진아를 깨달은 기쁨에 겨워 황홀경 속에서 춤추게 될 것을 예견하신 듯이 말입니다! 그분들 앞에 이 황홀한 **지복**을 쏟아 붓습니다! 그것은 내면에서 솟아올라 전 우주를 채우고 한량없이 넘쳐흐릅니다! 자비롭게도, 경전에 따른 **진리**를 가르쳐 주실 수 있는 **스승님** 한 분을 제가 만나 뵙도록 해주신 **전능자**의 연꽃 발 앞에 절을 올립니다!

178-179. 지知의 지복(Vidyananda)이 이와 같다. 신심을 가지고 이 저작을 공부하는 사람들은 안식의 최고 상태를 깨달아 지금 여기에서 해탈할 것이다. 모든 사람들이 성스러운 경전들의 참된 정신인 지知의 지복을 분명하게 이해할 수 있도록 하기 위하여, 난닐람의 나라야나 스승님께서 나의 삼매 속에 나타나시어 나에게 이 『해탈정수』가 모든 면에서 완벽하고 결점이 없게 하라고 명하셨다.

180. 딴다베사(Tandavesa)는 그의 스승님(난닐람의 나라야나)의 은총을 통해서, 사람이 안팎으로 자신을 해방시키면 어떻게 하나(the ONE)로 변모될 수 있는지, 그리고 생각을 넘어서 있는 베다가 뜻하는 바는 곧 '나'라는 것과 몸 여타의 것은 소리(Nada)의 상相들에 지나지 않는다는 것을 확신하면, 사람이 "온통 눈"이 되어 일체를 그 자신으로 볼 수 있다는 것을 보여주었다.45)

181. 찬란한 광채를 발하는 단 하나의 주시자—곧, "그대가 그것이다"라는 더없이 탁월한 말씀의 의미 안에서 완전해지는 뚜리야띠따—를 흔들림 없이 인식하는 사람들은, '차별상'의 매듭을 풀고 모든 장애를 극복하여, 그들 자신이 진아 속으로 흡수될 것이다.

182. 이것이 베다에서 이야기하는 "지知의 지복"이다. 그것을 묘사하신 나라야나님의 두 발을 숭배하는 사람들은 오염이 없을 것이고, 본 제자의 스승님을 통해 의심이 종식되는 단계로 나아가 완전함을 향해 꾸준히 전진하는 사람들은, 오점 없는 해탈을 얻게 될 것이다.

183. 저자는 이 저작의 두 편을 통해 마야의 영원한 어둠이 소멸됨과 동시에 차별상에 의해 영향 받는 심적인 지知에서 일어나는 모든 의

---

45) T. 이 저작의 타밀어판은 제180연에서 끝나는데, 그 제180연은 이 번역의 대본인 영어판에서 제185연이다. 영어판의 이 제180연부터 제184연까지 다섯 연은 저자 딴다베사(딴다와라야를 높여 부른 이름)의 제자가 나중에 덧붙인 것으로 보인다. 제182연에서 저자를 "본 제자의 스승님"으로 지칭하고, 제183, 184연에서도 "저자"를 언급하고 있기 때문이다.

심이 해소될 수 있도록 하기 위하여, 영靈의 지고한 불빛을 밝혔다.

184. 나를 구원해 주신 저자를 찬양하고 찬양할지니! 그는 **무한한 스승님**이신 **나라야나님**—곧 그를 당신의 노예로 만드셨고, 덧씌움을 통해 단지 허구적 겉모습으로 나타난 것을 부정否定의 과정에 의해 소멸하신 분—의 발을 자신의 머리 위에 얹었고, 나를 은총의 눈을 가지고 영원히 **주시자**로 머무를 수 있는 상태에 두셨다.

185. 지혜로우신 스승님의 성스러운 발에서 우리 머리 위에 뿌려지는 서늘한 물이, 모든 성지를 순례하여 얻는 것과 같은 모든 공덕을 안겨주듯이, 이 훌륭하고 참된 『해탈정수』라는 저작을 배우는 사람들도 모든 지知의 저작들[경전]이 안겨주는 그런 공덕을 얻고, 통달한 진인으로서 살아가게 될 것이다.

부록 1

깨달음의 단계들	해석	비 고
1) 열망지熱望地	생시	세계가 이전과 같이 지각되므로.
2) 탐구지探求地		
3) 박심지薄心地		
4) 입상지入常地 (깨달음)	꿈	세계의 저변에 있는 **실재**를 깨닫고, 세계 자체는 유령처럼 나타나므로.
5) 무착지無着地 (무집착)	잠	무지의 어둠이 완전히 사라지고, 따라서 깨달음의 단계에서는 잠에 상응한다.
6) 불각지不覺地 (대상 무지각)	고밀도 잠	인식자, 인식 대상, 인식이 있을 여지가 없다. 그 사람 자신은 외부의 영향이 억지로 끌어내지 않으면 이 상태에서 깨어날 수 없다.
7) 뚜리야	드높은 침묵	현현해 있든 미현현이든, **진아**로서의 존재뿐이다.
8) 뚜리야띠따	무신해탈	몸이 해체된 뒤의 **해탈** 상태.

부록 2

1) 브라마짜리(*Brahmachari*) : 독신으로 베다를 배우는 사람, 학생.
2) 재가자(*Grihasta*) : 결혼하여 가정을 꾸리고, 희생제 등 의식을 거행하는 사람.
3) 산림은거자(*Vanaprastha*) : 명상과 따빠스를 위해 은퇴하여 은둔자가 된 사람.
4) 출가자(*Sannyasin*) : 세간을 떠나서 영적인 탐구와 깨달음에 전념하는 사람.
   가. 꾸띠짜까(*Kuteechaka*) : 몸이 약해서 선택한 장소에 머무르지만, **진리**를 탐구한다.
   나. 바후다까(*Bahoodaka*) : 몸이 강건해서 성지들을 방문할 수 있다. 늘 돌아다니지만, 줄곧 영적인 탐구를 놓지 않는다.
   다. 한사(*Hamsa*) : 이승에서 몸을 버린 후 **사띠야로까**로 가서 거기서 해탈을 얻는다.
   라. 빠라마한사(*Paramahamsa*) : (1) **진리**를 알려고 하는 사람. 여기에 두 부류가 있다.
      (a) 의식을 거행하는 공식 출가자(*sannyasi*) - 늘 브라민일 뿐이다.
      (b) 정식 출가자는 아니지만 고도로 계발된 비공식 출가자 - 의식과 격식에 신경 쓰지 않는다. 카스트를 불문하고, 심지어 경전비방자(*mleccha*)일 수도 있다.

1)과 2) : 이 두 등급은 가족 인연을 떠난 이들에게 해당되고, 집착은 보통 수준이다.
3)과 4) : 이 두 등급의 출가자들은 가장 고상한, 즉 타고난 참된 무집착을 가진 이들에게 해당된다. 그들은 **진리** 외에는 아무것도 신경 쓰지 않는다.

3

요가 바시슈타 요지

— Yoga Vasistha Sara

스와미 수레샤난다 영역英譯
스리 라마나스라맘 수정修訂

Yoga Vasishta Sara

T

English translation by Swami Sureshananda
Revised by Sri Ramanasramam

(First edition, 1973; Ninth edition, 2018)

간행사

『요가 바시슈타(Yoga Vasishta)』의 이 영어판은 스와미 수레샤난다(Swami Sureshananda)의 번역을 토대로 한 것이다. 그는 **바가반**의 오랜 헌신자로서 팔가트(Palghat-케랄라 주의 도시)에 비냐나 라마니얌(Vijnana Ramaneeyam)이라는 아쉬람을 창설했고, 『요가 바시슈타 요지』를 말라얄람어로 옮겼을 뿐 아니라 **바가반**의 여러 저작들을 번역했다. 이것은 스리 라마나스라맘에서 간행하는 저널인 「마운틴패스(The Mountain Path)」에 1969~1971년 사이에 연재된 것인데, 이제 찾아보기 쉽도록 책의 형태로 낸다.

1973년 7월 15일
스리 라마나스라맘에서
아쉬람 총재

머리말

『광본廣本 요가 바시슈타(Brihat Yoga Vasishta)』는 『요가 바시슈타 마하 라마야나(Yoga Vasishta Maha Ramayana)』라고도 불리는 약 32,000연의 산스크리트어 2행시 작품으로, 『라마야나』의 저자인 발미끼(Valmiki)가 지었다고 알려져 있다. 이것은 진인 바시슈타(Vasishta)와 스리 라마(Sri Rama) 간의 대화인데, 그 속에서 사이사이 예로 드는 이야기들과 함께 비이원론(Advaita)의 가장 순수한 형태인 불생론不生論(ajatavada)을 설하고 있다. 이 방대한 저작을 수 세기 전 카슈미르 지방의 학자인 아비난다 빤디따(Abhinanda Pandita)가 6,000연으로 축약했는데, 『약본略本 요가 바시슈타(Laghu Yoga Vasishta)』라는 이름으로 통용된다. 이것도 원본인 『광본』과 마찬가지로 그 자체 하나의 걸작이다.

바가반은 『요가 바시슈타』를 자주 언급하셨고, 그 중의 6개 연을 당신의 「실재사십송 보유補遺」에 포함시키기도 했다(제21연부터 27연까지).

오래 전에 성명 미상의 어떤 저자가 이 저작을 더 축약하여 230연으로 만들고 10장으로 구분하여 『요가 바시슈타 요지(Yoga Vasishta Sara)』라고 했는데, 이 영어 번역은 처음으로 내놓는 것이다. 저자는 이 축약본을 통해 모든 수행자들에게 큰 봉사를 하였다. 이것은 실로 되풀이해서 읽고 명상하기에 적합한 하나의 금광이라 할 것이다.

발행인

제1장 무욕

1. 끝이 없고 공간·시간 등에 의해 한정되지 않는 저 고요한 광휘이자, 체험으로만 알 수 있는 순수한 의식에게 절을 올립니다.

2. 아예 무지한 사람이나 그것[진리]을 아는 사람은 이 책을 공부하기에 적합하지 않다. "나는 속박되어 있다, 벗어나야 한다"고 생각하는 사람만이 이 책을 공부할 자격이 있다.

3. 사람이 지고의 하느님에게서 분명하게 은총을 받을 때까지는 적합한 스승이나 올바른 경전을 발견하지 못할 것이다.

4. 라마여, 뱃사공이 젓는 안정된 배를 얻어 타듯이, 윤회의 바다를 건너는 방법도 위대한 영혼(마하트마)들과 친교함으로써 배울 수 있다.

5. 윤회라는 오랜 질병에 대한 최고의 약은 "이 윤회를 가지고 있는 나는 누구인가?" 하는 탐구이며, 이것이 그 병을 완전히 치유한다.

6. 좋은 열매와 서늘한 그늘을 가진, 진리를 아는 현자라는 나무가 없는 곳에서는 단 하루도 시간을 보내지 말라.

7. 비록 가르치지 않는 분이라 하더라도, 진인들에게 다가가야 한다. 그들이 가벼운 기분으로 하는 이야기도 지혜를 담고 있다.

8. 진인들과 친교하면 텅 비었던 것이 충만함으로 바뀌고, 죽음이 불멸로, 역경이 영화로움으로 바뀐다.

9. 만일 진인들이 자신의 행복에만 신경 쓴다면, 윤회계(samsara)의 고통으로 괴로워하는 사람들이 누구에게서 피난처를 찾을 수 있겠는가?

10. 선한 영혼이여, 욕망이 없어진 상근기上根機 제자에게 전수되는 것은 진정한 지혜이다. 그것이 신성한 문구(만트라 또는 큰 말씀)들의 진정한 취지이며, 또한 포괄적 지혜이기도 하다.

11. 가르침의 관습적인 방법을 따르는 것은 전통을 보존하기 위한 것일 뿐이다. 순수한 자각은 오직 그 제자가 얻은 이해의 명료함에서 나온다.

12. 하느님은 신성한 문구나 스승의 도움 없이는 볼 수 없다. 순수한 지성을 가진 진아만이 자아를 본다.

13. 인간들이 얻은 모든 기예技藝는 연습을 하지 않으면 상실되지만, 이 지혜의 기술(명상과 탐구)은 일단 일어나면 꾸준히 성장한다.

14. 목에 두른 장신구를 깜박 잊고 잃어버린 줄 알다가 그 실수를 깨닫고 다시 찾듯이, 진아도 스승의 말씀에 의해 (미혹이 제거될 때) 얻어진다.

15. 자신의 진아를 모른 채 감각대상들에서 쾌락을 얻는 사람은, 자신이 먹은 음식이 독이라는 것을 뒤늦게 깨닫는 사람처럼 실로 불운한 사람이다.

16. 세간의 대상들이 기만적이라는 것을 알고 나서도 여전히 그것들을 생각하는 비뚤어진 사람은, 인간이 아니라 나귀이다.

17. 약간의 생각만으로도 사람은 슬픔에 빠지지만, 모든 생각이 비워지면 불멸의 지복을 향유한다.

18. 한 시간 동안 계속되는 꿈에서 수백 년의 미혹을 경험하듯이, 우리는 생시의 상태에서 마야의 유희를 경험한다.

19. 안으로 마음이 차분하고 집착과 증오에서 벗어나 있으며, 이 세계를 그저 한 방관자처럼 바라보는 사람은 행복한 사람이다.

20. 수용과 배척의 모든 관념을 버리는 법을 잘 이해했고, 가장 내밀한

심장 속에 있는 의식을 깨달은 사람—그의 삶은 찬란하다.

21. 몸이 해체되면 **심장**(*hridayam*) 안에 국한되어 있던 허공[의식]만이 사라질 뿐인데도, 사람들은 자기가 사라진다고 불필요하게 슬퍼한다.

22. 항아리 등이 부서지면 그 속의 허공은 무한한 것이 된다. 그와 마찬가지로, 몸들이 사라지면 영원하고 초연한 진아가 남는다.

23. 그 무엇도, 어디서 언제 어느 때에도, 태어나거나 죽지 않는다. 세계라는 형상으로 환적으로 나타나는 것은 브라만일 뿐이다.

24. 진아는 허공보다도 광대하다. 그것은 순수하고 미세하며, 쇠퇴하지 않고 상서롭다. 그런 것이 어떻게 태어날 수 있고, 어떻게 죽을 수 있겠는가?

25. 이 모든 것은, 고요하고 시작과 중간과 끝이 없는 하나(One)이다. 그것은 존재한다고도 할 수 없고 존재하지 않는다고도 할 수 없다. 이것을 알고 행복해져라.

26. 라마여, 흙으로 빚은 사발을 손에 들고 계급외인(*chandalas*)들의 거리를 다니며 탁발하는 것은, 무지에 젖은 삶을 사는 것보다 실로 더 고귀하다.

27. 병도, 독毒도, 역경도, 세상의 다른 무엇도, 인간들의 몸 안에서 생겨나는 그런 어리석음보다 더한 고통을 야기하지는 않는다.

제2장 세계의 비실재성

1. (천인과 아수라들이 잡고 휘젓던) 만다라(Mandara) 산이 고요해지자 큰 우유의 바다가 고요해졌듯이,[1] 마음이 고요해지면 윤회계라는 환幻도 종식된다.

2. 윤회계는 마음이 활동할 때 일어나고 마음이 고요할 때는 종식된다. 따라서 호흡과 원습(vasanas)을 제어하여 마음을 고요하게 하라.

3. 이 무가치한[문자적으로, 불타 버린] 윤회계는 사람의 상상에서 태어나고 상상이 없으면 사라진다. 그것은 전혀 실체가 없는 것이 확실하다.

4. 뱀 그림 속에 (산) 뱀이 있다는 생각은 진실을 알고 나면 사라진다. 마찬가지로, 윤회계는 그것이 계속 나타나는 것처럼 보인다고 해도 (진리를 깨달으면) 사라진다.

5. 윤회계라는 이 오랜 유령은 인간의 미혹된 마음이 창조한 것이고 그에게 고통을 주는 원인이지만, 그것에 대해 궁구窮究하면 사라진다.

6. 라마여, 마야는 그 자체의 소멸을 통해 기쁨을 안겨주는 그런 것이다. 그것의 성품은 불가해하며, 그것을 지켜보고 있는 동안에도 그것은 사라진다.

7. 라마여, 온 세상 사람들을 미혹시키는 이 마야는 실로 경이롭다. 그 때문에, 몸의 온 사지에 편재하는 진아가 지각되지 않는다.

---

1) *T.* 힌두 신화에서, 천신들과 아수라들이 불사의 감로를 얻기 위해 우유의 바다를 저을 때, 만다라 산을 뽑아내어 휘젓는 교반 막대로 사용했다고 한다.

8. 눈에 보이는 그 무엇도 참으로 존재하지 않는다. 그것은 가공적인 건달바성乾達婆城이나 신기루(fata morgana)와 같은 것이다.
9. 우리의 내면에 있으나 눈에 보이지 않는 것을 영원불멸의 진아라고 한다.
10. 호수의 둑에서 자라는 나무들이 수면에 반사되듯이, 이 모든 다양한 대상들은 우리의 의식이라는 방대한 거울에서 반사된다.
11. 의식의 유희에 불과한 이 창조계는 (무지가 있을 때는) 밧줄 상의 뱀에 대한 망상처럼 일어나고, 올바른 앎이 있을 때는 사라진다.
12. 속박은 실제로는 존재하지 않지만 세간적 즐김에 대한 욕망을 통해서 강해진다. 이 욕망이 가라앉으면 속박이 약해진다.
13. 바다에서 파도가 일어나듯, 광대하고 안정된 **지고아**(Supreme Self)라는 무변제無邊際(무한한 공간)에서 불안정한 마음이 일어난다.
14. 그 스스로 늘 (일체를) 재빨리 자유롭게 상상하는 것(마음) 때문에, (세계라는) 이 마술 같은 연극이 생시의 상태에서 투사된다.
15. 이 세계는 실재하지 않음에도 존재하는 것처럼 보이면서, 무지한 사람에게 평생에 걸쳐 고통을 안겨준다. 마치 (존재하지 않는) 유령이 아이에게 두려움을 안겨주듯이.
16. 금이라는 관념이 없는 사람은 (금으로 만든) 팔찌들만 본다. 그는 그것이 금에 지나지 않는다는 생각을 전혀 하지 못한다.
17. 마찬가지로, 도시·집·산·뱀들 등은 모두 무지한 사람의 눈에 별개의 대상들로 보인다. 절대적 견지에서는 이 대상[세계]은 주체[진아] 그 자체이며, (진아와) 별개가 아니다.
18. 무지한 사람에게는 세계가 불행에 가득 차 있지만, 지혜로운 사람에게는 그것이 **지복**에 가득 차 있다. 장님에게는 세계가 어둡지만, 눈을 가진 사람에게는 밝다.

19. 윤회계를 배척하고 모든 마음의 개념을 내버린 분별력 있는 사람의 지복은 부단히 증가한다.
20. 맑은 하늘에 갑자기 나타났다가 홀연히 사라지는 구름처럼, 전 우주는 진아 안에서 그와 같(이 나타나고 사라진)다.
21. 햇살을 해와 다르지 않게 보며, 그것이 해 그 자체임을 깨닫는 사람들을 무상인無相人(nirvikalpa)[차별상이 없는 사람]이라고 한다.
22. 자세히 살펴보면 천은 실에 불과하듯이, 탐구해 보면 이 세계도 진아에 지나지 않는다.
23. 이 매혹적인 세계는 의식이라는 감로의 바다에서 하나의 파도처럼 일어나고 그 안에서 해소된다. 그렇다면 어떻게 그것이 도중에[그것이 나타날 때] 의식과 다를 수 있겠는가?
24. 포말·파도·이슬·거품들이 물과 다르지 않듯이, 진아에서 나온 이 세계도 진아와 다르지 않다.
25. 열매·잎·덩굴·꽃·가지·뿌리들로 이루어진 한 그루 나무가 그 나무의 씨앗 속에 존재하듯이, 이 현상 세계도 브라만 안에 존재한다.
26. 항아리가 (결국) 진흙으로 돌아가고 파도가 물로, 장신구가 금으로 돌아가듯이, 진아에서 나온 이 세계도 (궁극적으로) 진아로 돌아간다.
27. 밧줄을 인식하지 못하면 뱀이 나타나고 밧줄을 인식하면 뱀이 사라지듯이, 진아를 인식하지 못하면 이 세계가 나타나고 진아를 인식하면 세계가 사라진다.
28. 밧줄(임을 모르는 것)이 뱀을 나타나게 하듯이, 눈에 보이지 않는 진아에 대한 우리의 망각이 세계를 나타나게 한다.
29. 생시 상태에서는 꿈이 실재하지 않고 꿈속에서는 생시 상태가 실재하지 않듯이, 탄생 속에서는 죽음이 실재하지 않고 죽음 속에서는 탄생이 실재하지 않는다.

30. 이처럼 이 모든 것은 실재하지도 않고 실재하지 않는 것도 아니다. 그것들은 미혹의 효과이며, 과거의 어떤 경험들에서 일어나는 인상에 불과하다.

제3장 해탈자의 특징

1. **진아지**眞我知는 욕망이라는 마른 풀을 태워버리는 불길이다. 이것이 실로 삼매라고 하는 것이며, 단순한 묵언이 삼매는 아니다.
2. 전 우주는 실로 의식에 지나지 않는다는 것을 깨달아 아주 고요히 머무르는 자는 브라만이라는 갑옷으로 보호받는다. 그는 행복하다.
3. 일체를 넘어서 있는 상태를 성취하여 늘 보름달처럼 서늘하게 머무르는 요기가 진실로 **지고의 하느님**이다.
4. 가장 내밀한 **심장** 안에서, 브라만을 다루는 **우파니샤드**의 취지를 성찰하며, 기쁨과 슬픔에 동요되지 않는 자는 윤회에 시달리지 않는다.
5. 새와 짐승들이 불타는 산에서 피난처를 구하지 않듯이, 브라만을 아는 자에게는 악함[나쁜 생각들]이 결코 일어나지 않는다.
6. 지혜로운 이들도 어리석은 이들처럼 (가끔) 남들을 화나게 하지만, (그것은) 내적 감정을 제어하는 자신의 능력을 시험하기 위해서[다시 말해서, 남들이 내는 화가 자신에게 얼마나 영향을 주는지 알기 위해서]일 뿐이다.
7. (상상의) 뱀으로 인한 (몸의) 전율은 뱀이 없다는 것을 알고 난 뒤에도 (한동안) 지속되듯이, 모든 미혹을 제거한 뒤에도 미혹의 효과는 (한동안) 지속된다.
8. 수정이 그 안에서 반사되는 것에 의해 오염되지 않듯이, 진리를 아는 자는 자기 행위의 결과에 실제로는 영향을 받지 않는다.
9. 그가 외부적 행위에 몰두하고 있을 때에도 (진리를 아는 자는) 늘 내

면을 향해 있고, 마치 잠든 사람처럼 극히 고요하다.

10. 비이원성을 굳게 확신하고 완벽한 마음의 평안을 누리는 요기들은, 세계를 마치 하나의 꿈과 같이 보면서 자신의 일을 해 나간다.

11. 그[진리를 아는 자]에게 죽음이 오늘 찾아오든 영겁의 세월이 끝날 때 찾아오든, 그는 진흙에 묻힌 금처럼 오염되지 않은 상태로 머무른다.

12. 그는 까시(Kashi-바라나시)에서 몸을 버릴 수도 있고, 천민[문자적으로, 개 고기를 요리하는 자]의 집에서 몸을 버릴 수도 있다. 욕망 없는 자인 그는 (브라만에 대한) 지知를 성취하는 그 순간에 해탈한다.

13. 라마여, 욕망 없는 자에게는 대지가 소발자국(만큼이나 하찮은 것)이고, 수미산(Mt. Meru)도 하나의 흙무더기이며, 허공은 상자에 든 것 정도이고, 삼계三界는 풀잎 하나에 지나지 않는다.

14. 허공의 빈 그릇처럼 (진리를 아는 자는) 안팎으로 비어 있으면서, 동시에 그는 바다에 잠긴 그릇처럼 안팎으로 충만해 있다.

15. 자신이 보는 대상들을 좋아하지도 싫어하지도 않고, 마치 잠든 사람처럼 (세상 속에서) 행위하는 사람을 해탈자라고 한다.

16. (욕망의) 매듭에서 벗어나 있고 의심들이 해소된 사람은, 몸 안에 있을 때에도 해탈해 있다. 그는 속박되어 있는 것처럼 보일지 몰라도 실은 자유롭다. 그는 마치 그림 속의 등불 같은 상태로 있다.

17. 자신의 모든 에고적 습習을 쉽게[문자적으로, 놀이하듯이] 던져 버렸고 명상의 대상마저 내버린 사람은, 몸 안에 있을 때에도 해탈했다고 말해진다.

18. 장님처럼 자신의 친족들을 알아보지 못하고[문자적으로, 멀리 뒤로하고], 집착을 뱀처럼 두려워하며, 감각 향유와 질병을 같이 보고, 여자들과 가까이 하는 것을 마치 풀잎처럼 대수롭지 않게 여기며, 친구와 적을 구분하지 않는 사람은, 이승과 내세에서 행복을 경험한다.

19. 자신의 마음에서 모든 지각의 대상을 내던져 버리고 완전한 침묵을 성취하여, 슬픔에 영향 받지 않고 허공처럼 고요히 머무르는 사람이 곧 해탈자이며, 그는 지고의 하느님이다.

20. 가슴 속의 욕망들이 종식된 고귀한 마음의 소유자가 해탈자이다. 그가 명상을 하든 않든, 행위를 하든 않든 그것은 중요하지 않다.

21. 비진아(몸) 안에 자기(진아)가 있다는 관념이 속박이며, 그것을 내던져 버리는 것이 해탈이다. 항상 자유로운 진아에게는 속박도 없고 해탈도 없다.

22. 지각의 대상들이 실제로는 존재하지 않는다는 것을 지각하여 마음이 (대상들로부터) 완전히 벗어나면, 해탈의 위없는 지복이 따라온다.

23. 모든 원습을 내버리는 것이 최상의[진정한] 해탈이라고 현자들은 말한다. 그것은 (해탈을 성취하는) 확실한 방법이기도 하다.

24. 해탈은 하늘 저편에 있지 않고 저승에도 있지 않고 지상에도 있지 않다. 모든 욕망을 뿌리 뽑는 데서 나오는 마음 소멸이 해탈로 간주된다.

25. 라마여, 지성도 없고 무지도 없고 마음도 없고 개아(jiva)도 없다. 그런 것들은 모두 브라만 안에서 상상된 것이다.

26. 무한하고 순수한 의식이자 지복이며 무제약적인 비이원성 안에 자리 잡고 있는 사람은 두 번째 개체를 보지 않는데, 그런 사람에게 속박이나 해탈의 문제가 어디 있는가?

27. 라마여, 마음이 그 자신의 활동으로 그 자신을 속박한 것이다. 마음이 고요해지면 그것은 자유롭다.

제4장 마음의 해소

1. 나뉘어 있지 않는 의식이 그 자신에게 바람직한 대상들을 상상하여 그것을 쫓아간다. 그럴 때 그것을 마음이라고 한다.
2. 이 전재全在·전능全能한 지고의 하느님으로부터, 마치 물에서 물결이 일어나듯 별개의 대상들을 상상하는 힘이 일어났다.
3. (불길을 향해 부친) 바람에서 일어난 불이 같은 바람에 의해 꺼지듯이, 상상에서 태어나는 것도 상상 자체에 의해 소멸된다.
4. 마음은 망각으로 인해 이 상상을 통해서 생겨났다. 꿈속에서 경험하는 자기 자신의 죽음처럼, 자세히 살펴보면 그것은 사라진다.
5. 자기 아닌 것 속에 자기가 있다는 관념은 그릇된 이해에서 비롯된다. 라마여, 비실재를 실재한다고 보는 관념이 곧 마음이라는 것을 알라.
6. "이것은 그다", "나는 이것이다", "저것은 내 것이다." 그런 관념들이 마음을 구성한다. 이 거짓된 관념들을 궁구하면 마음은 사라진다.
7. 어떤 것들은 받아들이고 어떤 것들은 물리치는 것이 마음의 성품이다. 이것이 속박이며, 달리 아무것도 아니다.
8. 마음이 세계의 창조자이고, 마음이 그 사람(purusha)이다. 마음이 하는 것만 한다고 할 수 있고, 몸이 하는 것은 그렇지 않다. 우리가 아내를 포옹하는 팔은 딸을 포옹하는 팔과 같은 팔이다.
9. 마음이 지각 대상들의 원인이다[즉, 그것들을 산출한다]. 삼계三界는 그것에 의존해 있다. 마음이 해소되면 세계도 해소된다. 노력하여 마음을

치유해야[정화해야] 한다.

10. 마음은 잠재적 인상들[원습]에 의해 속박된다. 아무 인상이 없으면 그것은 자유롭다. 그러니 라마여, 분별을 통해 아무 인상이 없는 상태를 속히 구현하라.

11. 구름 한 조각이 달을 오염시키고[오염시키는 것처럼 보이고] 잉크 한 방울이 회칠한 벽을 오염시키듯이, 욕망이라는 나쁜 귀신도 내면의 인간을 오염시킨다.

12. 라마여, 내면을 향한 마음으로 삼계三界 전체를 마른 풀인 양 지知의 불길에 공물로 바치는 사람은 마음의 환幻에서 벗어난다.

13. 사람이 받아들임과 물리침에 관한 참된 진리를 알고 나서, 일체를 내버리고 자기 자신 안에 안주하는 것 외에는 아무것도 생각하지 않을 때는, (그의) 마음이 생겨나지 않는다.

14. 마음은 생시 상태에서는 끔찍하고(ghoram), 꿈 상태에서는 부드러우며(santam), 깊은 잠 속에서는 둔하고(mudham), 이 세 가지 상태 중 어느 것에도 있지 않을 때는 죽어 있다.

15. 까따까(kataka) 씨앗 가루1)가 물속의 때를 가라앉힌 뒤 물에 합쳐지듯, 마음도 (모든 인상을 제거한 뒤에) 스스로 (진아에) 합일된다.

16. 마음이 윤회이다. 마음은 또한 속박이라고 이야기된다. 나무가 바람에 흔들리듯, 몸은 마음에 의해 활성화된다.

17. 손바닥으로 손바닥을 누르고, 이빨로 이빨을 갈고, 팔다리로 팔다리를 꼬듯이, (마음으로써) 먼저 그대의 마음을 정복하라.

18. 마음을 정복하지도 못하고 마음 내키는 대로 돌아다니면서 명상에 대해 이야기하는 바보는 정녕 부끄럽지 않겠는가?

---

1) *T.* 이것은 앞에 나온 니르말리 나무 열매의 가루를 말한다. 192쪽의 각주 21 참조.

19. 정복해야 할 유일한 신(god)은 마음이다. 그것을 정복하면 일체를 성취하게 된다. 그것을 정복하지 못하면 다른 모든 노력도 허사이다.
20. 동요되지 않는 것이 복됨(blessedness)의 토대이다. 사람은 그것으로 해탈을 성취한다. 인간으로서 마음을 정복하지 못하면, 설사 삼계三界를 정복했다 할지라도 그것은 풀잎만큼이나 하찮은 것이다.
21. 진인들과의 친교(사뜨상가), 욕습의 포기, **자기탐구**(self-enquiry), 호흡 제어―이것이 마음을 정복하는 수단이다.
22. 가죽신을 신은 사람에게는 대지가 가죽으로 덮인 것과 같다. 마찬가지로, 충만한[나뉘지 않은] 마음에게는 세계가 감로로 넘쳐흐른다.
23. "나는 **브라만**이 아니다"라고 생각하면 마음이 속박된다. "나는 브라만이다"라고 생각하면 마음이 완전히 해방된다.
24. 마음이 버려지면[해소되면] 이원적이거나 일원적인 일체가 해소된다. 그 뒤에 남는 것은 평화롭고 영원하고 불행에서 벗어나 있는 **지고의 브라만**이다.
25. 순수한 의식의 상태를 성취하여 죽음을 극복한, 순수한 마음의 소유자가 느끼는 지고의 기쁨에 비길 것은 아무것도 없다.

제5장 원습의 소멸

1. 라마여, "나는 누구인가?"라는 이 **진아탐구**(enquiry into the Self)는 마음이라고 하는 삿된 나무의 씨앗들을 태워 버리는 불이다.

2. 바람이 그림 속의 덩굴나무에 영향을 주지 않듯이, (진리에 대한) 이해가 확고하게 강화되고 탐구의 거울 속에서 (늘) 반사되는 사람에게는 번뇌가 영향을 주지 못한다.

3. 진리를 아는 이들은 **진아**의 진리에 대한 탐구가 지(知)라고 선언한다. 우유 속의 단맛처럼, 알아야 할 것은 그 안에 들어 있다.

4. 탐구로써 **진아**를 깨달은 사람에게는 브라마·비슈누·시바가 자비심의 대상이다.

5. "이 방대한 우주는 무엇인가?", "나는 누구인가?" 하고 (부단히) 탐구하기 좋아하는 사람에게, 이 세계는 정말 실재하지 않는 것이 된다.

6. (신기루임을) 아는 자에게는 신기루에 물이 있다는 관념이 일어나지 않듯이, 일체가 **브라만**임을 깨달아 무지가 소멸된 사람에게는 원습이 일어나지 않는다.

7. 원습의 포기나 호흡 제어에 의해 마음은 마음이기를 그친다. 그대의 마음이 끌리는 어느 것이든, 그것을 닦으라.

8. 순수한 영혼이여, 진인들과의 친교와 참된 경전을 소중히 여기라. (그러면) 그대는 몇 달이 아니라 며칠 안에 **지고한 의식의 상태**에 도달할 것이다.

9. 진인들과 친교하고, 윤회에 대한 모든 생각을 버리며, 몸은 언젠가 죽을 수밖에 없다는 것을 기억하면 원습들이 활동을 그친다.
10. 라가바(Raghava-라마의 별칭)여, 무지한 사람이라도 굳은 확신으로써 독을 감로로 바꾸고, 감로를 독으로 바꿀 수 있다.
11. 이 몸을 실재한다고 여기면 그것이 한 몸의 이익에 봉사하지만, 그것이 실재하지 않음을 보면 그것은 허공처럼[실체가 없는 것으로] 된다.
12. 라마여, 부드러운 침상에 누워 있는 동안 그대는 꿈의 몸을 가지고 사방을 돌아다니지만, 지금 (생시 상태에서) 그 몸은 어디 있는가?
13. 덕 있는 사람이 개고기를 들고 가는 불가촉천민의 여자와 접촉하기를 피하듯이, 사람은 모든 것을 잃는 한이 있어도 "나는 몸이다"라는 생각을 버려야 한다.
14. 구도자가 브라만만을 생각하고 고뇌에서 벗어나 고요히 머무르면, 그의 에고성이 저절로 죽는다.
15. 사람이 도처에서 사물들의 단일성을 깨달으면, 늘 고요하고 '나'라는 느낌 없이 내적으로 서늘하며, 허공처럼 순수하게 머무른다.
16. 내적으로 서늘하면 전 세계가 서늘할 것이고, 내적으로 뜨거우면[요동하면] 전 세계가 하나의 뜨거운 덩어리가 될 것이다.

제6장 진아에 대한 명상

1. 마야를 넘어서 있는, 순수하고 오염 없고 무한한 의식인 나는, 활동하고 있는 이 몸을 마치 남의 몸처럼 본다.
2. 마음·지성·감각기관 등은 모두 의식의 유희이다. 그것들은 실재하지 않지만, 통찰력의 부족으로 인해 존재하는 것처럼 보일 뿐이다.
3. 역경에 동요되지 않고, 영화를 누리는 온 세상 사람들의 친구이면서, 존재와 비존재라는 생각도 없이, 나는 불행에서 벗어나 살아간다.
4. 활동하지 않는 나는, 욕망이 없고, 하늘처럼 맑고, 갈망에서 벗어나 있으며, 고요하고, 형상이 없고, 영원하고, 부동이다.
5. 나는 이제 5대 원소와 삼계三界와 나 자신이 순수한 의식임을 분명하게 이해했다.
6. 나는 일체의 위에 있고, 도처에 존재하며, 허공과 같다. 나는 (참으로) 존재하는 것이다. 이 이상은 아무 말도 할 수가 없다.
7. 우주의 상상적 파도들이 무한한 의식의 바다인 내 안에서 일어나든 스러지든, 내 안에서는 어떤 늘어남도 줄어듦도 없다.
8. 무한한 의식의 바다인 내 안에서, 개아들(*jivas*)의 파도가 일어나서 잠시 유희하다가 그들의 성품에 따라 사라진다는 것은 얼마나 경이로운가!
9. 나의 무지로 인해 생겨났던 세계가 마찬가지로 내 안에서 해소되었다. 나는 이제 의식의 **지고한 지복**으로서의 세계를 직접 체험한다.

10. 나는 모든 존재들 안에 있는 나 자신에게, 곧 내적인 의식으로서 안주해 있는 늘 자유로운 진아에게 절한다.

제7장 정화의 방법

1. 라가바여, 겉으로는 활동하되 안으로는 활동하지 말고, 겉으로는 행위자여도 안으로는 비행위자가 되라. 이와 같이 세상 속에서 그대의 역할을 하라.
2. 라가바여, 안으로 모든 욕망을 버리고 집착과 원습에서 벗어나, 밖으로 일체의 일을 하라. 이와 같이 세상 속에서 그대의 역할을 하라.
3. 라가바여, 모든 내관의 대상을 버리는 것을 특징으로 하는 포괄적인 견해를 취하고, 타고난 진아 안에서 살면서 생전에 해탈하라. 이와 같이 이 세상 속에서 그대의 역할을 하라.
4. "나는 단 하나의 순수한 의식이다"라는 확신의 불길로 이원성의 숲을 불태우고, 행복한 상태로 머무르라.
5. 그대는 "나는 몸이다"라는 관념에 의해 사방에서 견고히 속박된다. "나는 의식이다"라는 지知의 검으로 그 속박을 자르고 행복해져라.
6. 비非진아에 대한 집착을 버리고, 세계를 부분 없는 것[전체]으로 보며, 내면을 향한 주의력으로써 집중된 채, 순수한 의식으로서 머무르라.
7. 생시·꿈·깊은 잠의 상태를 넘어서 있는 그대의 부단한[참된] 성품인 순수한 의식으로서 항상 머무르라.
8. 팔이 강한 자여, 바위처럼 지각력이 없지는 않되 마치 바위의 심장처럼 늘 마음의 개념들에서 벗어나 있으라.
9. 이해되는 대상도 되지 말고 이해하는 자도 되지 말라. 모든 개념을

10. 나는 모든 존재들 안에 있는 나 자신에게, 곧 내적인 의식으로서 안주해 있는 늘 자유로운 진아에게 절한다.

제7장 정화의 방법

1. 라가바여, 겉으로는 활동하되 안으로는 활동하지 말고, 겉으로는 행위자여도 안으로는 비행위자가 되라. 이와 같이 세상 속에서 그대의 역할을 하라.
2. 라가바여, 안으로 모든 욕망을 버리고 집착과 원습에서 벗어나, 밖으로 일체의 일을 하라. 이와 같이 세상 속에서 그대의 역할을 하라.
3. 라가바여, 모든 내관의 대상을 버리는 것을 특징으로 하는 포괄적인 견해를 취하고, 타고난 진아 안에서 살면서 생전에 해탈하라. 이와 같이 이 세상 속에서 그대의 역할을 하라.
4. "나는 단 하나의 순수한 의식이다"라는 확신의 불길로 이원성의 숲을 불태우고, 행복한 상태로 머무르라.
5. 그대는 "나는 몸이다"라는 관념에 의해 사방에서 견고히 속박된다. "나는 의식이다"라는 지知의 검으로 그 속박을 자르고 행복해져라.
6. 비非진아에 대한 집착을 버리고, 세계를 부분 없는 것[전체]으로 보며, 내면을 향한 주의력으로써 집중된 채, 순수한 의식으로서 머무르라.
7. 생시·꿈·깊은 잠의 상태를 넘어서 있는 그대의 부단한[참된] 성품인 순수한 의식으로서 항상 머무르라.
8. 팔이 강한 자여, 바위처럼 지각력이 없지는 않되 마치 바위의 심장처럼 늘 마음의 개념들에서 벗어나 있으라.
9. 이해되는 대상도 되지 말고 이해하는 자도 되지 말라. 모든 개념을

버리고 그대의 실체(순수한 의식)로서 머무르라.

10. 한 개념으로 다른 개념을 없애고 마음으로써 마음을 없애어, 진아에 안주하라. 이것이 그렇게 어려운가, 성스러운 자여?

11. 근심으로 인해 붉게 달아오른 마음을, 경전 공부를 통해 예리해진 쇠 같은 마음으로 잘라 버려라.

12. 라가바여, 그대가 그 지각력 없고 말 못하는 몸과 무슨 관계 있는가? 왜 그로 인한 기쁨과 슬픔으로 무력함과 비참함을 느끼는가?

13. (몸을 이루는) 살·피 등과 의식의 화신인 그대 간에 얼마나 엄청난 차이가 있는가! 이것을 알고 나서도 왜 그 몸 안에 자기가 있다는 관념을 버리지 않는가?

14. 이 몸이 한 토막의 나무나 한 덩이의 흙과 같다는 것을 알기만 해도 사람은 지고의 진아를 깨달을 수 있다.

15. 사람들이 실재하는 브라만을 잊어버린 동안, 무지(avidya)라고 하는 비실재가 그들에게 아주 실재하는 것처럼 보인다는 것은 얼마나 이상한 일인가!

16. 사람들이 지고의 브라만을 잊어버린 채, 무지라고 불리는 "이것은 내 것이다"라는 관념을 확고히 붙들고 있다는 것은 또 얼마나 이상한 일인가!

17. 그대가 일을 할 때는 집착 없이 그 일을 하라. 마치 수정이 그 앞에 있는 대상들을 반사하(면서도 그것들에 영향을 받지 않)듯이.

18. 일체가 브라만이라는 확신은 사람을 해탈로 이끈다. 그러니 무지인 이원성의 관념을 전적으로 배격하라. 그것을 전적으로 배격하라.

제8장 진아에 대한 숭배

1. 그대 자신을 몸에서 분리하고 의식 안에 편안히 안주하면 그대는 하나[유일한 실재]가 될 것이고, 다른 모든 것은 풀처럼 (하찮게) 보일 것이다.

2. 그대가 그것을 가지고 이 세계를 아는 그것(의식)을 알고 나면 마음을 안으로 돌려라. 그러면 진아의 광휘를 분명하게 볼[깨달을] 것이다.

3. 라가바여, 그것을 가지고 그대가 소리·맛·형상·냄새를 인식하는 그것은 그대의 진아, 곧 지고의 브라만, 하느님들 중의 하느님이라는 것을 알라.

4. 라가바여, 그 안에서 존재들이 진동하는 그것, 그들을 창조하는 그것, 그 진아가 그대의 진정한 자아임을 알라.

5. 추론을 통해서 '비진리'임이 알려지는 모든 것을 배격한 뒤에 순수한 의식으로서 남는 것, 그것을 그대의 진정한 자아로 여기라.

6. 지知는 그대와 별개가 아니며, 알려지는 것(대상들)은 지知와 별개가 아니다. 따라서 진아 아닌 것은 아무것도 없고, (그것과) 별개인 아무것도 없다.

7. "브라마·비슈누·시바·인드라 기타 모든 신들이 늘 하는 것은, 의식의 화신인 내가 하는 것이다." 이렇게 생각하라.

8. "나는 전 우주이다. 나는 쇠퇴하지 않는 지고의 진아이다. 나와 별개의 어떤 과거도 미래도 없다." 이렇게 성찰하라.

9. "일체가 단 하나인 브라만이고, 순수한 의식이며, 모두의 불가분하고 불변인 진아이다." 이렇게 성찰하라.
10. "나도 없고 다른 어떤 것도 없다. 도처에 늘 지복에 충만한 브라만만 존재한다." 이에 대해 차분하게 명상하라.
11. 지각하는 자와 지각 대상이 있다는 느낌은 몸을 가진 모든 존재들에게 공통되지만, 요기는 단 하나인 진아를 숭배한다.

제9장 진아에 대한 설명

1. 몸·감각기관 등의 이 집합체가 자기 스스로 활동하면 "나는 이것이다"라는 관념이 일어난다. 이것이 무지의 때로 오염된 개아(ego)이다.
2. 일체가 허공 같은[일체에 편재하는] 의식이라는 확신이 확고해지면, 그 개아는 기름 없는 등불처럼 끝이 난다.
3. 잘못된 생각으로 자신의 고귀한 신분을 팽개치고 수드라의 삶을 사는 브라민처럼, 하느님이 개아의 역할을 맡는다.
4. 아이가 (자신이 상상한) 유령을 보듯이, 어리석은 개아는 미혹으로 인해 이 실재하지 않는 몸을 창조하여 그것을 본다.
5. 아이가 점토 코끼리에 (진짜) 코끼리를 덧씌워 그것을 가지고 놀듯이, 무지한 사람은 진아에 몸 등을 덧씌워 자신의 활동을 해나간다.
6. 뱀 그림이 그림일 뿐이라는 것을 알면 뱀에 대한 두려움이 생기지 않듯이, 개아라는 뱀을 분명하게 이해하면 불행도 없고 불행의 원인도 없다.
7. 화만花鬘 위에 덧씌워진 뱀(화만을 뱀으로 착각한 경우)이 그 화만에 합일되듯이, 진아에서 일어나는 별개성의 느낌도 진아에 합일된다.
8. 팔찌 등은 다수로 보이지만 금으로서 하나이듯이, 부가물(몸·마음 등)은 여럿이지만 진아는 실은 하나이다.
9. 몸의 기관들과 점토의 변상들[점토 그릇들]처럼, 비이원성이 이원성[다수성]으로, 곧 움직이거나 움직이지 않는 대상들의 형태로 현현한다.

10. 단 하나의 얼굴이 수정·수면水面·기(ghee) 혹은 거울 속에서 여럿으로 반사되듯이, (하나인) 진아도 (다수의) 지성 안에서 반사된다.
11. 하늘이 먼지·연기·구름에 의해 오염되(는 것처럼 보이)듯이, 순수한 진아도 마야의 성질들과 접촉하면 그에 의해 오염된다[즉, 오염되는 것처럼 보인다].
12. 금속이 불과 접촉하면 불의[열의] 성질을 얻듯이, 감각기관 등도 진아와 접촉하면 진아의 성질을 얻는다.
13. 눈에 보이지 않는 라후(Rahu)[1]가 달에 포획되면[즉, 달과 접촉하게 되면] 눈에 보이게 되듯이, 진아도 지각의 대상들을 경험함으로써 (우리에게) 알려진다.
14. 물과 불이 함께 있으면 서로의 성질을 얻듯이, 진아와 지각력 없는 몸이 함께 있으면 진아가 비非진아처럼, 비진아가 진아처럼 보인다.
15. 큰 물 속에 던져진 불이 그 성질을 잃듯이, 실재하지 않고 지각력 없는 것과 접촉한 의식도 그것의 진정한 성품을 잃고 지각력이 없어지는 것처럼 보인다.
16. 사탕수수에서 설탕을 얻고, 참깨에서 기름을 얻으며, 나무에서 불을 얻고, 암소에게서 버터를, 암석에서 쇠를[광석을] 얻듯이, 노력해야만 몸 안에서 진아를 깨달을 수 있다.
17. 매끈한 수정 속에서 보이는 하늘처럼, 의식의 성품을 지닌 지고의 하느님은 모든 대상들 속에서 보인다[즉, 존재한다].
18. 보석으로 만든 그릇 속에 넣어 둔 큰 등불이 그 자신의 빛으로 안팎을 모두 비추듯이, 단 하나인 진아도 그렇게 (일체를) 비춘다.

---

1) T. 일식 때 가려지는 해의 검은 부분. 힌두 전설에서 이 검은 부분은 수리야(Surya)[태양]에게 원한이 있는 라후가 해를 집어먹는 것이라고 보았다. 여기서는 달이 라후를 포획하면서 그것이 검은 부분으로 보인다는 관념을 표현했다.

19. 거울에 비친 해의 반사광이 (다른 것들을) 비추듯이, 순수한 지성들 안에서 반사되는 진아의 반사광도 그렇게 (다른 것들을) 비춘다.
20. 밧줄 상의 뱀처럼 이 경이로운 우주가 그 안에서 나타나는 그것은, 영원히 빛나는 진아이다.
21. 진아는 시작도 끝도 없다. 그것은 불변의 존재이고 의식이다. 그것은 허공을 현현하고, 개아의 근원이며, 가장 높은 것보다도 더 높다.
22. 진아는 영원불변하고 도처에 편재하며, 햇빛처럼 스스로 빛나는 순수한 의식이다.
23. 만물의 바탕이며 도처에 편재하는 진아는, 불에서 나오는 열이 불과 다르지 않듯이 찬란한 의식과 다르지 않다. 우리는 그것을 (알 수 없고) 체험할 수 있을 뿐이다.
24. 지성이 없는 순수 의식, 곧 만물을 비추는 자이고, 불가분이며, 안팎으로 (일체에) 편재하는 지고의 진아가 (만물의) 확고한 지지물이다.
25. 진아는 절대적 의식이다. 그것은 쇠퇴하지 않고, 수용과 배척의 모든 관념에서 벗어나 있으며, 공간·시간 혹은 종별種別에 의해 한정되지 않는 순수한 자각이다.
26. 우주 안의 기운이 일체에 편재하듯이, 진아 곧 하느님도 (일체의 안에) 몸 없이 거주한다.
27. 광활한 대지 안에, 장신구들 안에, 하늘과 해 안에 존재하는 의식은, 땅 밑에서 껍질 속에 들어 있는 벌레들 속에도 존재한다.
28. 속박도 해탈도 없고, 이원성도 비이원성도 없다. 의식으로서 항상 빛나는 브라만이 있을 뿐이다.
29. 자각이 브라만이고, 세계가 브라만이며, 다양한 원소들이 브라만이다. 내가 브라만이고, 나의 적이 브라만이며, 나의 친구와 친척들이 브라만이다.

30. 하나의 의식과 의식의 한 대상이 있다는 개념은 속박이고, 거기서 벗어나는 것이 **해탈**이다. 의식, 의식의 대상, 기타 일체가 **진아**이다. 이것이 모든 철학 체계의 요지이다.
31. 여기에는 **의식**밖에 없다. 이 우주는 **의식**에 불과하다. 그대가 **의식**이고, 내가 **의식**이며, 세계들이 **의식**이다. 이것이 결론이다.
32. 존재하는 것과 빛나는 것[존재한다고 알려진 것]은 모두 **진아**이며, 빛나는 것처럼 보이는 다른 무엇도 (실제로는) 존재하지 않는다. 의식만이 그 스스로 빛난다. 아는 자와 알려지는 것이라는 관념은 안이한 가정이다.

제10장 열반

1. **지고**의 **지복**은 감각기관들이 그 대상들과 접촉하는 것으로는 체험할 수 없다. 그 지고의 상태는 일념의 **탐구**를 통해 마음이 절멸되었을 때의 상태이다.

2. 감각기관들이 그 대상과 접촉할 때 일어나는 지복은 하급의 것이다. 감각 대상들과의 접촉은 속박이며, 거기서 벗어나는 것이 **해탈**이다.

3. 존재와 비존재 사이의 순수한 상태를 성취하여 그것을 꽉 붙들고, 안이나 밖의 세계를 받아들이거나 물리치지 말라.

4. 지각력 있는 것과 지각력 없는 것 사이의 참된 **실재**, 즉 무한한 허공 같은 **심장**에 늘 의지하라.

5. 아는 자와 알려지는 대상이 있다는 믿음이 속박이다. 아는 자는 알려지는 것에 의해 속박되며, 알아야 할 것이 아무것도 없을 때 해탈한다.

6. 우리는 '보는 자, 보이는 것, 봄'의 관념들을 과거의 원습들과 함께 내버리고, 봄의 토대가 되는 원초적 빛인 **진아**에 대해 명상한다.

7. 우리는 영원한 **진아**, 곧 존재와 비존재라는 두 가지 관념 사이에 있는 빛들 중의 빛에 대해 명상한다.

8. 우리는 저 의식의 **진아**, 곧 우리의 모든 생각의 열매를 하사하는 자, 모든 빛나는 대상들을 비추는 자, 받아들여진 모든 대상들의 가장 먼 한계선에 대해 명상한다.

9. 우리는 저 불변의 **진아**—곧 보는 자와 보이는 것 간의 가까운 접촉으로 인해 마음 안에서 그것의 지복이 일어나는, 우리의 **실재**에 대해 명상한다.

10. 만약 사람이 생시의 상태가 끝나고 잠이 시작될 무렵에 오는 상태에 대해서 명상하면, 쇠퇴하지 않는 **지복**을 직접 체험할 것이다.

11. 그 안에서는 모든 생각이 고요한, 생시와 꿈의 상태와는 다른 바위 같은 상태가 우리의 **지고한 상태**이다.

12. 점토 항아리 속의 점토처럼, **존재**이자 허공 같은 의식이며 **지복**인 지고의 하느님은 도처에 존재하며 (사물들과) 별개가 아니다.

13. **진아**는 생각의 파도에 의해 동요되는 의식의 끝없는 바다로서, 스스로 빛난다.

14. 바다가 물에 지나지 않듯이, 사물들의 전 세계는 무한한 공간처럼 모든 영역을 채우고 있는 의식에 지나지 않는다.

15. 브라만과 허공은 눈에 보이지 않고 일체에 편재하며 파괴 불가능하다는 점에서 비슷하지만, **브라만**은 동시에 **의식**이기도 하다.

16. 파도가 없고 심오한, 단 하나의 순수한 감로의 바다가 있으니, 그것은 어디에서나 속속들이 감미롭다[즉, 지복스럽다].

17. 이 모든 것이 진실로 **브라만**이며, 이 모든 것이 **아뜨만**이다. 브라만을 "나는 무엇이다"와 "이것은 다른 것이다"로 갈라놓지 말라.

18. 브라만은 일체에 편재하고 불가분이라는 것을 깨닫자마자, 이 광대한 윤회계가 곧 **지고의 하느님**이라는 것을 발견하게 된다.

19. 일체가 브라만이라는 것을 깨닫는 사람은 참으로 **브라만**이 된다. 만약 불사의 감로를 마신다면 누구인들 **불멸자**가 되지 않겠는가?

20. 그대가 지혜롭다면 그런 확신으로 인해 그것[브라만]이 될 것이다. 만약 지혜롭지 않다면, 되풀이하여 말해주어도 그것은 재 위에 던져진

(공물처럼 쓸모없는) 것이 될 것이다.

21. 설사 그대가 진정한 진리를 알았다 하더라도 늘 그것을 닦아야 한다. (흐린) 물은 '까따까(kataka) 열매'라는 말을 중얼거리는 것만으로 맑아지지 않을 것이다.

22. 사람이 "나는 쇠퇴하지 않는 바수데바(Vasudeva)로 불리는 지고의 진아다"라는 굳은 확신을 가지고 있으면 해탈하겠지만, 그렇지 않으면 속박된 채로 있게 된다.

23. 모든 것을 "이건 아니다, 이건 아니다"로 제거하고 나면, 제거될 수 없는 **지고의 존재가** 남는다. (이때) "내가 **그것이다**"라고 생각하면서 행복하라.

24. **진아**가 곧 하나이면서 전체인 **브라만**이라는 것을 늘 알고 있으라. 나 눌 수 없는 것이 어떻게 "나는 명상자다"와 "저것은 명상의 대상이 다"로 나누어질 수 있겠는가?

25. 사람이 "나는 순수한 의식이다"라고 생각할 때 이를 명상이라고 하며, 명상이라는 생각마저 잊혀질 때 그것이 삼매이다.

26. 치열한 **진아탐구**의 수행을 통해 '나'라는 느낌 없이 브라만과 관계되는 심적 개념들의 부단한 흐름을 성취했을 때, 그것이 분별삼매分別 三昧(samprajnata samadhi)라는 것이다.

27. 겁劫(kalpas)이 다할 때의 특징인 폭풍이 불고, 모든 바다들이 한데 합쳐지며, 열두 개의 태양이 (동시에) 타오른다 하더라도, 마음이 소멸된 사람에게는 어떤 해害도 미치지 못한다.

28. 모든 존재들의 일어나고 스러짐을 주시하는 자인 저 **의식**은, 불멸의 **지고한 지복**의 상태라는 것을 알라.

29. 움직이거나 움직이지 않는 그 무엇도 마음이 그려낸 하나의 대상일 뿐이다. 그 마음이 절멸되면 이원성[다수성]이 지각되지 않는다.

30. 불변이고 상서롭고 고요한 것, 그 안에 이 세계가 존재하는 것, 그것이 그 자체를 가변적이거나 불변적인 대상들로 현현하는 것—그것이 곧 유일무이한 **의식**이다.

31. 뱀이 허물을 벗기 전에는 그것을 자기 자신으로 여기지만, 자신의 굴 안에서 허물을 벗고 나면 더 이상 그것을 자기 자신으로 여기지 않는다.

32. 선과 악을 공히 초월한 사람은 아이처럼 죄의 견지에서 금지된 행위를 회피하지도 않고, 공덕의 견지에서 권장되는 행위를 하지도 않는다.

33. 아직 실제로 조각하지 않았다 해도 기둥[즉, 기둥으로 만들 돌덩이] 안에 조각상이 들어 있듯이, 세계는 **브라만** 안에 존재한다. 따라서 **지고의 상태**는 그저 비어 있음(void)이 아니다.

34. 석상을 실제로 조각하지 않으면 기둥에 아직 석상이 없다고 말하듯이, **브라만**도 세계라는 인상이 없을 때는 비어 있다고 이야기된다.

35. 고요한 물에 잔물결이 있다거나 없다고 말할 수 있듯이, **브라만** 안에도 세계가 있다거나 없다고 말할 수 있다. 그것은 공空[비어 있음]도 아니고 유有[존재함]도 아니다.

4
리부 기타의 핵심

― The Essence of Ribhu Gita

N. R. 크리슈나무르티 아이어 영역英譯

The Essence of Ribhu Gita

Selection and English Translation

By Prof. N. R. Krishnamoorthi Aiyer

(First edition, 1984, Eighth edition, 2018)

서언

스리 라마나스라맘은 바가반 라마나께서 당신의 『대담』에서 자주 언급하신 한 기념비적 저작에 대한 이 탁월한 영어 축약본을 간행하게 되어 기쁘다. 우리는 영역자가 (그 저작에서) 핵심 구절들을 가려 뽑을 때, 스리 바가반 덕분에 친숙해진 구절들을 포함시켰다는 점을 알아차리게 될 것이다.

바가반 라마나께서는 영역자에게 『리부 기타(Ribhu Gita)』[1]를 수행 삼아 공부해 보라고 권하셨다. 이 고전적 저작에 대한 독실한 학도였던 영역자는, 자신의 스승님(바가반)의 은총을 통해 그것을 번역할 온전한 자격을 갖추었다. 우리는 이제 다행히도 이 희유하고 아름다운 번역본을 우리 곁에 두게 되었다.

N. R. 크리슈나무르티 아이어 교수는 마두라이(Madurai)의 아메리칸칼리지(American College) 물리학과 과장이었다. 그는 현대과학의 객관성에 몰입해 있었고, 이 방면에 정통한 많은 미국 교수들과 밀접하게 교류해 왔다. 이와 같이 그는 과학적 엄밀성과 정확성에 대해 일가견이 있는 물리학자이다. 그는 진보된 영적 달인의 한 사람이기도 하기에, 과학과 영성 사이에서 이론적으로 뿐만 아니라 실제적으로도 주목할 만한 평형을 이룰 수 있다.

---

1) T. 『시바라하시야 뿌라나(Sivarahasya Purana)』에서 진인 리부(Ribhu)와 그의 제자 니다가(Nidhaga)의 대화를 통해 브라만과 아뜨만을 논하는 부분. 단행본으로 많이 유통된다.

진지한 구도자들은 그가 대단한 엄밀성과 영적인 통찰력을 겸비하고 원본 텍스트의 핵심을 포착할 수 있었던 것에 대해서 깊은 감사의 마음을 갖게 된다.

1984년 8월 15일
'마운틴패스' 주간主幹
V. 가네산(Ganesan)

서문

『리부 기타』는 『시바 라하시야(Siva Rahasya)』라는 산스크리트 저작의 제6권을 이룬다. 이것은 카일라스 산의 주 시바(Lord Siva)가 그의 헌신자 리부(Ribhu)에게 주는 가르침인데, 이 『기타』의 이름이 그래서 나왔다.

이 『리부 기타』를 명망 높은 브라민 베다 학자이자 일가를 이룬 타밀어 학자이기도 했던 빅슈 사스뜨리갈(Bhikshu Sastrigal)이 타밀어로 옮겼다. 그는 이 저작을 울라가나타 스와미갈(Ulaganatha Swamigal)이라는 필명으로 번역했고, 그런 노력으로 인해 타밀의 시바 헌신자들 사이에서 큰 명성을 얻었다.

원본 산스크리트 저작을 타밀어로 의역한 1,924연의 그 번역이 눈부시게 뛰어났으므로, 바가반 스리 라마나 마하르쉬께서는 영적인 수행을 강력히 뒷받침하는 방편으로 그것의 낭송을 권하셨다. 당신은 그 낭송 자체가 자연발로적인 진아안주로 이어진다고 말씀하시곤 했다.

여기에 내놓는 본서는 그 타밀어 원본에서 뽑은 122연을 영어 산문으로 의역한 것인데, 단순히 기계적인 축어역逐語譯이기보다 원본의 핵심을 전달하는 데 주안을 두었다.

치열한 수행과 깨달은 스승—주 시바에 대한 헌신의 삶에 의해 시바-진아(Siva-Self) 안에 확고히 안주하는 분—의 도움으로 뒷받침되지 않는다면, 이 영역본을 읽는 것만으로는 미흡할 것이다. 가려 뽑은 연들 중 일부에서도 이런 측면이 강조되고 있다.

리부 기타의 핵심 **257**

이 영역본을 읽고 난 전 세계의 헌신자들이 띠루반나말라이로 순례를 와서, 주 **아루나찰라 시바**와 스리 라마나스라맘의 당신 삼매지에 모셔진 **참스승 라마나**(Sat Guru Ramana)의 친존에서 그들의 수행을 완성하기를, 본 번역자는 진지하게 바라고 기원하는 바이다.

1984년 8월 15일
띠루반나말라이, 스리 라마나스라맘에서
번역자 N. R. 크리슈나무르티 아이어

옴 나모 바가바떼 스리 라마나야

리부 기타의 핵심

기원시

시바께

1. 심장 안 '의식의 허공' 속의 순수한 자각이신, 지고의 주 시바께 절을 올리오니, 가네샤(Ganesa)와 구하(Guha)[1], 시바의 은총의 화신이신 어머니-샥띠(Mother-Shakti), 그리고 무수히 많은 천신들(Devas), 성자들, 헌신자들이 당신에 대한 명상에 의해 그들이 열망하던 목표를 성취했습니다. (제1장 제1연).

나따라자(Nataraja)께

2. 춤꾼 나따라자께서는 당신의 지복스러운 반려자인 자유와 함께 심장 속 '의식의 허공'에서 솟아 나오시니, 그리하여 영원히 해탈하는 당신의 헌신자들을 즐겁게 하셨습니다. 저 아난다 나떼사(Ananda Natesa)[2]께, 저희가 경건한 절을 올립니다. (제1장 제2연).

---

1) T. 가네샤는 시바의 맏아들로 가나빠띠 혹은 비나야까로도 불린다. 구하는 둘째 아들이며, 수브라마니아, 스깐다, 까르띠께야, 샨무카, 무루간 등으로도 불린다.
2) T. '지복의 화신 시바'의 의미이다. Natesa는 '연극, 무용'을 뜻하는 Nata와 '하느님'을 뜻하는 타밀어 Isa가 합쳐진 단어로, 나따라자와 같은 뜻이다.

아르다나리스와라(Ardhanareeswara)[3]께

3. 당신의 왼쪽 절반은 모든 현현물의 어머니이시고 오른쪽 절반은 모든 현현물의 아버지이신 저 형상께, 당신의 발에 있는 속이 빈 황금 발찌 안에 든 보석들의 쟁그랑거림은 모든 경전의 근원이며, 당신의 세 눈 [불·해·달]은 우주를 비추는 저 형상께, 저희가 경건한 경배를 드립니다. 저 신성한 형상이 언제나 우리를 가호해 주시기를. (제1장 제3연)

시바, 샥띠(Shakti), 비나야까(Vinayaka), 샨무카(Shanmukha)께

4. 시바, 곧 무한한 힘을 가지신 우주의 하느님께, 사뜨-찌뜨-아난다-샥띠, 곧 우주의 어머니께, 자유를 향할 때 모든 장애물을 제거하는 분이신 비나야까(가네샤)께, 그리고 당신의 상근기 헌신자들에게 구원에 이르는 시바-진아의 신적 지혜를 전수하시는 참스승 샨무카(Shanmukha)[4]께 절을 올립니다. (제1장 제4연)

---

[3] T. 아루나찰라 산을 가리킨다. 아루나찰라는 시바와 빠르바띠가 몸을 합친 형상이어서 이 산의 한쪽 절반은 시바, 다른 쪽 절반은 빠르바띠로 이루어져 있다고 한다.
[4] T. 샨무카('여섯 얼굴')는 시바의 둘째 아들인 수브라마니아의 다른 이름이다. 바가반 스리 라마나의 많은 헌신자들은 스리 라마나를 수브라마니아의 화현이라고 믿었다.

리부 기타의 핵심

다음 연들은 **시바**가 리부(Ribhu)에게 준 가르침인데, 리부는 다시 그 가르침을 자신의 제자인 니다가 리쉬(Nidhaga Rishi)에게 전수한다. 이 저작은 『리부 기타』라는 제목으로 되어 있다.

5. 우주는 태어나지 않았고, 유지되지도 않고, 해체되지도 않으니, 이것은 분명한 진리다. 우주의 이름과 형상이라는 모든 움직이는 그림자 영상들이 없는 순수한 **존재-자각-고요함**이라는 기본적인 스크린이 유일하고 영원한 **존재**(Existence)이다. (제2장 제33연).

6. 혹자는 이 이원성[다양한 존재들]의 우주가, 마음이 운용하는 감각기관들이 분명하게 보는 하나의 사실적인 2차적 실재라고 주장할지 모른다. 그러나 감각기관이 마음과 별개의 무엇인가? 마음 안에 내장된 그것들이 마음의 뒷받침 없이 기능할 수 있는가? 이 마음이란 생각들의 다발 아니고 무엇인가? 생각이란, 두 번째가 없는 유일한 **존재**인 순수한 **존재-자각-진아**의 고요하고 무한한 바다에 있는 찰나적인 물결들 아니고 무엇인가? (제2장 제34연).

7. 자개에서 보이는 은이라는 환幻의 존재는 기본적 실재인 자개의 실재성과 별개의 것이 아니다. 우주라는 환幻은 마음에 기초해 있고, 마음은 다시 고요한 **자각-존재-진아**에 기초한 하나의 환幻이다. (제2장 제35연).

8. 단일하고 무차별한 저 고요한 **존재-자각-진아**의 바다 안에서, 몸·감각기관·마음·지성과 개아들(*jivas*)[몸을 가진 영혼들]은 유일한 **진아**와 별개가 아닌 찰나적 물결들에 지나지 않는다. (제4장 제6연).

9. 이름과 형상의 우주, 몸을 가진 생명체들과 그들의 창조주, 마음, 욕망, 카르마[행위], 불행, 그리고 진아 아닌 모든 것은 진아의 힘에 의해 진아의 스크린에 투사된 생각 형성물(thought formations)일 뿐이다. (제5장 제25연).

10. 생각에서 벗어나 경각하고 있는 저 자각-진아(Awareness-Self) 안에 확고히 안주하는 상태가, 경전에서 브라만의 호칭으로 선언하는 일체화된 완전함(integral perfection), 요가, 지혜, 해탈, 본연삼매, 시바의 상태, 아뜨만-자아(Atman-Self)의 상태를 이룬다. (제5장 제26연).

11. 마음이란 결코 없었고, 세계·개아 등 그것의 무수한 형상들 중 어느 것도 없었다. 이 모든 것은 영원히 차별화할 수 없는 **지고의 브라만-진아**(Brahman-Self)의 형상이라는 데 추호도 의문이 없다. 이것이 진리이다. 이 위대한 비밀을 부지런히 듣고 완전히 이해하는 자는 브라만-진아로서 안주한다. (제5장 제28연).

무신해탈자無身解脫者의 위대함

12. 모든 대상적 지知가 추방되고, 생각이나 무지의 어떤 자취도 없으며, 생시·꿈·잠의 세 가지 상태 모두 쓸려나가고, 죽음과 탄생에 대한 모든 생각이 절멸되어 **브라만-자아**의 자연발생적 지복의 상태에 늘 자리 잡고 있는 **무신해탈자**(Videha Mukta)의 상태는 생각으로 헤아릴 수 없고, 말로 표현할 수는 더욱 없다. (제5장 제39연).

13. "나는 **진아-브라만이다**"의 계속된 염송은 해탈에 이르는 유일한 만트라 염송(mantra-japa)이 된다. 다양한 신들과 연관된 다른 모든 만트라 염송들을 확고히 피해야 한다. 그것들은 **진아** 아닌 세간적 목적을 추구하기 때문이다. 다른 모든 만트라 염송은 늘 사람을 세간적 향락의 속박에 헤어날 수 없이 얽혀들게 한다. (제6장 제37연).

사뜨-찌뜨-아난다-진아-시바와 시바 숭배

14. 사뜨-찌뜨-아난다-진아라는 영원하고 무한한 스크린 위에, 시바 자신의 힘에 의해서 샥띠가 현현된 우주의 움직이는 그림자 그림으로 투사되고, 해체 때는 다시 그 스크린 속으로 흡수된다.

    해·달·불·별·번개 같은 모든 빛나는 것들의 빛남은 진아-시바라는 스크린 안에 내재된 샥띠에게서 나오는 하나의 자비로운 선물이다. 그것들은 그 자체 밝기는 하나, 그들이 은폐하는 시바-스크린을 희미하게 가릴 수 있을 뿐 드러내 주지는 못한다.

    천신(Devas)과 아수라들(Asuras)은 그들의 창조주인 저 시바에 대한 두려움에서, 늘 자신들이 해야 하는 것으로 정해진 일들을 경각심을 가지고 수행한다.

    가만히 있지 못하는 마음을 고요히 있게 하고, 마음이 적절히 제어되어 감각대상 ─ 진아라는 스크린 위의 그림자 그림들 ─ 에 대한 추구가 완전히 차단된 뒤에는 경각하고 있게 함으로써, 저 시바에 대해 명상하여 시바가 진아임을 깨달아야 한다. 모든 그림자 그림들이 제거되면 남는 것은 순수한 자각, 곧 오점 없이 찬란히 빛나는 스크린이다. 이와 같이 시바는 숭배자의 성품의 핵심인 유일하고 영원한 사뜨-찌뜨-아난다-진아로서, 자연발생적으로 그 자신을 드러낸다. (제7장 제35연).

생전해탈자 生前解脫者(Jivan Mukta)

15. 생전해탈자는 생전에 해탈한 사람으로서, 자신의 시바-진아에 확고히 안주하면서 몸과 (브라만으로서의) 세계에 대한 의식을 계속 가지고 있는 사람이다. 그는 사뜨-찌뜨-아난다의 지복스러운 평안에 항상 안주한다. 그는 자신이 몸이 아니라는 것과, 그의 존재(Being)가 유일한

존재(existence)이고, 지고한 시바-진아의 유일한 경각-자각-지복이라는 확신 안에 바위같이 확고히 자리 잡고 있다. (제8장 제1연).

16. 생전해탈자는 그의 브라만-진아 안에서 자신의 의식을 알아볼 수 없을 만큼 완전히 해소해 버렸다. 자신의 진아 안에서 영원히 홀로인 그는, 자신의 브라만-진아의 지복을 향유하는 데 항상 몰입해 있다. (제8장 제25연).

무신해탈자無身解脫者(Videha Mukta)

17. 무신해탈자[5]는 생각의 털끝만 한 자취에서도 벗어나, 한계 있는 형상들을 까맣게 잊고, 대大침묵(Maha-Mounam)[몸, 말, 마음의 침묵]의 상태에서, 끊임없고 강렬한 지복인 자신의 찬란하고 순수한 자각-진아 안에 오롯이 홀로 안주한다. (제9장 제1연).

18. 그는 사뜨-찌뜨-아난다의 순수한 구현체이며, 에테르로서 일체에 편재하고, 허공처럼 무한하며, 자각으로 온통 깨어 있고, 완전한 브라만-진아로서, 고요하고 끊임없고 평안한 지복의 상태에 자연발로적으로 안주한다. (제9장 제15연).

19. 진아와 별개인 원자 하나도 없으니, 이 진아는 전체 존재(Being)의 일체화되고 차별상 없는 완전함이다. 영혼·세계·창조주는 진아와 분리될 수 없다. 그것들의 실재성은 진아의 실재성일 뿐이다. (제10장 제34연).

20. 모든 무지와 환幻, 지각력이 없거나 살아 있는 모든 대상들, 모든 존재와 비존재들, 모든 5대 원소, 모든 다양한 세계들, 모든 몸과 그 몸들 안에서 일어나는 모든 삶들은 브라만-진아와 별개가 아니고, 브

---

5) 이 용어는 문자적으로 '몸을 벗은 상태에서 해탈한 사람'이라는 뜻이다. 죽음의 순간에 순수한 존재-의식-지복-진아로서 안주하는 성숙된 달인을 말한다.

라만-진아일 뿐이다. 존재(Existence)만 있으니, 왜냐하면 비존재조차도 존재 안에서만 의미를 얻기 때문이다. 간단히 말해서, 일체가 늘 브라만-진아로서만 존재한다. (제12장 제2연).

21. 모든 대상적 지知, 모든 생각 형상들(thought forms), 모든 가시적 대상들, 들리는 모든 것, 모든 질문과 답변, 섭취되는 모든 음식, 기타 모든 환幻들은 진아와 별개가 아니므로, 브라만-진아로만 여겨야 한다. (제13장 제2연).

22. 따라서 일체를 브라만-진아로만 여기는 습관을 배양하여, 진아 아닌 것들에 대한 모든 생각이 사라질 때까지 해야 한다. 이 상태를 얻고 나면 어떤 생각도 일어날 여지를 주지 않고 항상 대大침묵[완전한 고요함의 평안]에 안주해야 한다. (제14장 제38연).

23. 브라만-진아 아닌 것으로 보이는 그 무엇도 두려움과 문제를 야기한다. 따라서 감각되는 모든 것은 브라만-진아일 뿐이라는 단일한 태도를 고수해야 한다. 때가 되면, 유일한 브라만-진아라는 자유롭고, 동요 없고, 지복스러운 상태에 확고히 안주하기 위하여, 이 한 생각마저도 포기해야 한다. (제15장 제5연).

24. 마음을 모조리 내버리는 것만이 승리이자 성취이고, 지복이고 요가이며, 지혜이자 해탈이다. 마음을 희생시키는 것이 사실 모든 신성한 희생들의 총합이다. (제15장 제7연).

25. 마음이 존재한다는 것을 확고히 부정하고, 브라만-진아가 존재함을 확고히 믿는 것이 마음을 정복하는 확실한 길이며, 단 하나의 찬란한 진아에 대한 체험으로 이끈다. (제15장 제11연).

26. 마음이 존재한다는 생각에 털끝만큼의 여지라도 주면 순수한 자각 자체가 동요된 마음으로서 진동할 것이고, 그것이 모든 문제와 환幻의 어버이이다. 따라서 마음이란 없고, 순수한 자각-진아가 유일한

존재라는 확신에 늘 안주해야 한다. 이것이 변덕스럽기 그지없는 마음을 정복하는 쉬운 길이다. (제15장 제12연).

27. 문제 많은 마음, 이름과 형상들의 세계 같은 것은 없고, 털끝만큼의 에고도 없다. 이 모든 것은 완전한 브라만-진아일 뿐이며, 바로 '나'이다. 이 확신 안에 확고히 안주해야 하며, 그러다 보면 깨어 있는 영원한 경각-평안인 '잠 없는 잠(sleepless sleep)'의 상태를 성취한다. (제16장 제7연).

참된 삼매(Samadhi)

28. "나는 의심할 바 없이 스크린— 곧 브라만-진아—이며, 그 위의 세계라는 화면은, 비록 찰나적이기는 하나 의심할 바 없이 '나는 진아다'일 뿐이다"라는, **진아탐구**에서 나온 확신을 고수하고, 그 확신 안에 고요하고 지복스럽게 안주하는 것이, 신에 대한 숭배·보시·고행· 만트라 염송(mantra-japa)과 같은 모든 수행修行의 정점이자 삼매이기도 하다. (제16장 제41연).

29. 진아만이 자연발생적이고 스스로 빛을 발하는 **자각**이다. 그것만이 영원한 **지복**이고, 그것만이 영구적 **존재**(Existence)이며, 그것만이 일체를 포용하는 **완전함**, 곧 적수가 없는 유일한 신이자, **우주의 유일한 원초적 소재**이다. 이 체험에서 나온 확신 속에서, 유일한 "내가 있다", 곧 지고의 진아로서 항상 안주해야 한다. (제17장 제29연).

본연삼매(Sahaja Samadhi)

30. 세간적 삶의 활동을 하는 동안에도 진아와 비非진아의 분별이 없는 고요한 마음으로, 활짝 깨어 자각하며 무념으로 머무르는 것을 **본연무상삼매**(Sahaja Nirvikalpa Samadhi)[모든 분별이 그친, 본연적 진아안주의 상태]

라고 한다. 이를 '부절상不絶相(*Akhandakara vritti*)'이라고 하니, 곧 진아를 깨닫지 못한 사람들의 "나는 몸이다"라는 관념과 대비되는 무한한 완전함의 '나'이다. (제18장 제40연).

본연삼매의 성숙

31. 본연삼매에 안주함이 생전해탈자의 특징이다. 이 상태로 점진적으로 발전해 나가면 지복스러운 **평안**의 강렬함을 성취하며, 그것은 삼매를 완성하는 연속적인 네 단계로 이어진다. 이 **본연삼매**에 미치지 못하는 그 무엇도, 저 무서운 생사윤회를 소멸하는 데 아무 소용이 없다. (제18장 제41연).

32. 브라만-진아에 안주하면서 자아와 비아非我의 모든 분별의 느낌을 상실한 저 깨달은 사람이 **진인**(*Jnani*), 곧 **해탈인**(*Mukta Purusha*)이다. 수백만 명 중에서 찾아도 그런 진인은 좀처럼 발견되지 않는다. 만일 어떤 사람이 그런 진인의 친견親見(*darshan*)을 얻는 행운의 기회를 갖는다면, 그 사람의 모든 죄가 정화되고, 더욱이 그의 에고가 즉시 청산된다. (제19장 제10연).

33. 성숙된 **진인**을 친견하는 것이, 성스러운 강물에서 하는 목욕, 신상 숭배, 만트라 염송(*mantra japa*), 고행, 보시행布施行과 **주 시바 자신**에 대한 헌신적 숭배의 정점이다. 그런 **진인**의 신성한 친존親存을 발견하고 거기에 다가가는 것이 우리가 이 세상에서 얻을 수 있는 기회들 중 가장 복된 것이다. (제19장 제11연).

34. 그런 **진인-참스승**(*Jnani-Satguru*)에 대한 존경 어린 봉사는 우리의 영적 지혜를 가속화하여 **생전해탈**의 지복을 성취하게 한다. 만약 더 계속해 나가면 그 제자는 **무신해탈**의 지위까지도 얻는다. 따라서 속박에서 벗어나 해탈의 자유로 들어가고자 한다면, 그 목표를 이루는

단 하나의 오류 없는 수단은 **진인-참스승**을 우러르며 봉사하는 것이다. (제19장 제13연).

35. 진아에 확고히 안주하여 털끝만큼도 생각의 물결에 의해 방해받지 않고, 돌이나 나무로 만든 신상처럼 고요하며, 물이 우유에 섞이듯이 **브라만-진아** 안에서 완전히 해소되어, 생각(산란)과 혼침昏沈의 모든 불순물이 없는 상태에서 순수한 허공처럼 또렷이 머무르는 진인의 안주安住(nishta)는 생각과 표현을 넘어서 있다. (제19장 제21연).

해탈의 필수조건은 시바의 은총이다

36. 그 안에서 전 우주가 태어나고, 해체 시에 그 속으로 그 우주가 해소되는 것이 **시바-진아**이다. 순수한 의식인 저 **시바-진아**에 대한 헌신적 숭배와 명상만이, 해탈에 필수불가결한 **시바의 은총**을 끌어낼 것이다. (제19장 제60연).

37. **브라만-진아**에 대한 지知를 추구하다가 어쩌다 세속적 성性의 쾌락에 연루되는 사람들은, 그런 쾌락을 진아 지복의 흐릿한 그림자에 불과하다고 보아야 한다. 그들은 세속적 쾌락을 절대 꿈도 꾸지 말아야 한다. (제20장 제45연).

38. 진아는 **사뜨**(Sat)이므로, 진아와 명상적으로 접촉하는 것이 참된 **사뜨-상가**(Sat-sanga)[진아에 안주하는 사두들과의 친교]이다. **브라만-진아**가 최고이므로, **진아**와의 친교가 **마하뜨-상가**(Mahat-sanga)[최고의 친교]이다. (제21장 제28연).

39. 진아에 대한 명상을 닦는 수행자는 영혼·세계·창조주의 모든 다양성이 무차별한 **브라만-진아**일 뿐이라고 늘 확고히 생각해야 한다. 수행을 통해 그의 의식은 생각에서 벗어나는데, 그런 뒤 위의 생각도 포기하고 늘 무념의 진아 상태에 안주해야 한다. (제21장 제39연).

40. 무념의 깨어 있는 자각 상태에 안주하는 것이 생각과 표현을 넘어선 해탈의 상태이다. 생각의 일어남이 무수한 괴로움의 속박이다. 진아에 안주함이 참된 비이원적 삼매이며, 그것만이 우리를 영원한 해탈의 지복으로 이끈다. (제21장 제41연).

41. (이스와라 신과 연관되는) 마야(*maya*), (개인적 영혼과 연관되는) 무지(*avidya*), 마음, 개아들(*jivas*), 세계와 그 창조주, 모든 이름과 형상들, 그리고 모든 마음의 개념들은 진아에 불과하다. 이러한 확신 안에 늘 안주해야 한다. (제22장 제23연).

42. 모든 세계와 생명체들은 생각 형상들(thought forms)일 뿐이다. 그것들은 마음에 불과한데, 마음은 생각들의 다발이고, 생각은 다시 자각-진아라는 고요한 바다의 물결들에 불과하며, 확실히 그 진아와 별개가 아니다. 따라서 우리는 모든 대상이 '나'인 진아-브라만일 뿐이라는 굳은 확신 안에 안주해야 한다. (제22장 제24연).

43. 성취한 대상들과 그 대상들로 이끄는 노력, 현자나 무지한 자들과의 친교, 배움의 노력과 획득한 지식, 탐구와 수행의 행위들, 배우는 자와 배운 것, 성취된 어떤 목표들 같은 것은 없다. 존재하는 것은 브라만, 곧 찬란한 자각-진아뿐이다. (제23장 제10연).

44. 어떤 보시 행위도, 신성한 물과 장소들(*kshetras*)[순례성지들]도 없고, 잃음이나 얻음, 잃는 자나 얻는 자도 없으며, 어떤 행위(*karma*)·헌신(*bhakti*)·지혜도 없고, '아는 자'도 '알려지는 것'도 없다는 굳은 확신을 가져야 한다. 이런 모든 생각 형상들은 유일한 존재인 브라만-진아 안에서 해소되어 사라지게 되어 있다. (제23장 제11연).

45. "나는 브라만-진아다"라는 관법(*bhavana*)6)은 우리를 신속히 해탈로

---

6) 제45연부터 제50연까지 나오는 '관법(*bhavana*)'(문자적으로는, '느낌')이라는 단어는 스승의 말씀과 경전에 기초한 믿음과, 그 믿음에 대한 부단한 안주를 의미한다.

데려간다. 구도자가 그 관법을 산출하는 경전들을 지속적으로 읽으면 틀림없이 목표에 이를 것이니, 그는 브라만-진아를 다루는 경전 말씀들을 늘 성찰해야 한다. (제24장 제27연).

46. 우리는 자신이 몸이라는, 그리고 세계가 기본적 실재라는 환幻에 아주 오랜 시간에 걸쳐 잠겨 있었기에, 진리에 대해 가볍게 읽고 단순히 이해하는 것만으로는 그 환幻을 없앨 수 없다. 그 근본적 환幻은 이 모든 것이 "나는 브라만-진아일 뿐이다"라는 부단한 오랜 수행에 의해서만 소거될 수 있다. (제24장 제28연).

47. 일체가 시간·공간·에너지의 한 혼합물일 뿐이다. 여타 모든 것은 사람을 진아로 데려가는 수행을 하기 싫어하는 사람들의 진부한 이야기이다. 그런 이야기는 진아에 대한 그들의 짙은 무지에 기초해 있다. 꾸준한 수행과 수행 체험에 의해서만, 영혼·세계 그리고 그것들의 원인에 대한 모든 개념이 시바-진아-브라만이라는 스크린 위의 찰나적 그림자일 뿐이라는 진리에 도달할 수 있다. (제24장 제31연).

48. 이름과 형상들의 개념, 생각하는 마음, 윤회에 빠져 있는 사람, 세계와 그 창조주 같은 그런 어떤 것도 결코 없다. 존재하는 것으로 보이는 모든 것은 단 하나의 순수한 자각-존재-브라만-진아에 다름 아니라는 것을 깨달아야 한다. (제25장 제8연).

일체가 사뜨-찌뜨-아난다-진아일 뿐이다

49. 존재하는 그 무엇도 사뜨(Sat)[존재]일 뿐이다. 즐거운 그 무엇도 아난다(Ananda)[지복]일 뿐이다. 우리는 늘 사뜨-찌뜨-아난다에 대한 견고한 관법(bhavana)에 안주해야 한다. 단 한 번이라도 무심코 거기서 미끄러져 "우리는 몸이고 세계는 실재한다"는 재앙적 관법 속으로 들어가서는 안 된다. (제25장 제12연).

50. "일체가 브라만-진아일 뿐이고 내가 그 브라만-진아다"라는 바위 같이 견고한 관법에 안주해야 한다. 이 관법에 의해 모든 생각의 움직임과 무지가 사라질 것이고, 결국 단 하나의 **사뜨-찌뜨-아난다**-진아 안에 영원히 안주하게 된다. (제25장 제14연).

51. 진아에 안주함으로써 헤매는 마음이 줄어들고, 모든 무지와 생각 흐름에서 벗어난 뒤에는 완벽한 고요함에 이른다. 그것은 물이 우유와 섞이면 사라지듯, **사뜨-찌뜨-아난다** 안에서 사라진다. 진아 안에서의 이러한 단일한 안주의 상태를, 완전함을 성취한 현자들은 **진아안주**(Atma Nishta)라고 부른다.7) (제26장 제2연).

'사하자 니쉬타', 곧 본연상태

52. 진아라는 스크린 위의 세계라는 그림이 찰나적이며 본질상 존재하지 않는다는 것을 깨달았으면, 자신이 단 하나의 **브라만-진아**일 뿐이라는 굳은 확신 안에 항상 고요히 지복스럽게 머물러야 한다. 한 개인으로서 이름과 형상의 세상 속에서 활동하는 동안에도 이 확신이 유지되어야 한다. 이런 성숙된 **진아안주**의 상태를 **사하자 니쉬타**(Sahaja Nishta)[본연상태]라고 한다. (제26장 제3연).

53. 몸·말·마음의 어떤 행위도 없고, 덕스럽거나 죄스러운 어떤 행위(karma)도, 그로 인한 어떤 열매도 없는 저 지복스러운 **진아** 안에, 털끝만 한 생각의 자취도 멀리한 채 고요히 머물러야 한다. (제26장 제7연).

54. 이름과 형상들의 세계를 생각하는 자도 없고, 그 생각도 없는 저 진아 안에, 털끝만 한 생각의 자취도 멀리한 채 지복스럽게 고요히 머

---

7) 이 제51연~제60연은 '비이원적 안주(Abedha Nishta)' 혹은 '진아안주(Atma Nishta)의 수행을 다룬다.

물러야 한다. (제26장 제8연).

55. 욕망·분노·탐냄·미혹·아집·시기가 일체 없고, 속박과 해탈에 대한 어떤 생각도 없는 저 진아 안에, 털끝만 한 생각의 물결도 멀리한 채 지복스럽게 고요히 머물러야 한다. (제26장 제13연).

56. 진아 안에 확고히 안주하면 우리가 모든 지知 전체를 획득하고, 모든 노력과 의무를 성공적으로 완수하게 된다. 그 상태에, 털끝만 한 생각의 물결도 멀리한 채 지복스럽게 고요히 안주해야 한다. (제26장 제25연).

57. 마음이 진아 안에 완전히 합일되면, 우리는 비할 바 없는 지복에 잠겨서 적수 없는 지배자가 된다. 그 상태에, 털끝만큼의 생각의 자취에서도 벗어나 고요히 안주해야 한다. (제26장 제28연).

58. "나는 일체화된 존재-자각-지복인 저 진아, 곧 단 하나의 나눌 수 없는 브라만-진아이다." 이러한 체험에서 나온 굳은 확신으로, 털끝만큼의 생각의 자취에서도 벗어나 고요히 안주해야 한다. (제26장 제29연).

59. 어떤 생각, 에고, 욕망, 마음 혹은 미혹도 그 안에 존재할 수 없는 "나는 진아다"라는 확신 속에서, 생각의 자취에서 벗어나 고요히 안주해야 한다. (제26장 제31연).

60. 자신이 진아라는 굳은 믿음이면 모든 생각을 몰아내고 자신을 브라만-진아로 확립하기에 충분하다. 이 수행 과정에서 때가 되면, 그 믿음과 관계되는 생각조차 사라지고 자연발로적인 진아의 광휘가 나타난다. 어떤 사람이 이 가르침을 듣고 그 믿음을 닦으면, 설사 그가 큰 죄인이라 할지라도 모든 죄가 씻어지고, 그는 브라만-진아 안에 자리 잡는다. (제26장 제42연).

61. 생각과, 생각의 형상인 대상들을 구성부분으로 가진 마음 같은 것은

분명히 없다. 이런 확신 속에서 항상 고요히 평화롭게, 모든 수행과 그 수행의 혹독함이 **브라만-진아** 안에서 소진된 후 지속되는 저 깨어 있는 무념의 **자각-진아** 상태에 안주해야 한다. (제27장 제29연).

62. **창조주**도, **마야**도, 이원성도, 어떤 대상도 전혀 없는, 그리고 순수한 **자각-진아**만이 존재한다는 체험을 얻은 뒤에, 그 **진아성**의 상태에 항상 고요하고 평화롭게 머물러야 한다. (제27장 제34연).

63. 만일 어떤 사람이 이런 가르침에 주의를 기울인다면, 설사 그가 백만 개의 해의 광채로도 몰아낼 수 없는 무지의 짙은 어둠 속에 잠겨 있다 할지라도, 확실히 **주 시바**의 은총을 얻어 **진아성**의 상태를 성취할 것이다. (제27장 제43연).

64. 왜 말을 허비하랴? 이것이 **진리**의 골자이다. 오랜 헌신의 숭배로 우리의 **주 시바**의 은총을 얻은 사람들만이 **브라만-진아** 안의 영구적인 **평안**의 **지복**으로 이끄는 이 경전을 읽는 드문 기회를 갖게 될 것이다. (제27장 제44연).

65. "그대는 생각에서 벗어나, 예리하게 자각하고 있고, 절대적으로 고요하고, 항상 지복스럽고, 강렬하게 평화로우며, 무제약적인 **브라만-진아이다**"라고 가르치는 **진인**만이 진정한 **참스승**이며, 그렇지 않은 사람들은 아니다. (제28장 제28연).

66. 생각으로 동요되지 않는 깨어 있는 자각의 상태 안에 끊임없이 안주하는 것이 **진아 깨달음**이다. 그것은 오점 없는 **생전해탈**이자 장엄한 **무신해탈**이기도 하다. **시바**에 대한 깊은 헌신으로 그의 신성한 **은총**을 얻은 사람들에게는 이 상태가 쉽게 얻어질 수 있으나, 여타 사람들에게는 그렇지 않다. 여기서 말하는 것은 우파니샤드라고 하는 베다의 저 매혹적인 정수리 보석(crest jewel)이 전하는 메시지의 핵심 취지이다. (제29장 제37연).

67. 이 메시지에 주목하고 그와 부합하게 안주하는 사람들은 즉시 **해탈**을 성취할 것이다. 그들은 티끌만 한 번뇌도 겪지 않을 것이고, 이 세상과 다른 모든 세상에서 얻는 지복보다 훨씬 더 큰 지복을 즐기게 될 것이며, 그들과 그들의 환경은 수많은 상서로운 사건들로 충만하게 될 것이다. 두려움의 모든 자취에서 전적으로 벗어난 그들은 결코 다시는 생사윤회 속으로 들어가지 않을 것이다. 그들은 불변의 **브라만-진아**가 될 것이다. 우리가 단언하는 이 모든 것은 의심할 바 없는 **진리**이다. 우리의 **주 시바**를 두고 우리는 거듭거듭 이것이 근본적 **진리**임을 맹세한다. (제29장 제40연).

68. 고요하고 순수하며 찬연한 **자각**의 저 상태가, 비할 바 없는 상태인 **해탈**이다. 그 지고한 상태에서의 끊임없는 안주를 유지하는 사람들은 더 이상 결코 괴로움이나 미혹에 접촉당하지 않을 것이고, 모든 임무에서 방면될 것이다. 설사 그런 임무가 있다 해도, 그것은 그들의 어떤 의지 없이도 완수될 것이다. 그들은 단 하나의 **지고한 진아**로서 영원히 안주할 것이다. (제30장 제31연).

69. "나는 브라만-**진아**다"라는 꾸준하고 지속적인 관법(*bhavana*)[8])에 의해 진아와 비진아의 분별에 대한 모든 생각과 느낌이 떨어져 나가고, 브라만-**진아** 안의 영구적 안주가 성취될 것이다. 이 관법은 **진아**를 알려는 예리한 탐구심을 가진 사람들에게만 가능하며, **진아**지에 무관심한 사람들에게는 가능하지 않다. (제32장 제18연).

70. 자기 자신에 대한 진리의 탐구에 무지하고 무관심한 것이 (근본적) 무지(nescience)와 문제의 창고이다. 그것이 **진아**를 보지 못하게 가리고, 찰나 간에 온갖 환상과 근심 걱정의 괴로움을 만들어낸다. 무無탐구

---

8) 제32장의 13개 연 모두(즉, 본서의 제69~81연)에서 '관법(*bhavana*)'이란 용어는 "나는 브라만이다(*Aham Brahman*)"라는 믿음 혹은 확고한 신념으로 이해해야 한다.

가 관법을 불가능하게 만든다. (제32장 제19연).

71. 요컨대, 무無탐구는 우리를 윤회(samsara)[세간적 괴로움]의 바다에 영원히 빠져 있게 할 것이다. 우리에게 무無탐구보다 더 큰 적은 없다. 따라서 진아안주로 이끄는 관법에 마음을 고정하기 위해서는 (무탐구라는) 이 습쯥을 극복해야 한다. (제32장 제20연).

72. 탐구는 이런 식으로 해야 한다. 즉, **참스승**의 친절한 도움을 받아서 "나는 누구인가? 이 세계란 무엇인가? 이 모든 것 이면의 **실재**는 무엇인가?"라고 물어야 한다. (제32장 제21연).

73. 우리는 사두들(sadhus)[진아의 지복을 추구·향유하는 이들]과 부단히 친교하고 **참스승**인 **진인**에게 공경스럽게 질문하여, 자신이 얻어야 할 목표를 먼저 분명히 이해해야 한다. 이것이 탐구의 중요한 한 측면이다. 그렇게 목표를 확실히 한 뒤, 단 하나의 **브라만-진아**라는 목표에 확고히 안주해야 어김없이 **진아**를 체험하게 된다. (제32장 제22연).

74. 내면을 향한 의식적인 **자기탐구**["나는 누구인가?"]의 집중이 모든 생각을 죽이고 무지의 짙은 어둠을 소멸한다. 그것이 모든 걱정을 소거하고, 순수한 **자각**의 광휘로써 지성을 비추어 준다. 그것이 모든 개념적 미혹을 몰아내고, 우리를 **시바-진아**에 고정하며, 임박한 허다한 재앙들을 상서로운 사건들로 변모시킨다. 그리고 끝으로, 그것이 에고-마음을 그것의 모든 번뇌와 함께 소멸한다. (제32장 제24연).

75. 강한 의지로 열심히 끈덕지게 **자기탐구**를 하는 사람들에 의해서만, 들끓는 마음이 제어되어 확고한 관법 수행 안에 고요히 고정될 것이다. 때가 되면 모든 생각과 무지가 사라지면서, **해탈**이라는 찬란히 빛나는 **자각-진아**에 자리를 내주게 될 것이다. (제32장 제26연).

76. 피조물·세계·창조주라는 모든 개념적 형상들이, 순수하고 무념이고 깨어 있는 **자각-진아**에 합일되어 사라질 때까지, 가차 없이 **자기탐구**

를 추구하여 "나는 브라만-진아다"라는 체험의 저 관법 안에 안주할 수 있어야 한다. (제32장 제27연).

77. 세계와 속박으로 나타나는 것은 마음일 뿐이고, 마음 외에는 어떤 세계도 없다. 탐구해 보면 마음이란, 순수한 자각-시바-진아의 고요한 바다에서 일어난 일군의 잔물결[생각들]에 지나지 않는다는 것이 드러난다. "나는 저 시바-진아일 뿐이고, 나와 별개인 것은 아무것도 없다"는 이 체험에서 나온 확신 안에 늘 안주해야 한다. (제32장 제33연).

78. 마음과 별개의 어떤 세계도 없다. 세계로 나타나는 것은 마음일 뿐이다. 만일 이 마음을 탐구하면, 그것은 에고라고 불리는 "나는 몸이다"라는 1차적 생각에 기초한 생각들의 한 다발에 지나지 않음이 드러난다. 이 에고—곧 '나'를 탐구하여 그것의 정체를 찾아보면, 그것은 순수한 자각-존재인 시바-진아 안에서 자취도 없이 삼켜진다. "나는 진아-시바다"라는 이 확고한 관법을 유지하되, 시바-진아인 그 상태가 관법의 노력에서 벗어난 자연발로적 체험이 될 때까지 해야 한다. (제32장 제34연).

79. 순수한 자각-진아인 나 안에서 우주가 마음으로서 생겨나고, 유지되고, 해체된다. 따라서 진아인 나와 별개의 어떤 마음도 없고, 대상이라는 생각 형상들도 없다. 이 확고한 체험 속에 항상 안주해야 한다. (제32장 제35연).

80. 순수한 자각-진아의 고요한 바다인 나 안에서 일어나는 일련의 물결일 뿐인 마음과 별개로는 피조물·세계·창조주라는 어떤 생각 형상도 없다는, 그리고 나는 유일한 존재인 시바-진아일 뿐이라는 확고한 체험에 의해서, 순수한 시바-진아로서 항상 안주해야 한다. (제32장 제36연).

81. 꿈에서 보이는 세계가 나와 별개가 아니라 나의 창조물일 뿐이듯이, 생시 상태의 세계도 나의 순수한 **자각-진아**를 매개로 하여 내가 만들고 내가 보는 하나의 창조물일 뿐이다. 이 체험 안에 확고히 안주해야 한다. (제32장 제37연).

82. "나는 **진아**다"라는 바위같이 견고한 확신은 **진아**에 확고히 안주하고 있다는 확실한 표지이다. 모든 상황에서 그 확신 안에 안주하는 것이 참된 신적 숭배이고, 신에 대한 명상이고, 만트라 염송이며, 삶 속에서 올바른 행을 닦는 것이고, 내관內觀이고, 일체화된 요가이고, **진아**의 지혜이며, **해탈**(*moksha*)이기도 한다. (제33장 제16연).

83. **마야**, **창조주**, 피조물, 마음, 세계, 이름과 형상들로서 나타나는 모든 것은 순수한 **브라만-진아**일 뿐이며, 그 **진아**와 별개가 아니다. (제34장 제15연).

84. "나는 **진아**다"라는 체험에서 생겨나는 바위 같은 확신 안에 꾸준히 안주하는 것이 가장 위대한 요가이고, 마음의 완전 해체이고, 참된 포기이고, 참된 지혜이며, **생전해탈**(*jivan mukti*)이기도 하다. (제34장 제46연).

85. 꿈속에서 보는 어떤 이름과 형상도 나와 별개의 그 무엇도 아니다. 마찬가지로, 생시의 상태에서 내가 보는 이 세계도 **자각-진아**인 나와 별개의 그 무엇도 아니다. 지혜로운 이는 **진아**와 비진아의 모든 분별을 포기하고 순수한 **진아**로서만 안주해야 한다. (제35장 제23연).

86. 만일 생시 상태의 이 세계가 그 성품상 덧없는 것이 아니라면, 생시 상태에서 보이는 그 무엇이든 잠 속에서도 보여야 한다. 순수한 **진아**로서의 나만이 늘 존재하므로, 비진아인 세계에 대한 생각이 일어날 여지가 없다. 나인 **진아-브라만**이 유일한 **존재**(Existence)이다. (제35장 제24연).

87. 마음이 없을 때는 어떤 세계도 존재하지 않고, 나의 **자각**과 별개로는 어떤 마음도 없다. 그러니 마음과 세계는 **진아**와 별개의 무엇도 아니며, 나는 늘 그 유일한 **존재-자각-브라만-진아**이다. 지혜로운 이는 **진아**와 비진아의 분별에 대한 모든 생각을 폐기해야 한다. (제35장 제25연).

88. "나는 잠 속에서 마음도 세계도 보지 않는다. 나의 꿈속에서는 마음이 그것의 창조물인 꿈 세계와 함께 있다. 그 꿈 세계는 나의 생시 상태에 의해 거짓으로 된다. 그러나 나인 **진아**는 늘 존재한다." 이렇게 따지면서 **진아**와 비진아의 모든 분별을 포기하고, 항상 무념의 깨어 있는 **자각-브라만-진아**로서 확고히 안주해야 한다. (제35장 제26연).

89. 세계의 모든 다양성, 마음, **마야**[브라만의 미혹시키는 힘], 생시·꿈·잠과 '너'와 '나'라는 이야기는 덧없는 것이지만, **진아**와 별개도 아니다. 그러니 지혜로운 이는 **진아**와 비진아에 대한 모든 생각을 포기하고 **진아**로서만 안주해야 한다. (제35장 제27연).

90. 희미한 빛 속에서는 어떤 밧줄에서 뱀의 환영이 보이는데, 이 뱀은 밧줄에 지나지 않는다. 마찬가지로, 비진아라는 모든 환幻은 **진아** 안에서만 존재한다. 그러니 지혜로운 이는 **진아**와 비진아에 대한 모든 생각을 포기하고, 항상 **진아**의 평안 속에 확고히 안주해야 한다. (제35장 제28연).

91. 일체화된 체험의 지혜 안에서, 나는 비이원적이고, 초월적이고, 움직임이 없고, 평화롭고, 속박과 자유의 관념에서 벗어난 순수한 **의식의 허공**일 뿐이다. 우리는 이 체험을 가지고 **진아**와 비진아의 모든 분별을 배격하고 **브라만-진아**의 평안 속에 항상 확고히 안주해야 한다. (제35장 제33연).

92. 호흡 제어와 같은 모든 하타 요가 행법, 모든 종교적 도그마와 그것들의 다양한 행법을 포기하고, 항상 **진아**로서의 단순한 안주에만 만족해야 한다. (제35장 제38연).

93. 모든 현상계를 받쳐주는 순수한 스크린인 주 **시바-진아**에 대해 내관하는 사람들만이 **본연무상삼매**(sahaja nirvikalpa samadhi)의 순수한 체험을 얻는다. 주 **시바**[순수하고 깨어 있는 자각-진아]에 대한 이 헌신9)과 별개로는 해탈에 이르는 다른 어떤 수단도 없다. (제35장 제44연).

94. 깊은 잠 속에서 존재하는 비이원적이고 유일한 **존재**가, 꿈의 상태에서는 하나의 세계를 창조한다. 마찬가지로, 생시 상태에서 창조되는 그림자 세계는 우리 자신의 **브라만-진아** 안에 내재한 힘의 소산이다. 순수한 **브라만-진아**의 체험 안에 확고히 안주하는 사람은 마음과 그것의 모든 담화談話가 영원히 상실된다는 것을 발견한다. (제36장 제25연).

95. "나는 **진아**다"라는 확신 안에 확고히 머무르면서, "나는 이 몸이다", "이 세계는 실재한다"와 같은 모든 생각을 물리쳐야 한다. 이 습관을 끊임없이 유지하면, 마치 손에 들고 있던 꽃이 우리가 깊은 잠이 들면 미끄러져 떨어지듯이 그 거짓된 믿음이 떨어져나갈 것이다. (제37장 제33연).

96. 사람은 그 자신의 해탈이나 속박에 전적으로 책임이 있다. 요동하는 마음을 소멸할 것이냐, 아니면 그것이 마음대로 돌아다니게 내버려 둘 것이냐는 오직 그 사람에게 달려 있기 때문이다. 따라서 순수하고 무념인 깨어 있는 **자각-진아** 안에 부단히 안주함으로써, 요동하는 마음을 정복해야 한다. 이 꾸준한 안주가 **해탈**이다. (제38장 제7연).

---

9) *T.* 자각-진아로서의 시바에 대한 헌신이란, 곧 내면의 진아에 대한 부단한 내관을 의미한다. "진아의 참된 성품에 대한 내관이야말로 헌신이다." ―『라마나 마하르쉬 저작 전집』, 321쪽.

97. 그대가 유일한 **지고의 신**, 곧 **진아**이며, 그대와 별개인 것은 아무것도 없다. 우리는 이것이 모든 경전에 대한 완전한 분석 후의 궁극적 **진리**라고 선언한다. 또한 이것이 모든 의심을 넘어선 **진리**라고, **시바**의 성스러운 두 발에 두고 선언한다. 우리는 다시 이것이 **우파니샤드**가 선언하는 **진리**라고, **참스승**의 두 발에 두고 선언한다. (제38장 제9연).

98. 모든 보시물, 모든 성지순례, 온갖 만트라 염송(mantra-japa)과 다양한 신들에 대한 숭배를 확고히 포기하고, 이 책의 가르침만 꾸준히 닦아야 한다. (제38장 제24연).

99. 모든 요가 행법, 모든 철학적 추구, 모든 헌신 수련, 모든 신앙과 신념을 내버려야 한다. 오로지 이 책의 가르침을 닦는 데만 전념해야 한다. (제38장 제25연).

100. 오로지 이 책의 가르침만 닦으면 모든 미혹과 무지가 소멸될 것이다. **진아**에 확고히 안주함이 거기서 나오는 긍정적 결과일 것이다. **진아** 안에서의 지혜와 평화로운 지복이 융합되면서, **해탈**을 성취하게 될 것이다. (제38장 제29연).

101. 다생多生에 걸쳐 덕을 닦음으로써 모든 죄가 씻겨 나갈 때만 우리가 이 논서論書를 얻고 그 가르침을 닦는 희유한 기회를 얻는다. 이번 생에 생사윤회가 끝나게 된 사람들만이 이 논서를 손에 넣고 그 가르침을 닦게 될 것이라고, 우리는 주 **시바**의 두 발에 두고 선언한다. (제38장 제40연).

[주: 제102연~제119연은 제자 니다가(Nidagha)가 그의 **스승 리부** 앞에서, 자신이 스승의 은총에 의해 얻게 된 영적 성취를 표현하는 선언들과, 스승 리부에 대한 감사의 표현들을 담고 있다.]

102. 저의 귀의처이신 **참스승**이시여! 당신의 은총에 의해 저는 찰나 간에 **진아**와 비진아에 대한 모든 분별을 벗어버렸고, 모든 것이 **브라만**이며 제가 그 **브라만-진아**라는 확신을 성취했습니다. 저는 **브라만-진아**의 영원한 지복 안에 자리 잡았습니다. (제39장 제7연).

103. 저는 진실로 **사뜨-찌뜨-아난다**인 **브라만-진아**입니다. 저는 이름과 형상이 없는, 영원하고 방해받지 않는 **평안**입니다. 저는 결함 없고 일체화된 모든 존재 전체입니다. 저는 저의 유일한 **브라만-진아** 안에 확고히 자리 잡고 있습니다. (제40장 제10연).

104. 저는 **브라마**, **비슈누**, **루드라**, **마헤샤**(Mahesa), **사다시바**(Sadasiva), **빠라메스와라**(Parameswara)10)와 그의 반려자 **빠르바띠**(Parvati), (그들의 두 아들인) **비나야까**(Vinayaka-가네샤), **수브라마니아**(Subramanya), **시바**의 권속들(Siva ganas), 그리고 주 **시바**의 헌신자들이 모두 하나로 합쳐진 것이 되었습니다! (제41장 제14연).

105. 저 자신이 모든 천신(*devas*)이고, 아수라(*asuras*)이고, 천신들의 우두머리인 **인드라**(Indra)이고, 여덟 방위의 주인들이고, 현자들의 사회이고, 나찰들(*rakshasas*)의 무리이며, 사실 이 세상과 다른 모든 세상의 거주자들입니다. (제41장 제16연).

106. 저는 5대 원소와, 허공 속에 산재한 무수한 세계들, 존재하는 모든 것들과 그것들의 역사들, 모든 **베다**, 그리고 이름과 형상을 가진 모든 다양한 것들이 되었습니다. (제41장 제17연).

107. 일거에 저는 몸들, 감각기관들, 그리고 그것들을 소유하는 영혼들, 마음, 지성, 직관, 에고, 원초적 무지와 영靈의 들뜬 요동, 요컨대 눈에 보이고 알려지는 모든 것이 되었습니다. (제41장 제19연).

---

10) *T.* 루드라, 마헤사, 사다시바, 빠라메스와라는 모두 시바의 이름들이다.

108. 이런 가르침을 주시는 자애로우신 분은 의심할 바 없이 주 빠라메스와라, 그의 반려자 여신 빠르바띠(Devi Parvati), 비나야까와 샨무카(Shanmukha-수브라마니아)가 모두 하나로 합쳐진 화현이십니다. (제42장 제5연).

109. 그분은 또한 난디께스와라(Nandikeswara), 닷따뜨레야(Dattatreya), 다끄쉬나무르띠, 요컨대 지고의 주 시바 자신이십니다. (제42장 제6연).

110. 제자는 참스승에 의해 이 가르침에 여법하게 입문하고 나면, 그에게 생명이 이어지는 한, 자신의 스승에게 돈과 의식주, 그리고 애정 어린 헌신을 넉넉히 제공해야 합니다. 이것이 제자의 해탈을 위한 필수요건입니다. (제43장 제11연).

111. 나아가, 그는 정해진 법식대로 자신의 이마와 몸을 비부띠(vibhuti)[성스러운 재]로 장식해야 합니다. 왜냐하면 이 비부띠를 사용하는 것만으로도 그는 구원에 이르는 모든 장애를 제거하는 주 시바의 은총을 받을 자격이 있기 때문입니다. (제43장 제12연).

112. 몸에 습관적으로 비부띠를 바르는 것을 빠수빠타 브라땀(pasupatha vratham)[시바에게 헌신하는 고행]이라고 합니다. 이것을 닦으면 진아지의 성취가 빨라집니다. 귀의처이신 참스승이시여! 저는 이 행법으로, 저를 구원으로 이끌어주신 당신의 두 발에 도달하기 위한 공덕을 얻었습니다. (제43장 제13연).

113. 저는 항상 영원하고, 순수하고, 모든 것을 알고, 자유롭고, 흔들림이 없고, 비이원적이고, 일체화된 진아입니다. 이것이 진아 안에서의 생전해탈자의 체험에 대한 확고한 확신입니다. (제43장 제28연).

114. 무지의 자취가 털끝만큼도 없고, 몸과 그것의 세 가지 상태인 생시·꿈·잠에 대한 모든 의식이 일체 없으며, 이름과 형상의 모든 분별이 없고, 속박과 해탈에 대한 어떤 생각도 없는, 순수하고 찬

연한 자각-브라만-진아의 대침묵(maha mounam) 안에 몰두한 저 성숙한 진인이 곧 무신해탈자(videha mukta)입니다. (제43장 제29연).

115. 귀의처이신 참스승이시여, 당신께서는 저를 진아지의 배에 태워 윤회계의 가없는 바다를 건네주셨습니다. 당신께서는 "나는 몸이다"라는 믿음의 불행에 빠져 허우적거리는 저에게 "나는 브라만-진아다"라는 것을 가르쳐주시고, 일체를 포용하는 자각-존재의 지복을 하사하셨습니다. 당신께, 이 경건한 절을 올립니다. (제44장 제16연).

116. 저의 귀의처이자 참스승이신 당신께 절을 올립니다! 당신께서는 제가 몸이라는, 그리고 세계가 저와 별개이고 실재한다는 환상을 소멸해 주셨습니다. 당신께서는 저 자신의 브라만-진아에 대한 체험을 저에게 안겨주셨습니다. 당신께서는 행위(karma)가 구원에 이르는 길이라는 저의 그릇된 믿음을 소멸하시고, 지知만이 우리를 자유롭게 할 수 있다는 것을 보여주셨습니다. 당신께서는 저에게 진아 안에서의 구원을 안겨주셨습니다. (제44장 제17연).

117. 저 신적인 은총의 화현께, 저 비교를 넘어선 무소부재자(Omnipresence)께, 저 시바-진아이신 참스승께, 경건한 절을 올립니다. (제44장 제18연).

118. 자각-진아라는 선물로써 저의 무지를 소멸하신, 저의 진아의 핵심이신 참스승께, 저 진아지의 화신께, 이 절을 올립니다. (제44장 제19연).

119. 속성 없고 동요 없는 평안, 영원한 순수성, 일체에 편재하는 무한한 의식의 허공, 일체화된 완전함의 화신이신 참스승께 절을 올립니다. (제44장 제20연).

[주: 제120연~제121연은 니다가에 대한 리부의 권고를 담고 있다.]

120. 니다가의 이런 말에 대한 응답으로, 리부는 이와 같이 답변한다: 내 아들아! 그대는 이제 모든 환상과 무지에서 벗어나, 의심할 바 없이 브라만-진아의 지복 안에 확고히 자리 잡고 있다. 그렇기는 하나, 충분히 경계하는 차원에서, 무신해탈을 성취할 때까지는 지속적인 진아안주를 부지런히 닦아야 한다. (제44장 제22연).

121. 진아지의 열망자들은, 시바에 대한 실제적인 신체적 숭배에 의해서 그들의 성공이 가속화된다는 것을 발견할 것이다. 시바의 들판(Siva kshetra)[시바 사원이 있는 동네]에 사는 그들은, 신성한 비부띠를 바르고 루드락샤(rudraksha)[특별한 열매로 만든 염주]를 걸치고, 애정 어린 헌신으로 시바의 이름을 염하면서 시바의 마하 링감(Maha Lingam)을 숭배해야 한다. (제44장 제39연).

122. 시바-진아께 절을 올리는 기원시

사뜨-찌뜨-아난다이신 시바-진아께 절을 올립니다!
저 방해 받지 않는 평안, 진아께 절을 올립니다!
저 일체화된 완전함, 진아께 절을 올립니다!
저 찬란한 자각, 진아께 절을 올립니다!
저 오점 없고 속성 없는 진아께 절을 올립니다!
저 나뉠 수 없는 단일성, 진아께 절을 올립니다!
저 순수한 의식의 허공인 진아께 절을 올립니다!
저 지고의 일체화된 존재, 진아께 절을 올립니다!
(제44장 제51연).

5
소루빠 사람
Sorupa Saram

소루빠난다 지음
T.V. 벤까따수브라마니안, 로버트 버틀러, 데이비드 가드먼 영역英譯
데이비드 가드먼 편집

Sorupa Saram

(The Essence of One's Own True Nature)

By Sorupananda

English translation by T. V. Venkatasubramanian,
Robert Butler and David Godman

Edited by David Godman

Published by David Godman

(First edition, 2012, Second edition 2016)

머리말

소루빠난다(Sorupananda)[산스크리트식 표기로는 스와루빠난다(Swarupananda)]는 15세기 혹은 16세기에 타밀 지역의 성지인 비라마나가르(Veeramanagar)에 살았던 타밀 성자이자 스승이었다. 그는 자기 누이의 아들(생질)인 따뚜와라야(Tattuvaraya)와 함께 살았다. 두 사람은 경전을 공부했고, 공히 산스크리트와 타밀어에 능통했다. 그러나 그들은 이 제한적인 학문적 지식에서 얻는 이익이 아무리 찬양할 만한 것이라 해도, 그것이 자신들에게 생사에서의 해탈이라는 열매를 안겨줄 힘은 없다는 것을 알게 되었다. 그들은 **진지**眞知(*jnana*), 곧 참된 **지**知만이 그런 결과를 안겨줄 거라는 결론에 이르렀고, 만약 자신들이 경전 지식을 더 얻기 위해 시간과 기력을 계속 할애한다면 그것은 판단력이 부족한 것이라고 판단했다. 자신들은 그 얻기 힘들다는 사람 몸을 받은 터에, 현생에만 이익을 안겨줄 수 있는 목표에 그것을 허비하고 싶지 않았다. 그래서 그들은 자신들을 생사윤회에서 벗어나게 해줄, 깨달은 **참스승**(Sadguru)을 찾아보기로 했다.

그들의 생애에 대해 전해지는 이야기들 중 하나에서는, 소루빠난다와 따뚜와라야가 전생에 따빠스를 하기는 했으나 **진아**를 깨닫지는 못했다고 한다. 그들의 생애 사건들에 대한 이 버전에서는, 그들이 다음 생에서 **자기탐구**를 닦고, 그들에게 진아를 드러내 줄 수 있는 **참스승**을 찾고 싶다는 욕망이 일어난 것은 그러한 전생의 활동이 가진 힘 때문이었다.

이런 충동을 실행에 옮긴 그들은 함께 여러 곳을 다니며 **스승**을 찾았으나 성공하지 못했다. 처음에는 자신들의 실패에 낙심했다. 그러다가 만일 자신들이 나뉘어서 각기 서로 다른 방향에서 찾으면 성공 가능성이 높아질 거라는 생각이 떠올랐다.

그들은 탐색을 계속하기 위해 각자 길을 떠나기 전에 다음과 같은 합의를 했다. "우리 중 누구든지 먼저 참스승의 친견(*darshan*)이라는 행운을 얻으면, 그 사람이 상대방의 스승 노릇을 하자"는 것이었다.

소루빠난다는 남쪽으로, 따뿌와라야는 북쪽으로 향했다.

소루빠난다는 까베리 강(Kaveri River) 강변에 위치한 고바땀(Govattam)이라는 읍의 외곽에 당도했을 때, 지복에 휩싸였다. 두 손이 저절로 머리 위로 올려져 경배하는 자세를 취했고, 눈물이 뺨을 타고 흘러내렸다.

그는 마음속으로 생각했다. "이곳에 지知 스승(*jnana Guru*)이 한 분 계신 것이 분명하다."

소루빠난다는 존경의 표시로 읍 전체를 오른돌이(*pradakshina*) 한 다음 큰 거리로 들어가서, 그곳에 분명히 살고 있을 거라고 느낀 힘 있는 스승에 대해 수소문했다.

읍내에서 그는, 시바쁘라까사 스와미(Sivaprakasa Swami)라는 한 은둔 성자가 있는데, 강 근처의 덤불숲 안에 살면서 좀처럼 밖으로 나오지 않는다는 말을 들었다. 이 스와미는 단순한 띳집을 하나 지어 살면서, 사람들과의 접촉을 피하고 있었던 것이다.

소루빠난다는 이분이 바로 자신이 읍내 가까이 왔을 때 그의 힘을 느꼈던 그 스승이 틀림없다고 생각했다.

그는 시바쁘라까사 스와미에게 바로 다가가서 그의 프라이버시를 침해하고 싶지 않아서, 오두막에서 좀 떨어진 곳에 서서 그가 밖으로 나오기를 기다렸다. 스와미가 나타나자 소루빠난다는 엎드려 그에게 절을 했다.

그리고 그의 두 발을 붙잡고 다음과 같이 호소했다. "부디 지知의 가르침(*jnana upadesa*)을 베푸셔서, 저를 생사의 바다에서 구해 주십시오!"

시바쁘라까사 스와미는 즉시 고도로 성숙한 사람이 자신을 찾아와서 도움을 청하고 있다는 것을 알았다.

그가 소루빠난다를 부르면서 말했다. "아빠(*Appa*)[다정한 호칭]! 나는 그대가 찾아오기를 기다리며 이곳에 오랫동안 머무르고 있었다오!"

그런 다음 시바쁘라까사 스와미는 소루빠난다가 청한 지知의 가르침을 베풀었고, 그 직후 소루빠난다는 깊은 삼매에 들었다.

소루빠난다가 어떤 수행을 했다는 기록이 없어, 일반적으로 그는 시바쁘라까사 스와미를 처음 만난 직후에 진아를 깨달았을 것으로 추정된다.

소루빠난다와 따뚜와라야의 생애에 대한 몇 가지 서로 다른 버전들이 있다. 라마나 마하르쉬는 서로 다른 이야기들 중 하나에 나오는 사건들을 다음과 같이 요약했다.

따뚜와라야르와 스와루빠난다는 **참스승**을 찾아 각기 다른 방향으로 가기로 했습니다. 길을 떠나기 전에 그들은 한 가지 합의를 했습니다. 누구든지 먼저 **참스승**을 찾아내는 사람이 다른 사람에게 그 스승을 보여주기로 말입니다. 따뚜와라야르는 아무리 찾아도 **참스승**을 발견하지 못했습니다. 따뚜와라야르의 삼촌이었던 스와루빠난다는 당연히 나이가 더 많은 사람이었습니다. 그는 한동안 돌아다니다가 지쳐서 한 곳에서 쉬었습니다. 더 이상 찾으러 돌아다닐 수 없다고 느낀 그는 **하느님**(이스와라, 곧 시바)에게 기도했습니다. "오, 이스와라시여! 더 이상 돌아다니지 못하겠습니다. 그러니 당신께서 저에게 **참스승**을 한 분 보내주셔야겠습니다." 그는 그 짐을 하느님께 맡기고 침묵 속에 앉아 있었습니다. 그러자 신의 은총으로 **참스승** 한 분이 스스로 거기 와서 그에게 진리의 가르침

(tattva upadesa)[진아 깨달음의 가르침]을 베풀었습니다.1)

그 사이 따뚜와라야는 스승 찾기를 포기한 상태였다. 대신 그는 혹시 소루빠난다가 스승을 찾았는지 알아보기 이해 소루빠난다를 찾아보기로 했다. 그들이 결국 어디서 만났는지에 대한 기록은 없으나, 그들이 만났을 때 소루빠난다는 일찍이 합의했던 대로 따뚜와라야의 스승이 되었다.

따뚜와라야는 소루빠난다의 친존에서 금방, 애씀 없이 진아를 깨달았다. 그의 주된 저작들 중 하나인 『빠두뚜라이(Paduturai)』의 첫머리에서 그는 그 사건이이 얼마나 빨리 일어났는지를 밝히고 있다.

> (소루빠난다의) 두 발은 은총을 통해서, 그리고 신성한 형상을 취하면서 일어나 이 비옥한 세계 속으로 들어와서, 검정콩 한 알이 구르는 데 걸리는 시간에 나를 깨닫게 했네.2)

검정콩은 이들리(iddlies)와 도사(dosa)의 두 가지 주된 재료 중 하나인 달(dhal)이다. 이것은 직경이 2~3mm이고, 구형이라기보다 약간 비대칭형이다. 그런 특징이 있어, 따뚜와라야는 다른 한 시에서는 소루빠난다가 자신에게 "검정콩 한 알이 비틀거리다 옆으로 넘어지는" 데 걸리는 시간에 해탈을 안겨주었다고 썼다.3)

따뚜와라야는 거의 순간적인 이 깨달음을 자신의 어떤 내재적 공덕, 성숙도 혹은 근기보다는, 전적으로 스승의 힘과 은총 덕분으로 돌렸다.

---

1) 수리 나감마, 『스리 라마나스라맘에서 보낸 편지와 회상』, 1948년 4월 8일자. 라마나스라맘 출판물들에는 소루빠난다의 이름이 '스와루빠난다'로 표기되는 반면, 따뚜와라야의 이름은 『라마나 마하르쉬와의 대담』에서 '따뜨와로야르'와 '따뜨와 라야르'로 나온다.
2) Tiruvadi Malai, 1-3행.
3) Nanmanimalai, 제10연.

바람을 멈추는 것도 가능하고, 돌을 휘는 것도 가능하네. 그러나 우리의 사나운 마음으로 무엇을 할 수 있겠는가? 이 마음이 **진아**로 완전히 변모하게 해주신 우리 **스승님**은 얼마나 경이로우신가! 내 혀는 이것을 한시도 잊지 않고 되뇐다네.

당신의 연꽃 발을 하사하시어 나를 장악하신 나의 **스승님**께서 은총의 표정으로 시선을 던지시자, 심장 속의 어둠이 사라지네. 모든 것이 완전히 명료해지고, **시밤**(Sivam)[4]으로 변모한다네. 모든 경전이 **실재** 쪽을 가리키는 것이 보인다네.

더없이 영광스러우신 **스승님**, 당신께서 신적 은총의 눈으로, 번영하는 세계로서, 다수로서, 지知로서, 하나로서 빛나는 그 빛으로 저를 바라보시(고 비춰주시)지 않았다면, 제가 가지고 탐구하던 그 마음이 어디 있고, 당신의 헌신자인 제가 어디 있겠습니까?

저를 소멸하시려고, 당신께서는 그 안에 어떤 바라봄도 없는 시선을 저에게 던지셨습니다. 당신께서는 '나'와 '내 것'이라는 무지를 뿌리 뽑으셨습니다. 당신께서는 이 잔인한 자의 모든 미래생들을 끝나게 해주셨습니다. 오, **스승님**, 당신께서 저에게 하사하신 은총을 제가 받을 자격이 있습니까?[5]

따뚜와라야는 자기 스승의 막강한 힘이 자신에게 해탈을 안겨주었다는 것을 알고 있기는 했으나, 왜 그 힘이 해탈의 은총을 받을 근기가 되는 사람으로 결국 자신을 선택했는지는 도무지 알 수 없었다. 그는 긴 시의

---

4) T. 시바가 최고의 인격신이라면, 시밤은 지고한 의식으로서의 시바를 가리키는 말이다.
5) *Venba Antadi*, 12, 14, 60, 69연.

하나에서 발현업(prarabdha)의 신비로운 본질에 대해—신들에 관한 다양한 이야기에 나오는 사건들이 왜 그렇게 전개되었는지에 대해—반추한 다음, 자신의 해탈이 일어난 정황을 감동적인 열변으로 기록하고 있다.

신들(조차)도 절망할 때, 모든 종교의 길들을 탐색하는 사람들이 헷갈리고 피로해질 때, 겨울에 물속에 들어가고, 여름에 불 가운데 서 있고, 단식을 하며 힘들고 대단한 따빠스를 하는 사람들조차 목표에 도달하지 못하여 극도의 괴로움을 경험할 때, 나는 (나에게 하사된 지知라는) 그것이 무엇이었는지 모른다네. 그것은 고상한 마음을 가지신 분[소루빠난다]의 위대함 그 자체를 통해서였나? 아니면 당신의 자비로운 성품을 통해서였던가? 아니면 (나를 선택하신 것은) 당신 자신의 (절대적) 자유의 효과였나? 나는 감각 대상들 외에는 아무것도 모르는 비천한 자들 중 가장 비천한 자였네. 길을 잃었고, 악취 나는 살로 가득 찬 이 여덟 뼘 길이의 더러운 몸에 국한되어 있었네. 그러나 당신은 "어서 와"라고 나를 부르셨고, 당신의 연꽃 눈으로 나를 바라보시는 은총을 베푸셨네. 당신이 저 단 하나의 단어를 말씀하시고, 당신의 고귀한 손을 내 머리에 얹고 당신의 무구하고 고귀한 두 발을 그 위에 올려놓으시자, 내 지知의 눈이 열렸네. (그 이전에는) 나에게 (지知의) 눈이 없어, 무수한 세월 동안 나고 죽음을 겪었네. (그러나) 당신이 나에게 "보라!"고 명하시자, 나에게 어떤 운명도, 어떤 업(karma)도 없고, 이글거리는 눈의 어떤 죽음도 없었다네. 차별상 있는 형상들의 세계 모두가 그냥 소루빠난다의 한 현현이 되었네.[6]

---

6) *Nanmanimalai*, 제37연, 29-50행.

따뚜와라야는 깨달은 뒤에 많은 시간을 진아에 몰입한 상태로 보냈다. 소루빠난다는 제자가 타밀어 시를 짓는 데 대단한 재능이 있다는 것을 알고 있었고, 그가 그 재능을 사용해 주기를 바랐다. 그러나 그를 삼매에서 나오게 하여 문필 작업을 하게 하려면, 거의 영속적인 그 삼매 상태에서 나오도록 구슬려야 한다는 것을 알았다. 따뚜와라야의 생애담에 대한 전통적 버전에서는 그 이야기가 이렇게 전개된다.7)

    소루빠난다는 생각했다. "이 따뚜와라야는 타밀어로 시를 짓는 데 통달해 있다. 우리는 그를 통해서, 세상 사람들의 이익을 위해 얼마간의 경전을 얻어야겠다."
    그는 오랫동안 암시를 통해 자신의 뜻을 전했으나, 따뚜와라야는 언제나 안주상태(*nishta*)[진아몰입]에 들어 있었기 때문에 그 제안에 따라 행동할 수 없었다.
    결국 소루빠난다는 다른 방식으로 자신의 목적을 달성하기로 결심했다.
    그는 초하룻날에 기름 목욕을 하고 싶은 척하며, 시자를 돌아보고 말했다. "기름을 가져오게."
    가까이 서 있던 따뚜와라야는 이날이 '초하루(*amavasya*)'인 것을 알고 있었다. 그래서 "초…"라고 말하기 시작하다가 말을 그쳤다.

초하루에는 기름 목욕을 하는 것이 금지된다. 스승이 그 관습을 위반하려 한 것만으로도 따뚜와라야는 진아몰입 상태에서 나오게 되었다. 그는 자연발로적으로 "초…"라고 말했는데, 그것은 필시 "초하루"라고 말하

---

7) 이하 들여쓰기 된 다섯 개 인용 부분은 모두 *Chidambaram Ko. Chita. Madalayam*에서 출판된 따뚜와라야의 『빠두뚜라이(*Paduturai*)』, 1953년판 머리말 8-16쪽에서 가져왔다.

려던 것이었지만, 스승이 하려는 행위를 제자인 자신이 비난하는 것은 적절치 않다는 것을 깨닫고 말을 그쳤다. 그러자 소루빠난다는 노리던 기회를 포착했다.

소루빠난다는 따뚜와라야가 말하는 것을 듣자마자 짐짓 그에게 화를 내는 척했다.

그가 말했다. "시간을 넘어서 안주하고 있고, '하라'와 '마라' 형태를 취하는 모든 산깔빠(*sankalpas*-생각)를 초월한 나에게, 어떤 금지가 있을 수 있나? 내 앞에 서 있지 마라! 내 친존을 떠나라!"

따뚜와라야는 속으로 생각했다. "존재-의식-지복의 나뉘지 않는 충만함으로 빛나시는 스승님께, 무엇을 금지하는 잘못을 범했으니, 나는 더 이상 이 몸 안에 머물러 있는 것이 맞지 않다. 바다에 빠져 죽는 것 외에 아무런 속죄 방법이 있을 수 없다."

이런 생각을 하면서 그는 여전히 스승 쪽을 바라보며 뒷걸음질로 물러났는데, 스승의 친존을 떠나야 한다는 생각에 눈물을 비오듯 쏟았다.

이 이야기의 다른 버전에서는 따뚜와라야가 스승의 친존에서 뒷걸음질로 물러난 것은 자신의 스승에게 등을 돌리는 것은 예의가 아니라고 느꼈기 때문이라고 분명히 밝히고 있다. 지금 이 버전에서는 그 점이 분명하지 않지만, 그는 이처럼 뒷걸음질로 자신이 빠져죽기로 한 바닷가에 당도한 듯하다. 그 이야기는 이렇게 계속된다.

그는 다른 존재들에 대해 느낀 자비심을 통해, 그리고 그를 사로잡고 있던 진아체험의 힘을 통해, (바다를 향해 뒷걸음질로) 걸어가는 동안 시를 짓기 시작했다. 이것이 그가 자신의 스승과 **빠라마구루**(*Paramaguru*)[시바쁘라까사 스와미] 두 분을 찬양하여 지은 18편의 작품이다. 이것을 소루빠난다의 다른 제자들이 받아 적었다.

그가 이 18편의 작품을 계속 노래할 때, 그를 뒤따르던 그 제자들이 그가 말한 것을 받아 적었고, 소루빠난다에게 (그 시들을 전달하고) 그것을 그의 친존에서 낭독했다.

소루빠난다는 짐짓 관심이 없는 척했다. "머리가 있는 여자가 머리를 빗질하고 묶듯이, 입을 가진 이 사람도 이런 시들을 지어서 보내는 거지."

따뚜와라야의 생애에 대한 다른 버전에서는, 소루빠난다가 제자들을 보내어 따뚜와라야가 짓고 있는 시들을 받아 적게 했다고 한다.

그러는 사이, 따뚜와라야는 스승을 그리워하며 탄식하고 있었다. "아, 나는 내 스승님의 친견을 얻을 자격이 없어졌어. 앞으로 어떤 몸을 받아 와야 당신의 친견을 얻게 될까?"

자기 엄마를 보지 못하게 된 아이처럼, 그는 너무 울어서 얼굴 전체가 퉁퉁 부었다. 이때 그는 『빠두뚜라이(*Paduturai*)』의 '띠루바디말라이(*Tiruvadimalai*)'를 노래하고 있었다. 그는 바닷가에 가까이가 있었고, 막 죽으려는 참이었다.

제자들이 소루빠난다에게 가서 이런 일들에 대한 새로운 소식을 전하자, 그가 (누그러져서) 말했다. "그 '스승에게 병난 자'[스승에 대한 열망으로 병이 날 지경인 사람]에게, 돌아오라 하라."

따뚜와라야는 그 이야기를 듣자 신체적 괴로움에서 완전히 벗어났고, (앞으로) 걸어갈 힘도 되찾았다.

그가 그 제자들에게 말했다. "은총과 자비의 저수지이신 소루빠난다께서, 큰 죄를 지은 나에게까지 돌아오라고 명하셨군."

그는 위없는 지복을 체험하면서, 『빠두뚜라이』의 대목들을 좀 더 노래한 다음, 스승이 계신 곳으로 돌아갔다. 그리고 그곳에 서서 황홀경 속에서 눈물을 흘리며, 스승을 찬양하는 노래를 불렀다.

소루빠난다는 단지 "이루(Iru)"라고만 말했다.

'이루(Iru)'는 '있으라'와 '머무르라'의 두 가지 의미를 갖는 동사 명령형이다. 소루빠난다는 이 단어를 고름으로써, 그에게 신체적으로 자신과 함께 머무를 것과, 계속 순수한 존재의 상태에 안주하라고 명한 것이다.

따뚜와라야는 즐거이 그곳에 살면서 스승을 섬겼다.

소루빠난다는 따뚜와라야가 지은 작품들을 훑어보고 그 의미의 깊이와 어휘들의 장중함에 기뻐했다. 그러나 자신이 느낀 기쁨에 대해 아무 내색도 하지 않았다.

이때 그는 속으로 생각했다. "이 경전(sastras)은 배운 사람들에게나 쓸모가 있지, 못 배운 사람들에게는 쓸모가 없겠어."

그가 따뚜와라야에게 말했다. "아빠(Appa), 자네는 자신의 이익을 위해 이 모든 경전을 노래했지, 세상 사람들의 이익을 위해서 노래한 것이 아니군."

대화는 요리사들이 오는 바람에 중단되었다. 그들이 소루빠난다에게 고했다. "스와미, 식사 하시러 오셔야겠습니다."

소루빠난다가 식사를 하러 갔을 때, 혼자 남겨진 따뚜와라야는 스승의 말씀을 곰곰이 생각해 보았다. 그리고 스승의 말씀과 부합하게 『사시반나 보담(Sasivanna Bodham)』을 지었는데, 소루빠난다가 식사를 마치고 돌아오기도 전이었다. (스승이 다시 나타나자) 그는 그것을 스승의 발아래 놓고 절을 했다. 소루빠난다는 그 문제의 단순함과, 따뚜와라야가 시를 그렇게 빨리 지은 것을 기뻐했다.

그 이야기 뒤에 일어난 한 사건에 관한 이야기는 **라마나 마하르쉬**가 몇 번 언급하거나 다시 들려준 것이다.

따뚜와라야가 자신의 **스승** 소루빠난다를 기리는 바라니(*bharani*)[타밀시의 한 형식]를 한 수 지어, 유식한 학자들을 모아놓고 그 작품을 들려주고 나서 그 가치를 평가해 보라고 했습니다. 학자들은 바라니는 (전쟁터에서) 코끼리 천 마리를 죽일 수 있는 위대한 영웅을 기릴 때 지을 뿐, 일개 고행자를 기리는 그런 작품을 짓기 위한 것이 아니라는 반론을 제기했습니다. 그러자 지은이가 말했습니다. "우리 모두 저의 **스승님**께 가서 거기서 이 문제를 매듭지읍시다." 그들은 **스승**을 찾아갔고, 모두 자리를 잡고 앉자 지은이가 그의 **스승**에게 찾아온 목적을 말했습니다. **스승**은 말없이 앉아 있었고, 다른 사람들도 모두 침묵(*mauna*)에 잠겼습니다. 한 나절이 지나서 밤이 되었고, 또 며칠의 낮과 밤이 지났습니다. 그런데도 모두 말없이 그 자리에 앉아 있었습니다. 그들 중 누구에게도 전혀 아무런 생각이 일어나지 않았고, 누구도 그들이 왜 거기 왔는지를 생각하거나 묻지 않았습니다. 이와 같이 3, 4일이 지난 뒤에 **스승**이 마음을 조금 움직이자, 그들이 사고 활동을 되찾았습니다. 그런 다음 그들은 선언했습니다. "코끼리 천 마리를 정복하는 것은, 우리 모두의 에고라는 날뛰는 코끼리들을 한꺼번에 정복한 이 **스승님**의 힘에 비하면 아무것도 아니다. 따라서 확실히 이분은 당신을 기리는 바라니를 헌정 받을 자격이 있다!"[8]

따뿌와라야는 많은 저작을 지은 다작가였지만, 소루빠난다가 지었다고 하는 것은 단 한 편, 즉 진아체험의 본질에 대한 102연의 시 『소루빠 사람』이다. 이 저작은 라마나 마하르쉬가 아주 높이 평가한 것이어서, 그가 안나말라이 스와미에게 읽어 보라고 권한 여섯 권의 책 가운데 이것을 포함시켰다. 다른 다섯 가지는 『해탈정수』, 『리부 기타』, 『아쉬따바끄라 기타(Ashtavakra Gita)』, 『엘람 온드레(모두가 하나다)』, 『요가 바시슈타』였으므로, 『소루빠 사람』은 뛰어난 저작들과 어깨를 나란히 하고 있다.

위 문단에서 "소루빠난다가 지었다고 하는" 이 저작이라고 했으나, 이것은 소루빠난다가 진아에 관해서 한 말씀들을 그의 제자 따뿌와라야가 간추려서 시로 지어 편집한 것에 불과할지도 모른다.

텍스트에 관하여

다음에 나오는 본문에서 바탕체로 된 시들 자체는 소루빠난다가 지은 것이지만, 굵은 글씨로 된 (질문과 답변 형태의) 서두 글들은 아마 후대의 알려지지 않은 주석가가 지었을 것이다. 그러나 이 덧붙여진 말들은 늘 이 저작과 같이 나왔고, 이제는 이 저작의 불가결한 부분으로 간주된다.[9]

이것은 제2판이다.[10] 영어 번역문들 중 일부는 약간 수정되었다.

---

[8] 『바가반과 함께한 나날(Day by Day with Bhagavan)』, 1945년 11월 21일자.
[9] T. 본문 내용의 흐름을 검토할 때, 굵은 글씨로 된 **질문**과 **답변** 부분도 원 저작의 내용이었지 후대의 주석가가 붙인 것은 아닌 것으로 판단된다. 문답 부분을 빼면 내용에 단절 또는 비약이 생기기 때문이다. 오히려 이것은 따뿌와라야가 소루빠난다와 나눈 **질문**과 **답변**을 그대로 혹은 약간 보완해서 정리한 것이라고 보는 것이 타당하다. 사실 따뿌와라야가 아니면 후대에 감히 이런 문답을 집어넣을 사람도 없었을 것이다.
[10] T. 이 제2판 머리말에는 따뿌와라야의 다른 작품들에 대한 소개와 기타 정보가 더 자세히 서술되어 있으나, 옮긴이는 『소루빠 사람』에 집중하기 위해 일부 내용을 생략하고 옮겼다.

소루빠 사람

진아에 바치는 기원시

1. 금이 그것을 찍어내는 주형鑄型의 형상을 취하듯이 다양한 대상들로 나타나는 독특한 진아가 우리의 지지물이 되어, 전체 세계의 성품은 의식일 뿐임을 선언하는 이 저작 『소루빠 사람』이 잘 지어지게 이끄는 안내자가 되기를.

본문

2. 세 가지 차별상差別相[1]은 존재하지 않으므로, 일체는 의식일 뿐이다. 의식이 확실히 존재한다는 것은 이런 식으로 이야기된다.

의식과 다른 것은 전혀 존재하지 않으므로, 5대 원소와 다섯 가지 감각 그리고 다섯 감각기관은 모두 의식일 뿐이다. 처음과 중간과 끝에 존재하는 모든 것 또한 의식이다. 이루 표현할 수 없는 환幻도 의식이다. 일체를 지각하는 자와 그 지각 행위 역시 의식이다.

3. 질문: 일체가 의식일 뿐이라고 결론지을 논리적 방도가 있습니까?
답변: 그렇다. 있다.

마음의 착각에서 나오지만 실재하는 것처럼 보이는 세계의 모든 다

---

[1] *T.* '세 가지 차별상은 24쪽의 각주 4와 『라마나 마하르쉬와의 대담』, 275쪽 참조.

양성은 주시하는 의식일 뿐이지 않은가? 그래서 해탈을 위시하여 순수와 불순수, 기쁨과 슬픔, 존재하는 것과 존재하지 않는 것 등 일체는 존재(being)일 뿐이다.

4. **질문**: 만약 일체가 존재라면, 대상들은 존재-의식-지복인 자기 자신의 진아로 나타나는 것입니까?
답변: 그렇다, 그렇게 된다.

내가 어떤 방향을 보든 절대적으로 완전한 **스와루빠**(swarupa)가 있다. 모든 성스러운 강의 진정한 성품은 지복스러운 **의식**이다. **하느님**을 찬양하는 모든 시들의 진정한 성품은 **지복**이다. 나와 별개로, 다른 어떤 형상이 존재할 수 있는가?

5. **질문**: 그 말씀은 그냥 말씀일 뿐입니까, 아니면 체험하신 것입니까?
답변: 그것은 체험한 것이기도 하다.

내 스승님이 이렇게 가르치셨다. "선생, 세계의 모습과 그 바탕은 모두 그대라오. '나'라고 말하지 않는 사람은 아무도 없소. 그러니 '나'를 철저히 탐구하시오. 이것을 면밀히 그리고 철저히 알게 되면 '나 자신이 완전한 의식이다'라(고 말할 수 있다)오." 그래서 나는 원초적 실체이다.

6. **질문**: 어느 개체가 이 진아체험을 했고, 언제 그 체험이 일어났습니까?
답변: 나 자신이 그 체험을 하고, 그 체험은 항상 존재한다.

나는 순수한 의식으로서의 나의 진정한 성품을 보았다. 나는 나 자신만을 보지, 세계의 엄청나게 많은 대상들을 보지 않는다. 내가 나 자신을 철저히 바라보지 않았다고 해서, 내가 어느 한때라도 존재하지 않은 적이 있는가?

7. **질문**: 만약 일체가 진아일 뿐이라면 왜 이름들은 다수입니까?
   답변: 그 이름들이 다수라고 해서 진아가 다수가 되지는 않는다.

   누구나 '나'로 안주하면서 그 자신을 '나'라고 선언하므로, 위로는 이스와라에 이르기까지 '나' 외에는 아무도 없다. 같은 사람을 두고 아들·형·아버지 등으로 다르게 부르지만, 그 때문에 그 사람의 몸이 달라지는가?

8. **질문**: 그렇다면 '알려지는 것'과 '아는 자'가 다르겠습니다.
   답변: 아니다. 그것들은 서로 다르지 않을 것이다.

   ('보는 자'인) '나'로서 남아 있는 것은 나의 진아이다. '나' 아닌 것으로 배척된 대상들—이것들도 나의 진아이다. 그것은 밤에 그 자신으로서 잠이 든 어떤 사람이 (꿈속에서는 '보는 자'와) 세계의 형상을 취했다가 나중에 그 자신으로서 깨어나는 것과 같다.

9. **질문**: 일체로서 빛나는 진아의 내적인 성품은 무엇입니까?
   답변: 그것은 '그 자체로서 그 스스로 빛나는 것'이다.

   몸으로서, 소중한 영혼으로서, 모든 행위로서, 무지로서, 참된 지(知)의 향유로서, 지복스러운 실재로서, 그리고 단 하나의 의식으로서 빛나는 진아—그것이 실로 나 자신의 진정한 성품이다.

10. **질문**: 스스로 빛나는 진아에 어떤 참된 이름을 부여할 수 있습니까?
    답변: 그것은 하나의 초월적 체험이므로 거기에 어떤 이름을 부여하

기란 불가능하다.

사람들은 그것을 지복으로, 초월성으로, 그리고 4베다의 정점에 머무르고 있는 모든 것의 주시자로 묘사할 것이다. 지知(jnana)의 경전들이 언급한 모든 이름으로도 찾아내지 못하는 나의 진정한 성품에, 내가 어떤 명칭을 붙일 수 있겠는가?

11. **질문**: 만약 그것이 초월적이면 그것을 탐구할 수 있는 여지도 없습니다. 따라서 어떤 식으로든 그것을 가리켜 표시할 필요가 있습니다.
답변: 그것은 일체이자 무無이기 때문에 묘사할 수가 없다.

그것은 '나'인가? 그것(That)인가? 내가 그것인가? 그것이 나인가? 그것은 빛나는 지知인가? 소리의 실체(nada tattva)[최고의 실체] 너머에 있는 것인가? 침묵(mauna)인가? 순수한 상태(suddha)인가? 공空인가? 스스로 빛나는 본래적 상태는 이 모두이면서 그 어느 것도 아니다.

12. **질문**: 그것이 그렇게 이야기된다면 누구도 진아를 깨달을 수 없고, 고로 어떤 깨달음도 있을 수 없습니다. 따라서 어떤 이름이 주어져야 합니다.
답변: 베다에서는 다음과 같은 이름들이 주어지고 있다.

깨달음이 '나'이다. 해탈이 '나'이다. 완전한 지복이 '나'이다. 존재가 '나'이다. 의식이 '나'이다. 고요함이 '나'이다. 순수성이 '나'이다. 독특하게 존재하고 베다의 범위를 넘어서 있는 것이 '나'이다. 만물의 근원인 순수한 의식이 '나'이다.

13. **질문**: 그렇게 묘사되는 모든 것은 체험됩니까?
답변: 체험되고 또한 초월된다.

내 아들이여! 나는 그 형언할 수 없는 체험, 초월적 기쁨, 기타 일체가 되었고, 그것으로서 살았다. "나는 불행을 야기하는 업을 나에게서 제거했다"라고 선언할 필요조차도 느끼지 못했다. 나는 내 진아를 회복했고 자유로워졌다.

14. **질문**: 그 체험에서 나오는 이익은 어떤 것입니까?
    답변: 그것은 해탈 왕국의 왕이 되는 것이다.

    나는 결코 상실될 수 없는 지고한 하느님의 지위를 얻었다. 나는 행복과 불행이라는 상대물의 쌍들을 태워 버렸다. 나는 생각들로 나를 고문하던 몸을 가지고 숲에서 거주하는 삶을 포기했다. 나는 해탈의 집으로 들어가서 그 집을 차지했다.

15. **질문**: 이 왕은 자신의 무대 위에서 어떤 연극을 주시하겠습니까?
    답변: 그는 세 가지 상태[생시·꿈·잠]의 춤을 주시할 것이다.

    생시의 상태에서 나는 다섯 행위기관과 다섯 감각기관의 춤을 주시할 것이다. 꿈속에서는 마음의 춤을 주시할 것이다. 생각이 없는 (깊은) 잠 속에서는 대상 없는 공空의 춤을 출 것이다. 그러나 나는 (늘) 그 드높은 본질[진아]로 남아 있을 것이다.

16. **질문**: 당신께서 행복과 불행을 '나'로 간주하시던 때에는 그 체험이 어디에 있었습니까?
    답변: 그때에도 나는 진아로서 머물러 있었다. 나는 달리 아무것도 아니었다.

    (에고인) '나'였던 것은 누구인가? 만약 (지금) 내가 그를 본다면 그가 몸이라는 형상을 취하는 것을 용납하지 않을 것이다. 그의 형상이

의식인 '나'만이 진정한 '나'이다. 다른 모든 '나'들은 하나의 형상에 속박되어 탄생과 죽음을 겪게 될 것이다.

17. **질문:** 진아는 불변입니다. 그것이 만약 활동에 종사하면 속박되지 않겠습니까?

답변: 진아는 태양처럼 주시자로 남아 있으므로 그것은 속박되지 않을 것이다.

설사 내가 가족이라는 짐을 지고 있어 그들이 그림자처럼 나를 따른다 해도, 또 설사 '마야'라는 구름이 (나를) 가린다 해도, 나는 의심할 바 없이, 순수한 의식으로서 스스로 빛나고 세계에 대한 주시자로서 남아 있는 지知의 태양이다.

18. **질문:** 그러나 진인은 태양처럼 부동의 상태로 가만히 있지 않습니다.

답변: 그는 또한 부동의 상태에 있다.

무엇이 닥쳐오든, 어떤 행위가 이루어지든, 내가 무엇을 기뻐하든, 나는 그 어떤 것도 되지 않고 초연하게 자각하며 머물러 있는 순수한 의식일 뿐이다.

19. **질문:** 모든 사물이 움직이는 것은 진아가 그것을 움직이게 하기 때문입니다. 그러니 진아에게는 속박이 있지 않습니까?

답변: 팽이를 돌리는 노끈처럼, 진아에게는 속박이 없다.

(노끈으로) 돌려놓은 팽이처럼, (안팎의) 다양한 기관들은 (행위들을) 성취한다. 그러나 팽이를 돌리는 데 쓰이는 노끈처럼, 나는 그것들에 합일되지 않을 것이다. 나는 그것들과의 연관을 없애 버렸다. 나는 나 자신의 진아가 된 것이다. 나의 속박은 실로 사라져 버렸다.

20. **질문**: 그러나 지知가 성취되고 무지가 소멸되는 방도는 무엇입니까?
답변: 자기 자신의 진아체험 안에서는 지知의 성취도 무지의 소멸도 보이지 않는다.

무지는 무엇에 의해 소멸되었는가? 탐구를 통해 얻은 지知는 무엇을 통해 일어났는가? 참된 지知의 초월적 체험이라고 불리는 그 명료함은 어떻게 얻어졌는가? 나의 진아 외에 내가 무엇을 아는가?

21. **질문**: 지知의 깨침과 무지의 제거에 대한 자각이 없다면, 진인이 어떻게 있을 수 있습니까? 어떤 단서가 주어져야 합니다.
답변: 실재에서 비실재가 제거되듯이 지知에서 무지가 제거되면, 그 둘 다가 되면서 그 어느 것도 되지 않는 것, 이것이 실로 진인의 성품이다.

궁극적으로 실재가 '나'로서 빛났을 때, '나'가 된 그 비실재는 어디로 갔는가? 나 자신이 실재와 비실재 둘 다의 기반이 되었지만, 실재와 비실재라는 상충되는 쌍의 범위를 넘어선 곳에 머물렀다.

22. **질문**: 앞에서는 "나는 몸의 소유자이지 몸이 아니다"라고 하셨는데, 지금은 "나는 몸과 다른 것으로 머물러 있으면서 또한 그 몸이기도 하다"고 말씀하십니다. 어느 것이 참됩니까?
답변: 진실은 몸 안에 머물러 있으면서도 몸에서 초연하다는 것이다. 마치 망고 씨의 핵이 그 씨껍질 안에 들어 있으면서도 그것에서 초연하듯이 말이다.

나는 "나는 몸이다!"라고 말했다. 나는 부富를 내 것으로 여겼다. 나는 "나는 향유자다!"라고 느꼈다. 이것은 모두 거짓 아닌가? 나는 몸을 위시한 일체의 것으로 남았으나, 진정한 '나'는 어느 것과도 연관됨이 없이 늘 초연하게 남아 있었다. 마치 달콤한 망고의 씨앗 안에 망고의 핵이 들어 있듯이.

23. **질문:** 그와 같이[집착하되 초연하게] 머물러 있는 것은 무지의 기간 동안만입니까, 아니면 지知의 기간에도 그렇습니까?
답변: 둘 다이다.

무지의 기간과 지知의 기간은 지성이 계발되지 않았던 기간과 지성이 계발된 기간처럼 보였고 경험되었다. 수행하는 동안은 하나의 덧씌움이었던 모든 것이 이제는 거짓이 되었다.

24. **질문:** 그 체험 이전에 존재하는 무지의 기간 중에는 탄생과 죽음이 있습니까?
답변: 그것들은 환幻이므로 존재하지 않는다.

오, 내가 어디서 태어났던가? 내가 무엇을 신으로 숭배했던가? 나는 어디서 피난처를 구했던가? 내가 끊임없는 지복을 체험하면서 그 지복스러운 본질, 곧 실재가 되었을 때, 그 모든 것은 거짓(임을 알게 된 것) 아니었던가?

25. **질문:** 그 체험이 밝아오기 전에 진아는 어떤 상태에 있었습니까?
답변: 진리 깨달음에 의해 구제되었으니, 나는 더 이상 이것을 인식하지 않는다.

나는 '어떤 사람'이 되면서 살았다. 나는 '어떤 사람'을 위해 헛되이 노력했다. 나는 수많은 이름을 얻으면서 변화를 겪었다. 이제 그런 것에 신물이 났다! 나는 발견하기 어려웠던 나의 진아를 보았다. 오, 지금 나는 자유롭다!

26. **질문**: 우리가 진아를 보면 무엇을 얻고 무엇을 체험합니까?

    답변: 마음이 사랑 안에서 해소되고 그대는 사뜨-찌뜨-아난다가 된다.

    나는 기만적인 마음이 녹아 해소되게 했다. 나는 진정한 나로서의 나 자신을 알았다. 내가 일체의 바탕이기에, 나는 나 자신이 되었고 나 자신으로서, 곧 **사뜨-찌뜨-아난다**라는 맑은 감로로서 거주한다.

27. **질문**: "세계는 진아일 뿐이다"라는 말은 비유적으로 참되고, 문자적으로는 참되지 않습니까?

    답변: '보이는' 그 무엇도 눈과 별개로 존재하지 않는다. 마찬가지로, 세계는 진아와 별개로 존재하지 않는다.

    눈과 별개로 '보이는' 어떤 것이 있을 수 있는가? 귀와 별개로 '들리는' 어떤 것이 있을 수 있는가? 다른 네 가지 원소(지수화풍) 중 어느 것이 공空(허공)과 독립하여 나타났는가? 세계는 흘러가는 하나의 신기루 강처럼 보일지 모르나, 철저히 조사해 보면 세계가 진아와 별개로 존재할 수 있는가?

28. **질문**: '보는 자'와 '보이는 것'은 서로 다르게 보입니다.

    답변: 그것은 금을 다양한 (금) 장신구들로 보는 것과 같다. 그것들은 다르지 않다.

    여기에는 나 자신 아닌 다른 무엇도 존재하지 않는다. 이것은 내가 맹세한다. 금 장신구는 금과 별개로 존재하지 않는다. 우리가 금의 형태를 바꾸어 거기에 여러 가지 이름을 붙일 수 있듯이, 내가 나 자신을 나누어 그것을 묘사한 것이다.

29. 질문: 그 체험의 본질은 무엇입니까?

답변: 그것은 생각들을 해체하면서 일어나는 초월성이며, 그 안에서 일체가 나 자신의 진아로서 빛난다.

그것은 언어의 범위를 넘어서 있고 마음의 범위를 넘어서 있다. 그것은 넘쳐흐른다 해도 우리가 물리지 않는 맑은 감로이다. 혀에서 분비되는 침처럼 그것은 내 안에서 솟아나온다. 그것은 (물이 완전히 채워진) 먹통 항아리2)처럼, 다른 것이 되지 않고 '나'로서 남아 있다.

30. 질문: 일체가 시밤(Sivam-의식으로서의 진아)으로서 존재하는데, 왜 우리가 시밤이 되어야 합니까?

답변: 그것은 '하나'와 '둘'이라는 모든 차별상을 제거할 수 있게 하여 완전한 지知가 되기 위해서이다.

"시밤의 지복은 무엇인가? 시밤의 성품은 무엇인가? 시바의 활동은 무엇인가?"라고 묻지 말라. 그것은 나뉘지 않고, 합쳐지지 않고, 그 자신과 달라지지도 않는 의식의 충만함일 뿐이다.

31. 질문: 무엇을 비실재로 배격하고, 무엇을 실재로 받아들여야 합니까?

답변: 비실재(asat)라고 알려진 대상들을 배격하고 의식을 실재(sat)로 받아들여라. 이것이 고요함이다.

그대가 아는 모든 원리들(tattvas)은 그대 자신에게 낯선 것이다. 이런 대상들을 '비非진아'로 배격하는 한편, 대상을 배격하는 자로서 남아 있는 의식을 통해 진아를 깨달으라. 이것이 **고요함**(평안)이다.

---

2) 먹통 항아리(dumb pot)는 주둥이가 없는 원통형 질항아리로, 다공질의 몸체를 통해 물을 빨아들인다.

32. **질문**: 만약 고요함이 단 하나 참된 것이라면, 주시자는 무엇입니까?
    답변: 고요함 그 자체가, 주시자에서부터 자기체험(*svanubhava*)에 이르기까지의 모든 것이다. 그것이 시밤, 곧 고요한 마음의 상태이다.

    고요함 그 자체가 주시자-진아이다. 주시자-진아는 그 자체 브라만이다. 브라만은 곧 **충만함**이다. 탐구로써 깨닫는 순수한 **충만함**은 그 자체 항상 존재하는 **자기체험**이다. 이것이 고요한 마음이고, 그것은 그 자체로 **시밤**이다.

33. **질문**: 설사 마음이 가라앉는다 해도, 결합(*sayujyam*-브라만과의 합일)은 마야가 소멸될 때에야 성취됩니다.
    답변: 마음의 소멸 자체가 마야의 소멸이고, 따라서 그것이 곧 결합이다.

    나는 세계의 탄생과 행위자, 곧 에고인 '나'의 탄생으로 이끄는 마음이 탄생하는 방식을 보았다. 마음이 가라앉지 않는 것 자체가 **마야**이고, 이 **마야**를 소멸하는 사람들의 확고함이 실로 **결합**이다.

34. **질문**: 만약 그것이 결합이라면 과거업들은 어디로 가겠습니까?
    답변: 이 체험 안에서는 과거업들이 아무 흔적도 없이 사라진다.

    나는 "나는 끝없는 생사윤회를 겪었다"고 상상하는 불행에서 일어나는 두려움을 없애버렸다. 오래된 이 세계 전부가 광대하고 텅 빈 공간, 즉 나 자신의 **진아**가 되었다. 왜냐하면 나의 **진아** 아닌 모든 것은 거짓이기 때문이다.

35. **질문**: 그런 체험이 있을 때, 왜 행위(*karma*-의식 등 숭배 행위)를 합니까?
    답변: 그런 체험이 일어나지 않았을 때 행위가 거행된다.

내가 모든 숭배와 그 비슷한 것들을 '비진아'로 간주하는 수승殊勝한 지혜를 통해서 끝없고 지복스러운 체험이 되기 전까지는, 나도 정해진 때에 신들을 숭배했고 모든 맹세를 세심하게 지켰다.

36. **질문**: 누가 그런 체험을 얻겠습니까?
    답변: 순수하고, 정해진 자격요건을 갖춘 사람들만 그것을 성취할 것이다.

    단일성(oneness)으로서, 오염 없음으로서, 충만함으로서, 그리고 진리로서 영원히 안주하고 빛나는 **실재**의 체험은, 자격요건을 가장 잘 갖춘 순수한 사람, 동요되지 않고 차분한 마음을 가진 사람, 그리고 마지막 생을 살고 있는 사람들만이 성취할 수 있다.

37. **질문**: 순수한 사람들의 특징은 무엇입니까?
    답변: 그것은 다음과 같다. [그 답변은 제37-42연까지이다.]

    그들은 심한 말을 하지 않을 것이고, 누구도 미워하지 않을 것이며, 즐거운 얼굴을 하고 있을 것이다. 그들은 자신이 즐기는 어떤 것이든 자신들이 사용하지 않고 그것을 위대한 분들에게 공양할 것이다. 그들은 삿된 사람들과 어울리지 않을 것이고, 누구에게도 욕을 하지 않을 것이며, 그들의 눈은 분노로 이글거리지 않을 것이다. 이런 이들이 자신의 탄생을 제거할 사람들이다.

38. 그들은 파괴될 수 있는 것들을 가치 있게 여기지 않을 것이고, "이것은 좋고 이것은 나쁘다"라고 결코 말하지 않을 것이다. 그들은 과거의 일에 대해 슬퍼하지 않을 것이고, 그 무엇도 비난하지 않을 것이다. 그런 이들이 고상한 사람들이다.

39. 그들은 베다의 규정들을 폄하하지 않을 것이고, 살아 있는 동안 (신에 대한) 찬가를 부르지 않거나 헌신으로 가슴이 녹지 않는 일이 없을 것이다. 그들은 죽음을 망각하지 않을 것이고, 마음이(마음의 힘이) 약해서 이 세상에 집착하는 일이 없을 것이다. 그런 이들이 다시는 태어나지 않을 사람들이다.

40. 그들은 마음의 갑작스러운 움직임을 전혀 경험하지 않을 것이고, 오직 구원의 길만 알고자 할 것이다. 그들의 마음은 "이것은 내 재산이고 내 집이다. 내 아내고 내 자식이다"라고 탐욕스럽게 말하면서 집착에 매몰되지 않을 것이다. 성숙한 사람들은 그와 같다.

41. 완전함의 상태를 제외하면, 남들이 좋다거나 싫다고 여기는 것들에 그들이 관심을 갖겠는가? 우리가 진정으로 볼 때는, 고요하고 영원해진 사람들, **실재**로서 빛나면서 최종적 상태에 안주해 있는 사람들은 희소하다.

42. 이승에서나 저 세상에서나 그 둘 다를 넘어선 것에서나, 구분 없이 자신의 **진아** 아닌 어떤 것도 보지 않는 사람들이, 산깔빠(sankalpas)의 환상적 유희인 이 유령 같은 세계의 겉모습을 사소하게 여기지 않을 만큼 스스로 비천해지겠는가?

43. **질문**: 그런 진인들에게는 무심결에라도 경전습經典習(sastra vasana)이나 지知와 무지의 습이 일어나지 않겠습니까?
    답변: 그런 것들은 원습이므로 (그들에게는) 일어나지 않을 것이다.
    덧씌워진 모든 상태에서 **해탈자**는 소리(언어)의 환幻과 실재와 비실재

의 환幻이 마음의 환幻에 지나지 않음을 분명히 안다. 왜냐하면 나
타나고 사라지는 그 덧씌워진 상태가 거짓임을 알기 때문이다.

44. **질문**: 그렇다면, 그런 분들에게는 무엇이 신에 대한 숭배입니까?
    답변: 숭배란 진아를 친견하는 것일 뿐이다.

    위대한 고행자(tapasvin)는 **고요함**이라는 아름답고 화사한 꽃으로, 그리고 홀로 있음이라는 만트라로, 몸이라는 사원 안의 의식의 무변제無邊際(로 안주해 있는) 신을 정성스럽게 숭배한다. 그러한 진인들을 존경하며 영원히 사는 사람들에게 누가 필적할 수 있겠는가?

45. **질문**: 왜 모든 사람이 그런 숭배를 하지 않습니까?
    답변: 무지 때문이다.

    세 가지 으뜸 과일[망고·잭프루트·바나나]이 우유를 넣어 만든 쌀 푸딩과 함께 바로 앞에 있는데도, 그들은 개가 토해 놓은 음식을 그리워할 것이다. 우리 자신이 위대한 본질이고 모든 사물과 모든 능력의 토대라는 것을 모른 채, 그들은 힘 센 자(마야)의 노예가 된다.

46. 이것은 진인들을 모욕하는 사람들의 운명과 관계된다.

    그들은 공정함과 올곧음을 모르고, 세계의 유령 같은 본질을 모른다. 그들은 그들 자신을 모른다. 그들은 자신의 무지에서 일어나는 수치를 깨닫지 못한다. 그들은 자신의 내면에서 캄캄하며, 선하고 올바른 사람들을 이유 없이 모욕한다. 이런 사람들이 어느 길로 가겠는가?

47. **질문**: 지고의 지복에 대해서 이야기하는 지知 경전 외의 모든 책들은 참되지 않습니까?

답변: 그렇다. 참되지 않다.

"다섯 송이 꽃이 그의 화살이다. 다리 여섯 개의 딱정벌레들이 활줄이다. 부드러운 사탕수수가 그의 활이다. 이 몸 없는 까마(Kama)는 용맹한 전사이다. 그는 강력한 정욕으로 모두를 감염시킬 것이다."3) 이 모든 것은 거짓이다. 마찬가지로, 이 모든 메마른 세계라는 겉모습이 참된가? 그대 자신이 대답해 보라.

48. 질문: 시간 등도 거짓입니까?

답변: 어떤 것에도 집착하지 않는 사람에게는, 분명히 거짓이다.

그것이 시간이든, 신이든, 까르마든, 환적인 의식儀式 행위든, 마음의 작용이든, (목표를) 성취하는 큰 열정이든, 전혀 집착이 없는 사람이 그런 것들을 좋다거나 나쁘다고 여길 일이 어디 있는가?

49. 질문: 몸에게는 최소한 그런 것들[시간 등]이 필요하지 않습니까?

답변: 몸은 비진아이므로 그런 것들이 필요하지 않다.

자신의 진아를 추구하지 않는 저 영악한 사람들은 왜 태어나는가? 음식을 통해 생겨난 이 몸이란 무엇인가? 그 '나'는 누구인가? 이전에 버려진 몸들은 얼마나 많았던가? 거듭거듭 기뻐하면서 취한 몸들이 무수히 많았다.

50. 질문: 그러나 이 모든 것[개아들]이 반사된 의식입니까?

답변: 스승이 깨달음이 일어나게 해주지 않으면 어떤 지知도 없기에, 그들은 분명히 반사된 의식이다.

---

3) *T.* 힌두 신화에서 애욕의 신 까마는 사탕수수로 된 활과 벌들(bees)로 이루어진 활줄로, 끝에 꽃을 단 화살을 쏘아 사람들을 사랑에 빠지게 한다고 했다.

비실재를 비실재로, **실재를 실재로** 드러내기 위해, 진실로 스승이 필요했다. 오호라! 어린아이들같이 되어 잘 먹고 잘 사는 모든 개아들은 분명히 반사된 의식일 뿐이다.

51. **질문**: 이들[개아들]이 반사물로 간주된다면, 왜 하나인 브라만이 (그들에게) 다수로 차별화되어 나타납니까?

    답변: 그것을 하나로 보지 않는 이들에게는 그것이 다수로 나타난다.

    하나[브라만] 안에서 나타나지만 하나로 보이지 않는, 세계라는 반사물의 진실은 무엇인가? 정신이 혼란한 사람의 시각에 나타나는 장면들처럼, 결함 있는 지知를 가진 사람들과, 그것을 단 하나의 실재로 결코 보지 않는 이들에게만 세계가 다수로 나타난다.

52. **질문**: 이처럼 모두가 하나인데, 그것을 하나로 보지 않는 이유는 무엇입니까?

    답변: 자신의 자아로 존재하는 진아를 모르는 이유는 나도 모른다.

    자기를 모르면서 **자기**(진아)를 찾는다는 것은 얼마나 놀라운 일인가! 이에 대해 내가 무슨 말을 할 수 있겠는가? 이것은 이 오래가는 세상에서 어떤 사람이 (목까지 오는) 물속에 서서 갈증을 채우지 못하는 것과 같다는 것을 알라. 달리 우리가 무슨 말을 할 수 있겠는가?

53. **질문**: 진아를 보는 방도는 무엇입니까?

    답변: 진아에 고요히 안주하는 것이다. 이것이 경전탐구의 핵심이다.

    경전을 논하면서 오만해지는 그대! 그대의 계급과 계보로써 업을 쌓는 그대! 그대는 순수해져서, 그대의 **진아**를 통해 그대의 **진아**를 알고, 끊임없는 활동을 포기하여, 고요해질 수 없는가?

54. 질문: 신에 대한 헌신은 지(知)일 수 있습니까?

답변: 그 헌신자와 별개의 어떤 헌신도 있을 수 없다.

몸을 자신과 동일시하면서 뒹구는 사람들은 예공(puja)을 하고, 불빛을 흔들고, 신상(神像) 앞에서 합장공경 하겠지만, 그들은 참된 신이 그 숭배자(자신)인지 그 신상인지 탐구해 보지 않을 것이다.

55. 질문: 수레 축제(신상을 수레에 싣고 나와 경축하는 축제)를 보러 가는 것은 필요하지 않습니까?

답변: 필요 없다. 수레 축제를 보는 그 사람을 보아야 한다.

그들은 수레 축제를 하는 상서로운 날에 수레를 보러 가서 절을 할 것이다. 오호라! 그들의 진아는 버려두고 누구를 숭배하려 하는가? 수레 안에서 보이는 신은 충만함이 아니다. 누가 이것을 모르는가?

56. 질문: 그렇다면 요가는 좋습니까?

답변: 의식을 아는 데는 그런 것이 필요치 않다.

그들은 한쪽 구석에 앉아 호흡과 말을 제어하면서 사람들이 높이 떠받드는 요가를 닦을 것이다. 지고의 의식으로서 보고 안주하는데, 그런 수행을 왜 한단 말인가? 그들은 몸을 튼튼하게 함으로써 이 세상을 즐기고 세상에서 오랫동안 살려고 하는 것이다.

57. 질문: 그렇다면, 출가수행은 좋은 것일 수 있습니까?

답변: 에고를 포기하는 사람들 안에 존재하는 참된 지복이 출가수행에는 없다. 그렇다면 그것이 어떻게 좋은 것일 수 있겠는가?

그들은 마음에 거리낌 없이 탁발 그릇을 손에 들 것이다. 삭발을 하고 샅가리개만 찰 것이다. 그들은 대단한 사람들로 보일 것이다. 그러나 에고를 포기한 사람들이 체험하는 '잠을 잠이 없이 잠을 자는 지복'을 그들도 체험하겠는가?

58. **질문**: 그렇다면 경전공부와 수행은 필요하지 않습니까?
답변: 그런 것들의 참된 의미인 진아를 본 사람에게는 그런 것이 필요 없다.

자신의 진아를 보기 위해 무슨 경전이 필요한가? 어떤 수행이 필요한가? 그 모든 것은 미친 놀음 아닌가? 순진한 사람들을 겁주기 위해 만들어낸 상상의 도깨비처럼, 그렇게 일어난 환상을 실재한다고 여기는 사람들은 진아를 보지 못할 것이다.

59. **질문**: 진아를 알기 위해서는 수행이 필요하지 않습니까?
답변: 그대가 그 수행자를 볼 수 있게 해주지 못하는 수행이 무슨 소용 있는가?

남성·여성·중성과 같이 다수로 보이는 것들과, 하나로 보이는 것, 이 둘 다 탁월한 의식의 겉모습이다. 그것들이 의식과 별개로 존재할 수 있는가? 그들이 아무리 많은 수행을 한다 해도, 이것을 분명하게 알지 못하는 사람들에게 그것이 무슨 소용 있겠는가?

60. **질문**: 왜 그들은 진아를 탐구하여 깨닫지는 않고 고생을 합니까?
답변: 그들이 고생하는 것은 공부를 통해 하나라고 배운 그것을 체험하지 못했기 때문이다.

누가 어떤 방식으로 살든 깨달은 자에게 그것이 중요한가? 누가 어디로 어떻게 가든 깨달은 자에게 그것이 중요한가? 그의 홀로 있는 상태는 자신의 둥지에 있는 박쥐의 상태와 같다. 그는 모든 면에서 초연할 것이고, 결코 사라지지 않는 복된 상태를 체험하면서 잠을 잘 것이다. **지복**은 그런 사람에게만 있다.

61. **질문**: 이스와라와 개아의 성품을 아는 것은 필요하지 않습니까?
    답변: 시밤(*Sivam*)은 비이원적이므로 그런 것은 필요치 않다.

    그들은 '이스와라는 무한하고 개아는 유한하다'고 말할 것이다. 또 개아는 눈[眼]과 같고 이스와라는 해와 같다고 말할 것이다. 이 둘(이스와라와 개아)은 분명히 비이원적일 수 없다. 이 둘 중 어느 것도 아닌 순수한 의식만이 **시밤**이다.

62. **질문**: 그러면 시밤을 성취하는 방도는 무엇입니까?
    답변: 자신의 진아를 보는 방도는, 다른 일체를 마야로서 배격하는 것이다.

    전혀 지각력이 없는 정액이 태아가 되었고, 그런 다음 의식하는 원리와 섞여서 살아 있는 존재가 되었다. 그것은 실재하는 것처럼 보인다. 그럴 때, 이 모든 것을 환幻으로 보면서 자신의 진정한 성품을 내관하는 사람이 곧 **시밤**이다.

63. **질문**: 과거, 현재, 미래를 아는 사람들은 시밤이 되지 않겠습니까?
    답변: 시간을 넘어서 있는 진아를 본 사람들만이 시밤이지, 삼제三際(과거·현재·미래)를 아는 사람들이 시밤은 아니다.

    스스로 빛나는 **진아**는 어제와 오늘과 내일을 구분 짓는 두 요소인 낮과 밤을 없애버린다. 따라서 **진아**가 되고, 그 결과로 하나의 독특한 날로서 영구히 남아 있는 그 상서로운 날을 적절히 숭배하는 사람만이 **시밤**이다.

64. 질문: 만일 우리가 지知 경전(*jnana sastras*)을 포기한다면 해탈의 지복을 어떻게 얻을 수 있겠습니까?

답변: 해탈이란 근심에서 벗어나, 고요함이 일어나고 진아 안에서 즐거워하는 것일 뿐이다. 이것이 성취되면, 책이 무슨 소용 있는가?

사람이 지知 경전들을 알 수도 있고, 좋은 출가(*sannyasa*)를 할 수도 있고, 침묵삼매(*mauna samadhi*)를 체험해 보려고 할 수도 있지만, 해탈의 형언할 수 없는 기쁨은 단순히, 모든 근심에서 벗어나 지복을 체험하면서 진아가 되는 것이다. [제65연으로 이어짐]

65. 사람은 학식을 갖추었을 수도 있고, 대단한 요가 안에 자리 잡았을 수도 있으며, 몸과 감각기관이 제어되었을 수도 있지만, **지고의 은총**에 합일되지 못하는 사람은 고요함을 모를 것이고, (노력에 대한) 최종적 보상인, 결코 상실되지 않는 해탈의 **지복**을 이루지 못할 것이다.

66. 질문: 그렇다면 그들은 발현업조차도 경험할 필요가 없습니까?

답변: 사람이 마치 풍차를 떠받치는 기둥처럼 아무 움직임 없이 진아로 머무르면 발현업은 스스로 소진될 것이다.

세 가지 발현업(*prarabdha*)[4] 속에서 뒹구는 그대들 천박하고 무지한 이들이여! (과거에) 보시를 받은 사람들이 이제는 보시자가 될 거라는 것을 이해하면, 풍차를 떠받치는 기둥처럼 될 수 있다.

67. 질문: 그러나 그런 체험이 누구에게나 다가오지 않겠습니까?

답변: 사람이 외향화된 상태로 있지 않고 내면을 향하게 된다면, 그

---

4) 발현업에는 '자원自願(*iccha*), 무원無願(*aniccha*), 타원他願(*pareccha*)'의 세 가지 범주가 있다. 『라마나스라맘에서 보낸 편지』, 1946년 6월 3일자 참조.

런 체험이 누구에게나 다가올 것이다.

나는 선언한다. "만약 그들의 마음이 빛[진아]을 주시하면서 내면을 향하고 바깥으로 향하지 않으면, 이 지구상의 모든 사람이 내가 나의 진아를 보았듯이 진아를 볼 수 있다"고.

68. 질문: 진인들은 어떤 행위(karma)도 전혀 할 필요가 없습니까?
답변: 그들은 행위와 행위를 하는 자 둘 다의 진리를 보았기 때문에, 행위를 할 필요가 없다.

자기 마음 속에서 행위를 하는 자와 행위들 자체를 분명하게 본 사람, 그리하여 자신을 구원하고 **실재**가 된 사람이, 태어날 때마다 어김없이 정해진 시간에 모든 행위를 하겠는가?

69. 질문: 진인들은 행위자들(karmis)을 보면 그들을 미워하겠습니까?
답변: 그들은 행위자들을 보면 마치 누가 요술 부리는 것을 구경할 때와 같이 즐거워하지, 그들을 미워하지 않을 것이다.

있는 그대로의 **실재**를 보고 즐길 수 없고, 그것을 체험함으로써 마음이 녹을 수 없는 기만적인 사람들을 보면서 나는 기뻐했다. 환幻의 연꽃이 아무리 많이 핀다 한들, 달이 화를 내겠는가?5)

70. 질문: 그 체험은 어떻게 일어났습니까?
답변: 그것은 스승님의 은총을 통해 천행으로 얻어졌다.

가시 많은 까루벨람(karuvelam) 나무 밑에 보이는 맛난 망고 과일처럼, 스승님의 신성한 연꽃 발이, 윤회를 거듭해 왔고 악으로 가득 차

---

5) 밤에 달이 나오면 연꽃은 오므라들기 때문에, 달과 연꽃은 서로 적대적 상태에서 존재한다는 전설이 있다. 그러나 연꽃이 하나의 환幻일 뿐이라면, 달이 연꽃에 화를 낼 이유가 없다.

있던 내게 다가왔다. 스승님은 나에게 은총을 하사하시는 힘을 가지셔서, 누구나 도처에서 찾는 **실재**로 나를 변모시켜 주셨다.

71. **질문**: 그 체험을 얻기가 그렇게 어렵습니까?
    답변: 그것은 극히 어렵다.

    에고로 남아 있던 나(의 상태)는 어디 있었나? 나의 집착은 어디 있었나? 천상과 지상을 다스리고 싶은 나의 욕망은 어디 있었나? 시바시여! 시바시여! 이 지知의 스승은 어디 계신가? 해탈은 어디 있는가? 이것을 내가 어떻게 표현할 수 있겠는가?6)

72. **질문**: 그 체험에서 얻는 이익은 무엇입니까?
    답변: 그것은 생각을 넘어서 있는 진아를 얻는 것이다.

    나는 내 **진아** 외에는 아무것도 얻지 않았다. 나는 내 **진아**를 언제나 소유하고 있었다. 나와 별개로는 어떤 속박이나 해탈도 없다. 만약 (이것을) 보면, 이런 것들을 탐구하는 생각조차도 존재하지 않는다.

73. **질문**: 우리가 그 체험을 얻고 나면 이내 누구를 숭배해야 합니까?
    답변: 스승, '나', 몸을 자기 자신의 진아로 보면서 숭배해야 한다.

    나는 은총을 통해 일체가 요술가의 술법과 같다는 것을 보여주신 스승님을 나 자신의 **진아**로서 숭배할 것이고, 이처럼 일체를 면밀히 탐색한 뒤에 깨달아진 그 '나'를 **진아**를 숭배할 것이며, 탄생이라는 악을 종식시키려고 (세상에) 온 이 몸이라는 사원을 숭배할 것이다.

---

6) 그의 비참했던 이전 상태와 지知의 상태 간의 격차가 너무 커서, 저자는 그 변모를 이루어낸 스승의 은총이 얼마나 위대하며, 자신은 그것을 얻을 자격이 얼마나 부족한지에 놀란다.

74. 질문: 조대신粗大身의 원습은 어떻게 제거할 수 있습니까?

답변: 그것을 음식의 형상으로 봄으로써 제거해야 한다.

너 음식껍질(annamaya kosha)로서 남아 있는 몸이여! 내가 말해주는 대로 하면 너는 살아 있는 동안에 지복을 체험할 것이다. 이것은 내가 맹세한다. 악惡과 쓸모없는 원습들 가까이 가지 말라. 발현업에 따라 무엇이 다가오든, 그냥 단순한 주시자가 되라.

75. 질문: 인식 감각기관들은 어떻게 제거할 수 있습니까?

답변: 그것들을 진아로 봄으로써 제거해야 한다.

지각기관들이여! 너희들은 지난 세월 동안 나를 소중히 보호하고 양육했다. 이제 나는 실재, 곧 지복스러운 의식이 되었다. 나는 나와 다르게 (보이게) 된 너마저도 나의 진아로 알게 되었다. 이제부터는 벗나가지 말고 나와 하나가 되어 있으라.

76. 질문: 욕망들은 어떻게 없앱니까?

답변: 진리 깨달음에 대한 욕망을 통해서이다.

욕망이여! 너로 인해 많이 헤매고 고통 받기는 했지만, 너의 도움 덕에 나는 진아 안에 거주했다. 나는 너를 통해 참스승께 도달했다. 해탈 안에서 나는 너와 함께 진아가 되었다. 이것은 내가 맹세한다.

77. 질문: 분노는 어떻게 소멸합니까?

답변: 고요함을 통해서이다.

분노여! 너를 통해서 내 결함을 없앴다. 어김없이 불행을 초래하며 네가 일어날 때 경험한 피로감 때문에, 나는 이 위험을 없애고 지고의 **고요함**에 안주했다. 꿈속에서조차도 한탄하며 일어나지 말고, 차분히 있으라.

78. **질문**: 탐욕은 어떻게 제거합니까?
    답변: 진아 안에 평화롭게 안주함으로써 제거한다.

    탐욕이여! 나는 너를 친척으로 여겼다. 진리를 모르는 이들은 너의 형상은 죄일 뿐이라고 말한다. 너는 단지 축적하기 위해 열심히 노력할 것이다. 죄인이여! 너 때문에 내가 얻은 것이 **평안**이다.

79. **질문**: 마음은 어떻게 해소합니까?
    답변: 그것은 그 토대인 진아 안에서 해소되어야 한다.

    마음이여! 나 자신이 곧 너이고, 너 자신이 곧 나이다. 그러함에도 불구하고 너는 기만적으로 나를 망각했다. 내가 너에게 순복한다는 것도 사실이다. 그러나 **실재**인 나와 다른 것으로 남아 있지 말라.

    [제80, 81, 82연으로 이어짐.]

80. 내 마음이여! 너는 돌아다녔고, 힘들게 일했고, 많은 기예를 배웠고, 먹고살 방도를 추구했다. 너는 **참스승**을 찾아서 나에게 한 분을 선사했다. 나를 너무나 배려했던 너에게 나는 보답으로 무슨 도움을 주었던가?

81. 마음이여! 내가 한때 너의 형상을 취해 머물렀듯이, 이제 너는 나에게 와서 나 자신의 형상으로 나에 합일되었다. 너만큼 감사의 미덕을 높이 치는 자가 있는가? 지금부터는 너의 이전 모습으로 돌아가지 말고, **지고한 상태**의 자애로운 보살핌 속에 거주하라.

82. 마음이여, 너는 바로 처음부터 나에 대한 사랑을 포기하지 않고 있었다. 그 사랑을 통해서 너는 내가 인내를 위시한 헌신자의 모든 덕목을 계발할 수 있게 해 주었다. 너는 욕망과 그것의 자손들[326쪽의 각주 참조]을 없애주었다. 이제 너는 나처럼, 훌륭하고 적절한 분별을 통해 고요히 머물러 있으라.

83. 질문: 위의 수단들로 마음이 가라앉겠습니까?
답변: 그것이 진아체험 안에 확고히 자리 잡으면, 그것은 의식으로 빛나면서 고요히 머물러 있을 것이다.

내 마음이 돌아다녔듯이, 나도 그와 비슷했고, 그래서 고요하지 않은 상태에 있었다. 내 마음이 나 자신의 진아처럼 고요히 움직임 없이 머무르자, 나도 그와 비슷하게 금처럼 존재하고 빛나면서 머물렀다.

84. 질문: 이 체험 속에 좋아함과 싫어함은 없습니까?
답변: 일체가 진아로서 체험되므로, 그런 것들은 존재하지 않는다.

올 것은 오게 하고, 나를 떠날 것은 떠나게 하라. 나는 탁발로 살아가는 삶도 결함이 있다고 배격하지 않을 것이다. 나는 브라마의 상태조차도 원치 않는다. 모든 행위가 '나', 곧 나 자신이 되었다.

85. 질문: 그가 신을 숭배하겠습니까?
답변: 그는 일체를 그 자신의 진아로 보는 숭배 말고는 어떤 숭배도 하지 않는다.

내가 도처에서 찬양하는 것은 나의 진아뿐이다. 내가 도처에서 신으로 숭배하는 것 역시 나의 진아일 뿐이다. 모든 장소에서 앉고 눕고 뛰는 것은 모두 나의 진아 안에서 이루어지는 일일 뿐이다. 나 자신이 향유자이자 '향유되는 것'이다.

86. **질문**: 그것은 모든 진인들이 체험하는 것입니까?
    답변: 이 진아체험 말고는 어떤 체험도 없다.

    해탈을 이룬 사람은, 진아 안에서 일어나고 진아 안에 머무르며 진아 안으로 합일되는 이 모든 세계를 자신의 진아와 다르게 보지 않을 것이다. 그가 그것을 자신의 진아에 반대되는 것으로 보겠는가?

87. **질문**: 그에게서 좋음과 싫음이 일어나겠습니까?
    답변: 일체가 그의 진아가 되었으므로 그런 것들은 그에게서 일어나지 않는다.

    그가 무엇 때문에 욕망하겠는가? 그가 무엇 때문에 '나'로서 일어나겠는가? 그가 무엇 때문에 시기猜忌와 악의를 경험하겠는가? 그는 일체의 움직이지 않는 지지물로서, 움직이거나 움직이지 않는 만물의 총합으로서 거주할 것이다. 마치 위대한 수미산須彌山이 일곱 세계의 축이듯이.

88. **질문**: 그 체험이 그치지는 않겠습니까?
    답변: 설사 이스와라의 창조계가 비틀거린다 해도, 이 체험은 그치지 않을 것이다.

    설사 기본 방위들이 변한다 해도, 달이 불타고 불이 차가와진다고 해도, 혹은 해가 남북으로 운행한다 해도, 원초적 상태를 철저히 탐구한 해탈한 자의 진아 상태(Self-state)는 그치지 않을 것이다.

89. **질문**: 그런 체험을 가진 사람들을 어떻게 판별합니까?

답변: 그들은 행복과 슬픔에 동요되지 않는다. 이것을 표지로 여겨 그들을 알아보아야 한다.

마음이 동요되지 않는 사람, 목전의 감각대상들을 자신과 동일시하지 않고 그것을 욕망하지 않는 사람, 가난하게 탁발하며 살든, 브라마가 된 환적인 상태를 즐기든, 그가 지닌 순수성의 상태가 흔들리지 않는 사람, 그런 사람만이 진인이다.

90. **질문:** 그들은 칭찬과 비방에 상관하지 않겠습니까?
답변: 그렇다. 상관하지 않을 것이다.

어떤 사람은 칭찬의 말을 하며 (그를) 숭배할 수도 있고, 삿되고 잔혹한 사람은 비방과 모욕의 말을 할 수도 있겠지만, 진인의 마음은 그런 것과 연관되지 않을 것이다. 해가 뜨든 먹장구름이 끼든 한결같은 하늘처럼, 그는 무념의 상태로 머무를 것이다.

91. **질문:** 진인이 먹을 음식은 어떤 것입니까?
답변: 그에게 다가오는 어떤 음식이든, 그가 먹을 음식이다.

어떤 즐김이 얼마나 많이 그에게 다가오든, 그는 그 쾌락을 경험할 것이다. 빛살을 뿌리는 해처럼, 그는 독특하고 본래적인 상태에서 속박을 벗어나 있을 것이다.

92. **질문:** 욕망을 위시한 에고의 성품은 이런 진인들을 건드리지 않겠습니까?
답변: 그들은 원습의 완전한 소멸을 성취했으니, 그런 일은 없을 것이다.

욕망, 분노 등7)은 의식의 형상이자 세계의 주시자가 된 해탈자를 건드리지 않을 것이다. 왜냐하면 그는 모든 기반 원습들을 뿌리 뽑아 소멸했고, 따라서 산깔빠(욕망)가 없기 때문이다.

93. 질문: 그들은 성지에 머무르거나 성스러운 강에서 목욕하는 것 등을 필요로 하지 않습니까?
답변: 그들이 거주하는 곳 자체가 성지이고, 그들의 시선 자체가 성스러운 물이다.

도처에 평등하게 존재하는 독특한 생전해탈자가 거주하는 곳은 그 자체가 성지이다. 그의 시선 자체가 성스러운 물이다. 그의 연꽃 발에 봉사하는 것 자체가 해탈이다.

94. 질문: 진인의 영원한 속성은 무엇입니까?
답변: 그것은 부드러운 말 등이다.

그들은 말이 부드럽고, 그들의 시선은 욕망에서 벗어났으며, 그들은 일체를 사뜨(sat)로서만 경험한다. 그들의 걸음걸이는 절제되어 있고, 그들의 마음은 결코 줄지 않는 기쁨으로 가득 차 있다. 진인의 특징은 이런 것들 안에 언제나 확고히 머무르는 것이다.

95. 질문: 진인은 무엇을 생각합니까?
답변: 일체가 진아라는 생각만 있다.

생전해탈자는 "나는 도처에서 나 자신을 보았다. 내 안에서 일체를 보았다"는 체험을 통해 (실재와) 하나가 된 사람이고, '배운 것을 잊

---

7) 욕망(kama)·분노(krodha)·인색(loba)·미혹(moha)·자만(mada)·질투(matsarya). 제82연의 '욕망과 그 자손들'도 이것을 가리킨다. 욕망은 다른 5가지를 출현시키는 근본원인이다.

어버린 상태에 통달한 체험을 강렬하고 명료하게 가지고 있는 사람이며, 일체를 포기한 사람이다.

96. **질문**: 진인에게는 어떤 것이 적합한 행동이고 어떤 것이 금지되는 행동입니까?

    답변: 그들이 취하는 행위들은 적합한 행동이고, 그들이 버리는 행위는 금지되는 행위이다.

    고요하고 오염 없는 '하나'가 된 진인에게는, 공空을 위시한 (원소 등을 포함하는) 일체가 그 자신의 진아이다. 그가 버리는 행위들은 금지되는 행위이고, 그가 취하는 행위들은 적합한 행위이다.

97. **질문**: 진인에게는 어떤 것이 법도이고 예공(pujas)입니까?

    답변: 그것은 진아에 대한 명상 등이다.

    의식에 대해 명상하는 것이 진인의 목욕이다. 그가 즐거워하는 어떤 겉모습도 고상한 법도이다. 그가 에고 없이 탁발해 먹는 것이 모두 위없는 예공이고, 그의 흠잡을 데 없는 움직임이 순수한 삼매이다.

98. **질문**: 해야 할 행위와 피해야 할 행위는 진인에게 필요치 않습니까?

    답변: 그들은 시밤(Sivam)으로 존재하고 있으니, 그런 것들은 그에게 존재하지 않는다.

    전 우주를 자신의 진아로, 의식의 형상으로 봄으로써 전적으로 시밤이 되어 버린 진인에게, 선별하고 배격해야 할 것이 뭐가 있겠으며, 적합한 것으로 받아들여야 할 것이 뭐가 있겠는가?

99. **질문**: 진인의 행위를 비난하는 사람들이 얻는 상태는 무엇입니까?

답변: 그것은 윤회의 지옥이다.

지고의 **지복**을 성취한 **진인**의 삶을 결함이 있는 것으로 보는 잔인한 사람들은, 자신의 고치에서 결코 떨어지지 못하는 누에처럼 헤아릴 수 없는 탄생이라는 뒤틀림을 경험하게 될 것이다.

100. **질문:** 진인들을 숭배하는 사람들이 얻는 이익은 무엇입니까?
 답변: 그것은 비이원적 진아가 되는 것이다.

 영원하고, 형상 없고, 오점 없고, 지복스럽고, 순수한 비이원적 **실재**로서 존재하고, 일체가 그 자신의 **진아**인 그러한 **진인**의 은총을 얻을 수 있는 사람들은 **진인**이 될 것이다.

101. **질문:** 진인들은 어떻게 빛나겠습니까?
 답변: 그들은 일체로서, 그리고 일체와 다른 것으로서 빛날 것이다.

 그들은 마음의 오염에서 벗어났고, 마음에서 벗어났고, 마음속의 개체(에고)에서 벗어났고, 지(知)의 한계를 초월했다. 그들은 **의식**의 지복스러운 상태, 곧 **지고자**에서 벗어났고, **시밤**의 체험에서 벗어났다. 그들은 또한 모든 개념에서 벗어났다.

이 저작을 공부하는 이익

102. 성숙의 적절한 단계에서 성취되는 체험을 묘사하는 이 『소루빠 사람』의 풍미를 자신의 두 귀로 즐길 수 있는 사람들은, 전 세계를 그들 자신의 **진아**로 보고 그것으로 안주할 수 있을 것이다.

6

모두가 하나다

— All Is One (Ellam Ondre)

바이야이 수브라마니암 지음
락슈마나 사르마 영역英譯
J. 자야라만 개정

All Is One
(*Ellam Ondre*)

By Vaiyai R. Subramaniam

(First edition, 1999; Ninth edition, 2019)

간행사

　뒤에 나오는 몇 페이지는 스리 바가반의 헌신자들이 당신이 호평하신 한 오래된 타밀어 출판물에 기초하여 당신의 신성한 친존에서 쓴 것이다. 이 책은 1950년 1월 바가반 스리 라마나의 70회 탄신일을 기념하여 (스리랑카의) 콜롬보 헌신자들이 처음 간행했다.[1] 지금 이 판은 타밀어 판을 따라서 스리 J. 자야라만(Jayaraman)이 철저히 개정한 것이다. 우리는 이 소책자를 모든 진지한 진리 추구자들의 손에 다시 놓아 드리게 된 것을 기뻐하는 바이다.

1999년 6월 8일
마하뿌자(Mahapuja) 날에
스리 라마나스라맘
총재

---

[1] *T.* 최초의 영어판인 이 1950년판은 'WHO', 곧 락슈마나 사르마(Lakshmana Sarma)가 영역한 것이었다.

행복

"자기(진아)를 몸과 동일시하면서 행복을 추구한다는 것은 악어의 등을 타고 강을 건너려는 것과 같다. 에고가 일어나면 마음은 그 근원인 진아에서 분리되어, 마치 공중으로 집어던진 돌멩이나 강물처럼 가만히 있지 못하게 된다. 돌멩이나 강은 그것이 유래한 땅이나 바다에 도달하면 휴식한다. 그와 마찬가지로, 마음도 그 근원으로 돌아가서 휴식할 때, 편안해지면서 행복해진다. 돌멩이와 강이 그 출발지로 돌아가게 되어 있듯이, 마음도 반드시―언젠가는―그 근원으로 돌아가게 될 것이다."

"행복은 그대 자신의 성품이다. 따라서 그것을 욕망하는 것은 잘못이 아니다. 잘못은 그것을 바깥에서 추구하는 것인데, 왜냐하면 그것은 내면에 있기 때문이다."

― 스리 라마나 마하르쉬

서문

사람들은 행복을 구하고 불행을 회피한다. 그것은 다른 존재들도 마찬가지다. 이는 보통의 인류에게 다 해당된다. 그러나 고귀한 부류의 사람들은 올바른 행위를 하면서, 그것이 가져올 수 있는 행복과 불행 둘 다를 인내심 있게 견뎌내는 데 열중한다. 이런 이해(깨달은 지견)를 가진 사람들과의 교분은 오래가겠지만, 보통 사람들과의 교분은 그렇지 못할 것이다. 고귀한 사람들(진지를 얻은 사람들)과의 교제를 통해서만 세상에 좋은 결과가 나타날 것이다. 여기서 "옳은 것(niyayam)이란 무엇인가?"라는 물음이 일어난다. 이 문제는 중요하지만 그 답은 발견되지 않고 있다. 왜인가? '옳은 것'이 무엇인가는 이런저런 상황에 좌우되기 때문이다. 누가 이 주제에 관해 아무리 광범위한 내용을 저술한다 해도, 그 사람이 예상하지 못한 상황이 늘 존재할 것이다. 그러므로 우리가 다양한 조건들을 평가하고 무엇이 올바른지 판정할 수 있게 해줄, 그 하나의 이해를 얻는 것이 필수불가결하다.

그것은 단 하나의 이해 그 자체이다. 그것과 같은 이해는 달리 없다. 그것은 단 하나이기는 하지만, 비상한 것이어서 인간들은 그것을 드물게 경험할 수밖에 없다. 내가 보기에는 그 무엇도 이보다 더 비상한 것이 없다. 그 독특한 이해를 **우파니샤드**에서 아주 분명하게 가르치고 있다. 이 책에서는 같은 진리를 내가 이해한 바에 따라 서술했다. 나는 이 일을 내 임무로 여겼고, 이것이 독창적인 내용이라고 주장하지 않는다.

본서의 모든 장章은 서로 매우 밀접히 관련되어 있어서, 한 장에서 누락되었을지 모를 논점이 다른 장에서 발견될 수도 있다. 또한 명백하게 분명하지 않을 수 있는 몇 가지 점들도 더 자세히 공부해 보면 분명하게 이해될 것이다. 그래도 분명하게 이해되지 않은 사항들에 대해서는 독자들이 진인들에게 묻거나 경전을 찾아보고 분명하게 이해해야 할 것이다.

편재하시는 어머니, 참스승이시여, 저희를 구원하소서!

저자

1. 하나(Ondru)

1. 그대가 보는 이 세계와 이 세계를 보는 그대는, 모두가 하나일 뿐이다 (ellam ondre).
2. '나'다, '너'다, '그'다, '그녀'다, '그것'이다라고 그대가 생각하는 모두가 하나일 뿐이다.
3. 지각력(chit), 즉 지知를 가진 것이라고 그대가 생각하는 생명체들과, 무정물無情物(jada), 즉 지知가 없다고 그대가 생각하는 지地·수水·화火·풍風 등은 모두 하나일 뿐이다.
4. "모두가 하나다(ellam ondru)"라고 생각함으로써 그대가 산출하는 이익은 (각 존재들을) "별개다, 별개다"라고 생각하는 것으로써는 생겨날 수 없다. 그러니 모두가 하나일 뿐이다.
5. "모두가 하나다"라고 생각함으로써 그대에게도 이익이 되고, 남들에게도 이익이 된다. 그러니 모두가 하나일 뿐이다.
6. "나는 별개다", "너는 별개다", "그는 별개다"—이런 식으로 생각하는 사람은 그 자신에게는 이렇게 행동하고 남들에게는 저렇게 행동한다. 그와 달리 행동하기란 그로서는 가능하지 않다. "나는 별개다, 남들은 별개다"라는 생각은 하나의 씨앗으로 존재하면서, 그 자신에게 다르고 남들에게 다르게 행동하는 편파성의 나무를 출현시킨다. 자신과 남들과 모두가 하나일 뿐임을 아는 사람이 어떻게 도덕률 상의 과오를 범하겠는가? 차별(bheda)이라는 씨앗이 남아 있는 한, 그대는 자신도 모

르게 악 속에서 편파적 행위로 떨어지고 말 것이다. 따라서 차별상差別相(bheda-buddhi)을 버려라. 모두가 하나일 뿐이다.

7. "이 세상의 사물들 모두가 각기 서로 다르게 보인다면, 어떻게 모두를 하나라고 생각할 수 있는가? 거기에 어떤 길이 있는가?"라고 묻는다면, 이렇게 말하겠다. "같은 나무에서 잎이 다르고, 꽃이 다르고, 열매가 다르고, 가지가 다른 이런 것들을 보지만, 그것들은 모두 하나다. '나무'라는 말의 범위 안에 모두 포함되기 때문이다. 그 범위에서는 뿌리도 하나이고, 수액水液도 하나이다. 그와 마찬가지로, 이 세상의 서로 달라 보이는 모든 사물, 모든 몸, 모든 생명체들은 뿌리가 하나이고, 생명[생명 원리]이 하나이다. 그러니 모두가 하나일 뿐이다."

8. 오, 선한 사람이여! "모두가 하나일 뿐이다"라는 것은 선한가, 악한가? 그대 스스로 생각해 보라. 자신과 같이 남들을 보고, 남들과 같이 자신을 보는 사람이 늘 올바르게 행동할 거라고 한다면, 자신을 남들로 생각하고, 남들을 자신으로 생각하는 사람에게 악이 어떻게 다가오겠는가? (모두가) 하나일 뿐이라고 생각하는 것보다 복됨(nanmai)을 얻는 더 좋은 어떤 길이 있는지 말해보라. 확실히 다른 길들은 이것만큼 복됨으로 이끌어줄 수 없다. 남들이 곧 그 자신임을 알 때, 누가 자신을 남들보다 더 사랑할 수 있겠는가? (모두를) 하나라고 여기고, (모두를) 하나로서 사랑하라. 진실로 모두가 하나일 뿐이다.

9. (모두가) 하나임을 아는 자의 마음이 얻는 평안과 힘이 (다른) 누구에게 있겠는가! 그에게는 아무 근심이 없다. 모두가 가진 복됨이 그가 가진 복됨이다. 어머니는 자식들이 가진 복됨을 자신의 복됨으로 여긴다. (그러나) 어머니는 자신이 별개이고 자식들도 별개라는 생각을 가지고 있기 때문에, 그녀의 사랑은 완전한 사랑이 아니다. 모두가 하나라는 것을 깨달은 진인(jnani)의 사랑은 어머니의 사랑을 넘어선 사랑이니,

(모두가) 하나임을 아는 것 외에는 이런 사랑을 성취할 다른 방도가 없다. 따라서 모두가 하나일 뿐이다.

10. 이 세계 전체가 그대가 가진 불멸의 몸이라는 것과, 그대가 이 세계 전체의 불멸의 생명이라는 것을 보라. 이와 같이 그대가 보는 데 무슨 해로움이 있는지 말해보라. 해로움이 없는 길을 가는 것을 누가 두려워하겠는가? 용기를 가져라. **베다**(우파니샤드)가 이 **진리** 자체를 이야기해 주고 있다. 그대 자신 아닌 것이 하나도 없다. 모든 복됨이 그대의 것이 될 것이다. 그대가 복됨 자체가 된다. 그대에게서 남들이 얻는 모든 것은 복됨뿐일 것이다. 자신의 영혼에, 자신의 몸에, 해를 가할 사람이 누구인가? 몸에 종기가 있으면 우리는 치료를 한다. 그 치료가 고통스럽다 해도 그것은 좋아지기 위한 것일 뿐이다. 그대가 하는 어떤 행위들도 그러할 것이고, 그것은 세상에 이익이 될 것이다. 따라서 그대는 차별상에 관여하지 않을 것이다. 요약하여 말한다. "(모두가) 하나라는 것을 아는 사람은, 어떻게 해야 하는 일이든 그렇게 하게 될 것이다." (모두가) 하나라는 이해[지知]가 그를 **진리** 안에서 행위하게 한다. 그는 실수로 무슨 말을 하거나 무엇을 얻지 않는다. 그 사람 자신이 세간에서 눈에 보이는 신(*deva*)이다. 모두가 하나일 뿐이다.

2. 그대

1. 그대는 누구인가? 이 몸이 그대인가? 이 몸이 그대라면, 그대가 깊이 잠들었을 때 뱀이 그 몸 위를 기어가도 그대가 모르는 것은 왜인가? 그럴 때 그대가 그 몸인 사람인가? 어떤 때에는 그대가 그 몸이 아닌 것이다. 그러니 이 몸과는 별개로 존재하는 자가 그대이다.

2. 그대는 잠잘 때 꿈을 꾸는데, 그 꿈속에서 그대를 어떤 사람이라고 여기고 받아들인다. 그 어떤 사람이 그대인가? 그럴 수 없다. 그 어떤 사람이 그대라면, 그대가 깨어날 때 그 사람은 어디에 있는가? 그 어떤 사람은 그대가 아니고, 사라져 버린 그 사람을 그대라고 생각한 그대만 부끄러움을 느낀다. 그러니 그 어떤 사람은 그대가 아니다. 그 형상과 별개로 존재하는 자가 그대이다.

3. 꿈을 꾸지 않고 그대가 의식이 없이 잠을 자고 있다면, 그럴 때 그대의 상태는 어떤 것인가? 그 상태가 그대의 (참된) 형상일 수 있는가? 그 상태를 그대의 (참된) 형상이라고 수긍하고 받아들이는 데 그대는 결코 동의하지 않을 것이다. 왜인가? 그대의 상태를 그대가 알지 못하게 가로막는 어떤 무지의 어둠을 자신과 동일시할 만큼, 그대가 어리석은 사람은 아니기 때문이다. 지성으로 다른 사물들을 구별하는 그대가 어리석게, 즉 지혜 없이 어떤 상태를 그대라고 인정할 수 있겠는가? 그런 것까지 어떻게 진실로 그대의 진정한 형상일 수 있겠는가? 그럴 수 없다. "이 상태는 그것 자체를 알지 못하게 가로막는 어둠의

상태이다"라는 것을 알게 하는 앎의 빛[아는 자]이 곧 그대인데, (주체인) 그대에 의해 지각되고 (대상으로서) 비난 받는 어떤 상태가 어찌 그대이겠는가? 그러니 이 어둠의 상태도 그대가 아니다. 그런 것과 별개인 자가 그대이다.

4. 그대가 소유한 이 조대신粗大身조차 그대가 아니라고 할 때, 이 몸 바깥의 어떤 것이 그대일 수 있는가? 그런즉 이 몸이 그대가 아니듯이, 이 몸 바깥에 있는 것은 그대가 아니다. 이 몸 안에서 그대가 본 꿈 속의 다른 어떤 몸도 그대가 아니고, 아무것도 모르는 무지의 몸인 잠도 그대가 아니다. 이 세 가지 몸이나 이 세계와 별개로 존재하는 자가 그대이다.

5. 이 세 가지 몸은 존재하는 방식에서 (두 가지로) 압축된다. 하나는 다른 하나의 것을[즉, 주체가 대상을] 분별하여 받아들이는 상태이고, 다른 하나는 그 자신조차도 자기가 알지 못하는 상태이다. 생시와 꿈에서는 그대가 어떤 한 사물을 2인칭으로 받아들임으로써, 분별지를 갖는다. 깊은 잠 속에서는 그대가 아무것도 모른다. 즉, 그대 자신조차도 그대가 알지 못하는 상태에 있다. 이 두 가지 상태에 그대가 가진 모든 경험이 포함된다. 이 두 가지 상태는 그대 자신의 상태가 아니다. 이 두 가지 상태와 별개로 존재하는 다른 하나의 상태를 가진 자가 그대이다.

6. 그것이 무엇이냐고 묻는다면, 그것이 바로 **뚜리야**(*Turiya*)라고 하는 것이다. 뚜리야란 '네 번째 상태'라는 것이다. 왜 이런 이름을 사용하는가 하면, 그대가 경험하는 생시·꿈·깊은 잠이라는 세 가지는 그대의 상태가 아니고, 그것들과 별개인 '네 번째 상태'를 가진 자인 그대라고 하는 저 상태에 뚜리야라는 이름이 붙여지기 때문이다. 생시·꿈·깊은 잠의 세 가지가 하나의 꿈으로 간주된다면, 그 세 가지에서 깨어난

생시가 **뚜리야**인 것이다. 그래서 **뚜리야**란 것은 고요한 잠보다 더 고요하면서도 깨어 있는 생시보다 더 깨어 있는 것이다. 그러니 생시·꿈·깊은 잠과는 별개인 저 **뚜리야** 상태야말로 그대 자신의 상태이다. 그것이 바로 그대이다.

7. 저 **뚜리야**가 어떤 것이냐 하면, 지각하는 것이되 아무것도 분별적으로 지각하지 않는 것이다. 그 **지**知(*arivu*)는 그 자신을 지각하지 못하면서 존재하지 않는다. 다시 말해서, 다른 대상을 지각하지는 않지만 그 자신을 지각 못하지 않는 저 **지**知가 곧 **뚜리야**인 것이다. 그것을 한 찰나간이라도 본 사람이 **진리**를 본 사람이다. 그것이 바로 **그대**이다.

8. 이 **뚜리야**를 본 사람이 얻은 수승殊勝한 상태가 어떤 것인가 하면, 그는 바로 그 상태에, 즉 어떤 사물도 분별적으로 지각하지 않는 상태에 항상 머무른다는 것이다. 이는 아무나 갖는 체험이 아니다. 이 **뚜리야**를 깨달은 사람은 그 상태에 머무르면서 이 세계 안에서 깨어난다. 그러나 그에게는 이 세계가 예전의 세계가 아니다. 자신이 깨달은 저 단일한 **뚜리야**의 **지**知가 어떤 것이든, 그것(뚜리야의 지知) 자체가 '이 모든 것'으로 빛나는 것을 본다. 그는 이 세계를 그 **지**知와 별개의 형상으로 생각할 수 없을 것이다. 그래서 그는 자신의 내면에서 본 것을 바깥에서 다른 형상으로 보는 것이다. 예전의 차별상이 그치고 이제 그는 차별 없는 상태를 어디에서나 보게 된다. 이제는 모든 것이 곧 그이다. 그가 아닌 것이 하나도 없다. 눈을 감았든 뜨고 있든, 무슨 일이 일어나든, 일체가 그에게는 하나일 뿐인 상태이다. 그것이 바로 **브라만**의 상태이다. 그것이 진실로 **존재**의 상태이다. 그 **실재**의 상태가 곧 그대이다.

9. 이것보다 독특한 상태는 없다. '안'이라든가 '밖'이라는 말도 그에게는 의미가 없다. 모두가 하나다. 그의 몸과 말과 마음은 이기적인 노력을

잊어버린다. 그것들의 모든 노력은 모두에게, 모든 것에게 공유되는 은총의 작용이다. '자기'라는 조각은 아예 사라지고 없을 것이다. 저 아상我相(aham-bhavana)['나'라는 관념]이 다시 살아나는 일은 결코 없을 것이다. 따라서 이 사람은 그럴 때 해탈자라고 말해진다. 이 조대신이 살아 있다고 해서 그 몸의 그가 살아 있는 것이 아니다. 이 조대신이 죽는다고 해서 그 몸의 그가 죽는 것이 아니다. 그는 '영원한 자(nityan)'이다. 그를 제하고는 아무것도 없다. 그가 곧 그대이다.

10. 신(deva)이라고 하는 것은 무엇인가? 그는 은총의 형상이다. 은총이라고 하는 것은 무엇인가? '자기'라는 단편적 생각(에고)이 없는 것이다. 이런 상태가 있다는 것을 우리는 어떻게 알 수 있는가? 자기가 그 상태를 깨달아야 한다. 그 상태를 깨달은 사람을 베다에서는 "신과 하나가 되고 신을 안 자"라고 칭송한다. 그러므로 어떤 사람이 이 세상에서 얻을 수 있는 이로움, 이 세상에 베풀 수 있는 이로움은 이 차별 없는 상태를 깨닫는 것이다. 진실로 이것 외에 다른 상태란 없다. 다른 상태들은 지知가 없을 때 나타난다. '아는 자'에게 있는 것은 단 한 가지 상태뿐이다. 그것이 바로 그대이다.

3. 하느님

1. 하느님(Kadavul)은 누구인가? 우리가 지각하는 이 모든 것을 초월해 있는 분(kadanthavar)이 하느님이다. 하느님이 이 세계를 초월해 있는 분이라면 이 세계와 그 사이에 아무런 관계도 없는가? 그 답은, 그와 관계되지 않는 것은 여기서 단 하나도 발견되지 않는다는 것이다. 그러면 이런 의문이 일어난다. 그가 세계를 초월해 있는 분이라는 것은 어떤 의미인가? 세계라고 하는 것은 우리와 우리에게 알려지는 대상들을 포함한다. 즉, 유정물有情物과 무정물無情物들이 세계라고 말해진다. 이 유정물과 무정물이라는 두 부류를 창조한 분(하느님)을 우리는 무엇이라고 말해야 하는가? 이 둘 중에서 생명이 있는 것들을 '유정물'이라고 한다. 우리가 아는 존재들 중 (가장) 높은 어떤 존재의 등급에 들어가는 분이라는 것이 (하느님에 대해) 우리가 이해할 수 있는 전부이고, 그 외에는 우리가 알 능력(sakti)[이해력]이 없다. 그래서 우리를 창조한 분은 우리의 능력을 능가하는 상태를 가지신 분이다. 우리의 능력으로 그를 이해하고 묘사하지만, 그는 몸을 받는 삶이 없는 분이다. 그는 저 앎을 초월한 분으로 이야기되므로, 일체의 쇠퇴를 초월한 분이라고 말해진다. 그래서 그에게 붙여 드리기 적합한 이름이 '하느님(Kadawul-일체를 초월해 있는 분)'인 것이다.

2. 저 하느님을 우리가 어떤 방법으로도 알 수 없느냐 하면, 그렇게 아주 알 수 없는 분만은 아니다. 어느 면에서는 우리가 알고 있는 분이다.

그가 그 정도의 은총을 베풀어주는 것도 우리에게는 족하다. 그가 어느 정도의 위대함을 가지고 있든, 그것이 모두 우리에게 필요하지는 않다. 그가 가진 어떤 위대함을 (우리가) 이해하고 받아들여서 우리의 괴로움이 제거된다면, 그 한도에서 그는 (자신의) 위대함을 우리에게 알게 해주는 것이다. 우리의 상태에 필요한, 즉 우리가 가진 결함들을 없애는 데 필요한 정도 이상은 조금도 자신의 힘을 드러낼 이유가 없다. 따라서 저 하느님은 우리에게 필요한 만큼은 알려지는 분이다. 우리에게 포착되는 분인 것이다. 아무리 무한한 위대함을 가졌다 해도, 어느 한계 내에서는 우리에게 알려지는 분이 하느님이다.

3. 우리가 하느님을 대상적으로 인식할 수 있게 되는 한계선은 무엇인가 하면, 그는 존재-의식-지복(Sat-Chit-Ananda)이라는 식별 표지를 가진 분이라는 것이다. 존재(Sat)는 사멸될 수 없는 것, 영원히 존재하는 것을 뜻한다. 어느 때라도 그가 존재하지 않고 사라지게 된다면, "그를 소멸시키는 자는 누구인가?"라는 물음이 일어난다. 그러니 누가 그를 창조했는가? 모든 것은 언젠가 사멸되는데, 이러한 성품상 그것들은 불멸인 자에 의해 지배된다고 추론된다. 그 불멸성을 가진 자가 곧 하느님이다. 그 불멸성이 존재라고 말해지는 것이다.

이제 의식(Chit)은 무엇인가 하면, 그것은 지知가 있는 것을 말한다. 이것은 걸림 없는 지知이며, 우리의 (보통의) 지知처럼 오류를 범하는 지적인 지知가 아니다. 그 지知를 가지고 한 행위에는 혼란스러움이나 실수로 인한 욕망의 뒤섞임이 없다. 지知란 것은 그것 자체이다. 우리가 얻는 지知에 관해서 보자면, 그것은 그가 작동시켜 주어야 하는 것이고, 그러지 않고 작동시키지 않은 한에서는 혼란스러움과 실수를 드러낸다. "그대들의 지知는 혼란스러움과 실수를 가지고 있다"고 그는 빈번히 우리에게 가르쳐준다. 그는 이 세계의 지각력 없는 사물들도 얼마나 질서정연하게 창조했는가! "당신께서는 이렇게 큰 반얀나무에게 이토록 작은 씨를 왜 창조하셨습니까?"라면서 우주의 질서를 조롱한 한 무신론자(nastika)가 얼마나 좋은 교훈을 배웠는지 많은 사람들이 알고 있다. 지각력 없는 것도 질서가 있고, 나중에 유용한 것이 될 수 있다면, 그것은 '의식'이 있는 어떤 행위자가 작업하고 있음을 의미한다. 활동성이 없고 지각력이 없는 것이, 무제약적 지知에게만 가능한 일을 할 수 있겠는가? 아니면 우리가 가진 어설픈 지知로 그렇게 할 수 있겠는가? 결코 그럴 수 없다. 그래서 저 하느님은 의식이라고 말해지는 것이다.

이제 지복(Ananda)이라고 하는 것은 무엇인가? 자기에게 '다른 것'이 필요하다는 욕망이 없는 상태이다. 그것은 항상 충만하고 평안하게 있는 것이다. 그에게 어떤 필요라는 것이 오고간다면, 그가 어떻게 우리보다 더 위대할 수 있겠는가? 어떻게 우리가 그에게서 지복을 얻을 수 있겠는가? 그에게 부족한 것을 채워드리려면 다른 사람이 하인으로서 필요하지 않겠는가? 그가 그러리라고 누가 생각하겠는가? 자기가 자신의 상태 안에서 만족하고 있는 그 상태가 바로 지복인 것이다. 그래서 그는 지복이라고 말해진다.

이 세 가지(존재·의식·지복)가 하나됨을 버리고 (그 중의) 하나가 떠나면, 하나인 상태가 사라져 버린다. 따라서 그는 '존재-의식-지복의 형상을 한 분(Sat-Chit-Ananda Rupi)'으로 우리에게 알려져 있다. 그래서 존재-의식-지복으로서 우리의 지知의 범위 내에 들어오기도 하는 분이 곧 하느님인 것이다.

4. 누구든 뚜리야 상태를 얻어서 모두를 하나로 보는 그 사람이야말로 저 하느님의 존재-의식-지복 상태를 있는 그대로 아는 사람이다. 그런

사람이 저 하느님과 어떻게 합일하는지는 말로 표현할 수도 없고 귀로 들을 수도 없다. 그것은 깨달아야만 아는 것이다. 그런데 그런 깨달음을 얻는 길이 있다. 그 길은 이야기할 수 있고, 배울 수 있고, 행할 수 있다. 그와 같이 우리가 깨달을 수 있는 분이 곧 하느님이다.

5. 그에게는 이름이 없고, 우리가 붙인 이름뿐이다. 그에게는 형상이 없고, 우리가 붙인 형상뿐이다. 거기에 무슨 허물이 있는가? 어느 이름이 그의 이름이 아닌가? 어느 형상이 그의 형상이 아닌가? 그가 없는 소리나 그가 없는 형상이 어떤 것인가? 그러니 그대가 그의 존재를 알고 받아들이기 전에는, 마음대로 어떤 이름과 형상을 그에게 붙여서 지니고, 그에 대해 기억해도 된다. 그대의 **노력 없이** 그의 **은총**을 바라는 것은 전적으로 헛된 일이다. 그대의 노력 없이도 그의 은총을 얻을 수 있다면 모두가 같은 상태에 있을 것이고, 아무 차이가 없을 것이다. 그는 우리에게 길을 가르쳐 주었다. 그대의 노력으로 나아가고, 목표에 도달하여 행복해져라. 그대는 그렇게 하지 않고, 그대의 게으름과 이기심 때문에 그의 은총을 기대한다. 모두에게 해당되는 규칙은 그대에게도 해당된다. 그대의 노력을 늦추지 말라. **노력에 의해서만 깨달을 수 있는 분이 하느님이다.**

6. 모든 것을 능가하는 다른 하나의 노력이 있다. 그대가 저 **하느님을** 이름과 형상을 가지고 헌신하는 것보다 이것이 하열下劣해 보일지 모른다. 그러나 이것은 더 수승한 숭배이다. 그것은 단지 그대가 모든 존재들에 대해—그들이 좋든 나쁘든—갖는 **사랑** 그 자체이다. 그런 사랑을 다른 존재들에게 보이지 않으면서 그대가 하는 어떤 헌신도, 그대가 하느님을 천대하는 것과 같다. 하느님에게 그대가 무슨 쓸모가 있겠는가? 세간의 어려운 이들에 대한 그대의 임무를 다하지 않으면서 하느님을 통해 그대의 욕망을 충족하려고 하는 것은 이기심이라는

악惡 때문이다. 하느님의 친존(sannidhi)에서, 그런 이기심을 가진 사람들은 쓸모가 없다. 그의 친존에서 일어나는 일들은 이기심이 아예 사라져 버린 일들이다. 따라서 모든 중심이 그의 것이며 그가 모든 중심 안에 있다고 알고, 그렇게 하느님을 숭배하라. 그런 수승한 헌신에 의해서만 진실로 (그대에게) 구속되는 분이 하느님이다.

7. 이런 식으로 그대가 하느님에게 이름과 형상들을 부여하면서, 모든 이름과 형상은 그가 가진 것이라고 이해하고 모두에게 사랑을 보여주게 되면, 그대의 마음이 점차 성숙될 것이다. 과일이 익어가면서 맛이 좋아지듯, 그대에게 선善이 늘어나고 악惡이 줄어드는 것을 알게 될 것이다. 이와 같이 그대의 마음이 성숙해 가면, 그대가 그[스승]를 찾아가는 것도 아니고, 그가 그대를 찾아오는 것도 아니며, 적당한 때에 그대와 스승의 만나는 기연機緣이 일어난다. 그 만남이 이루어진다. 모두가 각자 자신의 길을 가고 있다. 그대의 근기가 그를 만나게 해 주고, 그를 믿게 만들며, 그로 하여금 그대에게 (바른) 길을 가르치게 하고, 그대로 하여금 그 가르침을 따르게 한다. 그 길이야말로 하느님에게, 즉 뚜리야에 도달하는 첩경이다. 그 길로 나아가서 그대가 목표하는 것을 얻으라. 그 목표가 존재-의식-지복이니, 만물의 정수인 그것이 곧 하느님이다.

8. 스승이 보여주는 길은 최종적 길이고, 곧은길이고, 합일(yoga)의 길이고, 체험(anubhava)의 길이며, 성품의 길이고, 상상이 없는 길이고, 번뇌가 없는 길이다. 그 길을 갈 때는 그대에게 의심이 일어나지 않을 것이다. 그 길에서는 그대에게 두려움이 일어나지 않을 것이다. 두려움과 의심은 어둠의 길에 있지 않은가? 그러니 그 길 자체가 (그것은) 진리의 길이라고 그대에게 말해줄 것이다. 그 길에서는 그대가 스승을 만나는 것 외에 할 일이 하나도 없을 것이다. 그 길은 그대의 스승과

그대에게 공통되며, 하느님이 만들어 둔 길이다. 그대에 앞서 그 길을 간 분이 그이다. 그가 보여준 그 길에서 그를 뒤따르는 사람이 그대이다. 나중에 그대가 보여준 그 길을 갈 사람들이 얼마나 많겠는가? 그러므로 두려움과 의심은 진리의 길에서 설 자리가 없다. 그 길에서 일단 한 걸음 내디디면, 그대는 그 길을 버릴 수 없다. 그 한 걸음을 내딛게 해주는 것 자체가 스승의 도움이다. 그 진리의 길을 그대의 스승이 보여주도록 하기 위해 그대가 스승에게 해야 할 것은 하나도 없다. 앞에서 말한 두 방향(지知와 헌신) 중 어느 하나 혹은 둘 다에서 그들 자신의 노력으로 성숙된 근기들에게 그 길을 보여주기 위해 하느님이 내려 보낸 신의 메신저가 곧 스승이라는 것을 알라. 그 신의 메신저를 그대의 근기 내에서 내려 보내는 분이 저 하느님이다.

9. 무지할 때 믿음을 가지고 행하는 것을 박띠(Bhakti)[헌신의 길]라고 하며, 지知를 갖추고 실천하는 것을 냐나(Jnana)[지知의 길]라고 한다. 박띠의 두 갈래 중 이름과 형상을 가지고 그를 숭배하는 것을 '헌신(Bhakti)'이라 하고, 세간에서 (모두를 위한) 사랑을 보여주는 것을 '행위(Karma)'라 하며, 냐나의 두 갈래 중 스승이 보여준 참된 길을 실천하는 것을 요가(Yoga)라 하고, 그 길의 결과를 지知(Jnana)라고 한다. 눈에 보이지 않는 것을 믿다 보면 나중에 그것을 발견하게 되는 것이 세간의 성품이다. 믿지 않는 사람들은 그것을 발견하는 일이 결코 없다. 그래서 믿는 사람들은 언젠가 무엇을 얻지만, 믿지 않는 사람들은 결코 얻을 수 없다. 이러한 신을 믿어서 해로울 것은 없다는 단순한 이유에서라도 믿을 수 있다. 그리하여 그대는 복을 받을 수 있는 자격을 얻게 된다. (사람들에게) 믿음을 일으키기 위하여 존재하는 것이 이 세계이다. 세계가 창조된 목적이 이 믿음이며, 믿음이 있으면 도달할 수 있는 분이 곧 하느님이다.

10. 하느님을 받아들이지 못하고 그대가 다른 견해들을 믿는다 하더라도, 최소한 "그분 한 분은 존재한다"는 것만은 믿으라. 그 (믿음의) 씨앗은 성장 과정에서 아주 강력해질 것이다. 그것은 워낙 강력해서 다른 모든 것을 부정하고, 그 자체로서 모든 것을 채운다. 그것은 워낙 전능하여, 그대는 하느님 외에는 아무것도, 심지어 그대 자신도 보지 않게 될 것이다. 진실로 모든 것이 하느님이다.

4. 평안

1. **평안**(*santam*)이란 무엇인가? 어떤 사람이 깊은 잠의 상태에 있을 때 세계가 존속한다고 해도 그가 세계에 대해 무슨 걱정을 하는가? 그의 마음은 평온하고 신선해져 있다. 어떤 사람이 이 세계를 볼 때, 이 세계와 관계하며 일을 하고 있을 때, 그의 마음이 걱정이 없고 신선하다면, 그것이 바로 **평안**이다.

2. 이 세계가 나타난 것을 경험하고 있을 때 마음이 그와 같이 싱그러울 수 있는가? 그것은 이 세계에 대한 우리의 평가 여하에 달려 있다. 남의 재물이 약탈당할 때보다 자신의 재물이 약탈당할 때 마음은 더 흥분한다. 자신의 물건 중에서도 어느 하나를 잃어버린 것이 다른 것을 잃어버린 것보다 더 큰 걱정을 야기한다. 왜인가? 그 물건들을 우리가 어떻게 평가하느냐에 따라 우리가 그것을 두고 기뻐하기도 하고 걱정하기도 하기 때문이다. 따라서 모든 것을 평등하게 보는 법을 배우면 마음은 지극한 **평안**의 상태를 얻게 될 것이다. 혹은 모든 사물이 자기 자신의 것이고 매우 소중하다고 볼 수 있으면, 그 사람에게는 고통을 느낄 이유가 없을 것이다. 왜인가? 그 사람이 아쉬워할 것이 없기 때문이다. 아쉬워할 여지가 없음을 아는 마음은 **평안**을 얻은 것이다. 또한 어떤 것에 대해서도 아무 권리가 없고, 모든 것은 소멸한다는 것을 이해할 때, 그 사람의 마음은 싱그러움 속에 머무르게 될 것이다. 이처럼 어떤 사람이 모든 사물은 똑같은 가치를 가지고

있다고 보면, **평안**의 상태에 있게 될 것이다. 이 사람의 마음의 소견에 의해 그에게 생겨나는 것이 곧 **평안**이다.

3. 이제 한 가지 예를 말해보겠다. 어떤 사람이 꿈을 꾸다가 깨어난다. 그 꿈을 꾸고 있을 때 이 사람의 마음은 그 꿈에서 본 사물들에 대한 그의 소견에 따라 행복하거나 어지럽다. 그러나 깨어나면 그의 마음은 꿈속에서 일어난 모든 사건에도 불구하고 똑같은 것으로 남아 있다. 왜인가? 이제야 그의 마음이 꿈에서 본 것만큼은 사물들을 동등하게 평가할 수 있게 되었기 때문이다. 그는 그 꿈이 끝난 것을 아쉬워하지 않는다. 왜인가? 어떤 꿈도 영원하지 않고, 깨어나면 그것이 끝날 수밖에 없다는 것을 잘 알고 있기 때문이다. 이와 마찬가지로, 세계라는 이 긴 꿈에서도 언젠가 깨어날 수밖에 없다는 것을 안다면, 그 사람의 마음은 항상 단 하나의 상태에 머무를 것이다. 그것이 싱그러움의 상태이다. 이 상태가 바로 **평안**이다.

4. 이것은 그와 이 세계의 관계가 끝나 버릴 거라는 말은 아니다. **평안**과 싱그러움은 그의 마음 안에 있을 뿐이다. 그의 행위들은 상황에 따라 달라질 수밖에 없다. 마음의 평안을 얻은 사람에게서 유일한 변화는 이것이다. 즉, 그의 마음이 진리를 알았고 집착이 없어져서 **평안**을 얻고 안식한다는 것, 그의 행위에서 생겨나고 변하는 모든 것은 '공평무사公平無私함의 상태'라는 한계를 넘지 않는다는 것이다. 그러나 **평안**을 얻지 못한 사람들의 행위로부터 생겨나고 변화하는 것들은 그 한계를 넘어갈 것이다. 그래서 마음의 싱그러움은 그 자신에게 뿐만 아니라 세상 사람들에게 큰 이익을 가져다줄 것이다. 올바르게 나아가야 할 길을 보여주는 것이 **평안**이다.

5. 어떤 사람이 손에 등불을 들고 길을 간다. 그 등불과 이 세계 안에 있는 울퉁불퉁한 길 사이에 무슨 적의가 있겠는가? 없다. 그러나 등불

과 어둠은 (서로) 적대적이다. 등불은 어둠을 몰아내고 울퉁불퉁한 길의 상태를 드러나게 하여 등불을 가진 사람이 오르고 내리고 옆으로 비키며 주의 깊게 걷도록 해준다. 그러면 "돌부리에 내 발이 걸려 넘어졌다"거나 "구덩이에 미끄러졌다"는 등의 공연한 불평을 할 일이 없게 된다. 이와 마찬가지로, 어떤 사람에게 **평안**이 생겨나면 그 **평안**의 상태가 (그로 하여금) 세상을 미워하지도 않고 적대하지도 않게 해준다. 오히려 (그것은) 이 세계의 참된 성품을 알지 못하게 은폐하는 어떤 어둠을 제거해 준다. 사람들이 다양한 상황에 적응할 수 있게 해주는 **평안**의 불빛이 없으면, 그들은 "이 세상에는 불행이 가득 차 있다"고 하면서, 마치 길의 울퉁불퉁함을 불평하듯이 비난한다. 따라서 어떤 사람이 이 세계 전체를 하나의 꿈으로 여기고 큰 **평안**을 얻었다면, 그를 이 세상과 무관한 사람이라거나 이 세상의 활동에 관여하지 않는 사람이라고 여겨서는 안 된다. 그 사람이야말로 세상과 바람직한 관계를 이룬 사람이다. 그 사람이야말로 이 세상의 활동에 가담할 근기가 되는 사람(adhikari)이다. 이처럼 우리가 해야 할 일을 조절해 주는 것이 **평안**이다.

6. **평안**을 얻은 사람이 세상에 관여하는 것은 이 세상에 존재하는 비뚤어짐을 바로잡기 위해서이다. 만약 그마저도 세상을 보면서 두려움을 느낀다면, 이 세상을 어떤 대상으로 여기고 그것을 차지하기 위해 서로 싸우는 사람들이 어떻게 세상을 바로잡겠는가? 그들은 이기심만 늘어나고, 공평무사함의 상태에 대해서는 눈이 멀어 있을 뿐이다! 장님들을 길로 인도하거나 약으로 그들을 치유해 주려면 눈이 밝은 사람이 아니면 안 된다! 그와 마찬가지로, 이 세계의 (변화무쌍한) 성품과 이 세계와 다른 자신의 (변치 않는) 성품을 분별하여 지고의 **평안**을 얻

은 사람들이야말로 이 세상의 이익을 위하여 노력할 임무를 떠맡은 사람들이다. 그들은 이런 덕 있는 선행을 하지 않을 수 없다. 왜인가? 아이가 미끄러져 넘어질 때 아이를 일으켜주지 않을 만큼 냉혹한 사람이 있겠는가! 그와 마찬가지로, 세상의 괴로움을 올바르게 인식하는 지혜로운 이들이 없다면, 누가 이 세상 사람들을 보호해 주겠는가? 어떤 사람이 죽으면 그 시체 위로 아무리 많은 수레가 지나가도 아파하지 않듯이, 진인은 이미 마음과 몸으로부터 스스로 물러나 있기에 몸과 마음으로 세상에 봉사하는 일의 어려움에 대해 아무 걱정이 없다. 그는 노고를 두려워하지 않는다. 괴로움을 두려워하지 않는다. 그러한 용기와 싱그러움을 부여하는 것이 곧 '참으로 깨달은 **평안**'이다.

7. **평안**이라는 것은 보기에 따라서는 뭘 모르는 사람처럼 존재한다. 즉, 그것은 아무런 힘(*shakti*)이 없는 것처럼 보인다. (그러나) 그것이 하는 일을 그 무엇도 할 수 없다. 그것이 가진 끈덕짐과 용기는 그 어떤 것에도 있지 않다. 모든 (영적) 성취는 이런 자질들을 얻는 데 달려 있다. 설사 수미산須彌山이 넘어진다 해도 거기서 일어나는 변화라고는 (평안을 얻은 사람의) 어떤 미소뿐이다. 혹은 그가 (전혀) 동요되지 않을 수도 있다. (그의) 이런 상태는 세간적인 문제와 영적인 문제들 모두에 도움이 된다. 바로 그런 사람에게 참된 세간적 행복이 있고, 그런 사람에게 참된 **해탈**(*Moksha*)의 지복이 있다. 어떤 식으로든 누구에게나 이익을 주는 것이 곧 **평안**이다.

8. 이러한 **평안**에 대립하는 변상變相들은 여러 가지 이름이 있다. 그것들은 그 사람을 시험하기 위한 것이다. 그것들이 우리를 시험하러 올 때는, 경각하고 있으면서 저 변상들의 그늘로부터 우리가 가진 마음의 **평안**이라는 여린 꽃을 지켜야 한다. 그대의 마음의 꽃이 짓이겨지면

향기가 줄어들고, 싱그러움이 감소하고, 색상이 바랠 것이다. 그것은 그대에게도 쓸모없고 남에게 선물할 수도 없다. 하느님에게 바칠 수도 없을 것이다. 그대의 마음은 한 송이 꽃보다 더 섬세하다는 것을 알라. 그대 자신과 남들과 하느님에게 그대가 해야 할 임무들은 이 마음 꽃에 의해서만 이루어져야 한다. 그대의 마음이 오직 안정 속에서 싱그럽게 머무르게 하라. 마음을 위한 모든 축복을 담고 있는 것이 저 평안이다.

9. 그대의 진아라는 신을 평안이라는 꽃으로 끊임없이 숭배하라. 그 숭배 (puja)를 마음의 변상變相이라는 아이들 모두가 지켜보게 하라. 시간이 가면서 그 아이들은 철이 든다. 그들이 하던 아이의 몸짓들을 그만두고 그대처럼 기뻐하기를 원할 것이다. 그대의 평안의 상태를 보고 또 보면서 저 변상들 모두가 그들의 상태 안에서 스스로 물러나게 될 것이다. 인내심 있게 그대의 숭배를 하라. 마음의 변상을 보는 그대가 변상을 얻지는 말라. 그대의 평안을 보고 그것들이 평화로워지게 하라. 모두에게 있어야 하는 것이 곧 평안이다.

10. 한 마디로 말해서, (모든) 베다의 핵심은 평안이다.

5. 행위

1. 일체를 하느님이 행한다. 각각의 사물이 특정한 기능을 수행하도록 예정한 것은 그의 행위에 의해서일 뿐이다. 무정물無情物들이 자기가 맡은 일을 하게 하는 것도 그일 뿐이다. 유정물有情物인 존재들이 자기가 맡은 일을 하게 하는 것도 그일 뿐이며, 일체를 그가 행한다.

2. 그들은 각자 자신의 행위를 하고 있다. 그것들이 하느님에 의한 것이라고 말하는 것은 무엇 때문인가? 무정물을 파악하는 것은 나중에 이야기하고, 유정물인 우리의 행위들은 누구의 행위인지 살펴보자. 어떤 사람이든 자신이 좋은 상태에 있기를 바란다. 그것을 오래가게 하려고 어떤 행위들을 한다. 그러나 그 행위들의 결과는 똑같지 않다. 모두가 가진 목표와 행위가 동일한데 왜 그들의 결과에 차이가 나는가? 거기서 하느님은 (그것이) 우리 자신의 행위라는 앎을 소멸시킨다. 그의 행위 없이는 이 사람의 행위라는 것은 존재하지 않고, 일체가 같은 상태에 있어야 할 것이다. 상태의 차이가 지각될 이유가 없다. 누구인들 자신의 지위를 향상시키고 싶은 욕망이 없겠는가? 남들이라는 대상에게서 그들이 갖는 의도가 무엇이든, 자기라는 대상에게서 그들이 갖는 의도는 속임이 없는 의도이다. 그런데 같은 의도를 가진 개아들이 가진 상태들의 차이가 인식되니, 일체가 하느님의 행위이다.

3. "모든 개아들이 가진 의도는 실로 하나이다. 하지만 그들의 노력이 서로 다르기 때문에 그들의 상태도 서로 다르게 된다"라고 하면, 노력이

란 무엇인가? 저 개아들의 마음속에서 일어나는 상像(kalpanas)일 뿐이다. 그 상像들의 원천으로서의 의도는 (모두에게) 동일한데, 노력으로서의 상像이 다른 것은 왜인가? 거기서도 하느님은 그들의 행위가 누구의 것인지를 드러낸다. 따라서 일체가 하느님의 행위이다.

4. 동일한 의도에도 불구하고 사람마다 역량(sakti)에 따라 노력이 달라질 수 있다고 한다면, 역량이라는 것은 무엇에서 오는가? 그것은 그들 각자의 몸·마음, 이런 것들과 관련된다. 몸과 별개로 존재하는 다양한 사물들이 이 사람의 역량에 일정한 한계를 부과하고 있다. 이런 것들을 모두 감안하여 노력을 해야 한다. 그러나 이 사람이 얼마만큼 노력을 잘하면 이익이 될지를 생각하여 그 한도에서 잘 노력하면 성공할 것이고, 자신이 가진 마음·몸 등과 자신의 역량을 별개로 여긴다면 (즉, 역량의 한계를 감안하지 않고 노력한다면) 그에게 역량이 없는 것 아니겠는가? 따라서 일체가 하느님의 행위이다.

5. 시간이 가면 (언젠가) 자신의 마음·몸 등이 적합한 근기를 얻게 될 거라고 말한다면, 언제 그렇게 되겠는가? 이 사람이 생각하는 때에 그가 적합한 근기를 얻기란 불가능할 것이 확실하다! 거기서 이 사람의 능력 없음이 드러나지 않는가? 따라서 일체가 하느님의 행위이다.

6. 여기서 개아들이 그들이 생각하는 것을 얻지 못하는 것은 좋은가 나쁜가? 확실히 좋다. 왜인가? 대다수 사람들은 이기심을 가졌기 때문이다. 이기적인 사람들의 성공이 세상의 이익을 위해 좋을 것인지 나쁠 것인지 그대 스스로 판단해 보라. 그런데 '이기심이 없는 사람들의 행위는 결실을 맺어야 하지 않느냐'라고 하겠지만, 겉으로는 그들이 이기심이 없는 사람들처럼 보여도 실은 그들도 별 차이가 없다. 그 차이는 그들 각자의 에고로 인해 일어난다. 거기서 (만약 그들이) '나'라는 생각, 즉 (자신은) 이기심이 없으니 '다른 사람들보다 내가 낫다'는 생각을

일으키면, 이때 하느님은 그들의 의도를 좌절시키면서 그들에게 "다른 사람들과 마찬가지로 그대도 한 사람이고, 그대를 내가 이끈다"고 가르친다. 이기심이 없고 아상我相[에고]이 없는 사람은 누구든 하느님의 대리자이다. 그의 내면에서 하느님이 항상 빛을 발하기 때문이다. 즉, 그의 내면에서는 '나'라는 에고가 일어나서 하느님을 가리지 않고, 그가 생각하는 모든 의도는 결실을 거둔다. 그런 사람만이 '참된 욕망(satya sankalpa)을 가진 사람'이라고 말할 수 있다. 그의 안에서 빛나는 것은 하느님의 직접적인 빛이다. 거기에 어둠은 없다. 그만이 하느님의 행위를 속임 없이[있는 그대로] 아는 사람이다. 그의 내면에 있는 하느님은 창조의 목적을 성취하는 분이다. 일체가 하느님의 행위이다.

7. "아상이 없는, 참된 욕망을 가진 사람은 한 사람도 없는가? 왜 세상 사람들 모두가 선함을 얻는 것이 불가능한가?"라고 한다면, 여기에는 어떤 미묘한 점이 있다. (일체가) 하느님의 행위임을 아는 진인들은 하느님의 행위라는 것을 남들에게도 알게 하려는 의도를 가지고 있다는 것이다. 이와 같이 "하느님의 행위이다", "그들의 행위는 없다"는 것을 아는 것보다 세상 사람들에게 더 큰 이익은 없다. 이런 이해는 그 자체 모든 상서로움을 포함하고 있다. 따라서 그들[진인들]이 가진 전체 의도는, 자신이 알고 있는 하느님과 그의 행위를 남들에게 알려주려는 것이다. 그와 같이 가르치지만, "바로 이 순간에 하느님을 알라"고 가르치지는 않는다. 그들은 자신이 밟아 온 좋은 길을 비춰준다. 사람들에게 그 길을 걷도록 권유한다. 그 정도일 뿐, "당장 여러분이 해탈하십시오"라고 말하지는 않는다. 왜인가? 보통 사람들에게는 그것이 불가능하기 때문이다. 하느님을 향해 "당장 이 사람들을 해탈시켜 주십시오"라고 말하지도 않는다. 왜인가? (진인들은) 아상이 없기 때문이다. "하느님이 자신의 행위를 하고 있고, 나는 아무것도 해달라고 할 것이

없다"고 보기 때문이다. 그래서 그들은 자신이 해야 할 일을 하려고 할 뿐, 그 결과를 자기 것으로 주장하지 않는다. 행위의 결과(열매)를 나눠줄 수 있는 분은 하느님뿐이라는 것을 알고 있기 때문이다. 그들은 세상이 돌아가는 것을 지켜보면서 자신이 해야 할 일을 할 뿐, 그들 자신의 세계를 창조할 생각은 할 수 없다. 왜인가? 그렇게 하는 것은 아상의 한 형태이기 때문이다. 창조계는 자신의 질서를 따르고 있다. 어떤 일이 어떻게 일어나야 하든 그렇게 일어날 것이다. 일체가 하느님의 행위이다.

8. 자신의 행위를 능가하는 하나가 있다는 것을 아는 사람이, 어떻게 어떤 일은 '이런 식으로 되어야 한다'는 생각을 할 수 있겠는가? 그런 생각을 할 수 없다. 그들은 자신이 해야 할 일이면 무엇이든 할 것이다. 베다에서는 "열매를 마음에 두지 말고 행위를 하라"고 말한다. 늘 화를 내면 안 되고 평온하게 있어야 한다는 생각을 하는 사람도 어떤 경우에는 모두가 알다시피 화가 치미는 것처럼, 이 '참된 욕망'을 가진 분[진인]들도 어떤 경우에는 세간에서 일어나는 불의를 차마 보지 못하고 "하느님! 이와 같이 그것이 잘 되게 해주십시오!"라고 생각할 수 있다. 그러면 그와 같이 될 것이다. 이것이 세상에서 드물게 일어나는 (기적 같은) 사건들의 근본 원인이다. 그와 같이 훌륭한 분의 마음 그 자체를 거스르면서 어떤 결과를 바라는 욕망이 일어날 때, 세상에 큰 격변이 일어나는 것이다. 이것이 세상의 법칙이다. 이것을 누가 바꿀 수 있겠는가? 일체가 하느님의 행위이다.

9. 지금 무슨 일이 일어나든, 그것은 어떤 법칙의 범위 내에 있다. 그것 자체가 하나의 법칙이다. 어떤 일들이 어떤 방식으로 존재하든, 그 하나하나가 '그'의 행위에 의한 것이다. 실로 의도적으로 "도둑에게 도둑질을 하게 하는 것은 그것(그의 행위)"이라고 생각해도 틀리지 않는다.

왜인가? "도둑에게 합당한 벌을 내리는 것도 그것"이어서, (그에게) 합당한 벌을 주기 때문이다. 그렇지 않으면 그 도둑에 대해 우리가 증오심을 표출할 거라는 것이, (우리가 그것이) 하느님의 행위라는 것을 아는데 따른 결과(긍정적 효과)이다. 도둑에 대한 증오심은 없지만 그의 도둑질에 대해 우리에게 증오심이 있다고 하는 것도, (그것이) 하느님의 행위라는 것을 아는 데 따른 결과이다. 어째서인가 하면, 그 도둑에게 저 도둑질에 대한 혐오감이 있기 때문이다. 저 도둑이 어떤 식으로든 자기 집에서 누군가에게 물건을 도난당하면 가만히 있겠는가? 그렇지 않을 것이다. 그러니 악은 옳지 않고 선은 옳다고 말해진다는 것을 누구인들 모르겠는가? 따라서 (일체가) 하느님의 행위라는 인식 자체가 이 세상의 임무들이 질서 있게 일어나게 할 것이다. 이것을 제외하면 달리 우리가 그 무엇도 알지 못한다. 우리는 우리가 아는 것만 말할 뿐이다. 우리가 알지 못하는 것이 무엇인지에 대해서는 걱정할 필요가 없다. 그것도 하느님의 행위이다.

10. 하느님이 우리에게 베푸는 앎의 열매들 중에, (일체가) 하느님의 행위라는 앎도 그 중 하나이다. 하느님에게 "당신께서는 왜 이렇게 행위하십니까?"라고 물을 힘이 우리에게는 없다. 이처럼 모든 종교들이 우리의 무력함을 인정한다. 우리 행위의 열매들이 늘 우리의 욕망에 따르지는 않기 때문에, 즉 우리의 힘이 온전하지 않기 때문에, 우리는 "(모든 것이) 하느님의 행위"라고 말할 수밖에 없다. 우리에게 진리인 것은 무정물들에게도 진리이다. 무정물들을 배제하고 우리가 가진 법칙이라고 해서 하나도 더 나을 것이 없다. 모두가 하나일 뿐이다. (일체가) 하느님의 행위라는 것을 어떤 사람이 동의하지 않는다 하더라도, 그는 자신의 능력 없음을 인정한다. 그것 자체가 하느님의 행위이다.

6. 아상 我相

1. 어이, 아상我相[에고]이여! 이 세상의 모든 악은 너에게서 나온다. 모든 왕들과 모든 진인들이, 너를 분쇄하기 위하여 온갖 경전을 만들고 진리의 가르침을 준다. 이같이 그들이 헤아릴 수 없는 옛적부터 기울인 노력에도 불구하고, 오호라, 너는 여전히 죽지 않고 꼭꼭 숨어 있다가 다시 나타난다. 너에게 어떤 소멸의 때는 없을 것인가? 아니, 그 때가 다가오고 있다. 너를 죽일 다른 아상我相이 솟아나고 있기 때문이다. 그것이 "브라만이 나다"라는 상相(Brahma-aham bhava)[보편적 에고]이다.

2. 어이, 아상我相이여! 네 적이 너와 같은 보통 사람이라고 생각하지 말라. 너는 소멸될 수 있는 자이지만, 그는 소멸되지 않는 자이다. 너는 '나'라는 자만自慢을 가진 자인데, 왜냐하면 '나'니, '너'니, '그'니 이런 온갖 분별을 하고 있기 때문이다. 너의 적은 '나'라는 자만이 없는 자이다. 왜인가? 그("브라만이 나다"라는 상, 곧 진아)는 모든 차별을 하나로 만드는 자이고, 모든 것을 그 자신 안으로 녹여 넣는 자이기 때문이다. 더욱이 너는 그를 적으로 여긴다. 왜인가? 그가 너를 죽이려고 나섰기 때문이다. 그는 너에 대해 적의가 없다. 왜인가? 그가 있는 곳에서는 너를 볼 수 없기 때문이다. 그는 너를 자신의 한 수족으로 간주한다. 그가 있는 곳에서는 너의 허구성이 너를 소멸시키지, 그가 너를 소멸시키는 것이 아니다. 너는 그에게 하나의 실체로서 나타나 보일 수 없다. 그러니 아상我相이여! 너에게는 그가 적이지만, 그에게는 네가

적이 아니다. 그렇지만 간략히 말하자면, 너야말로 너의 적이다. 왜냐하면 너는 큰 욕망 때문에, 네가 다른 데서 그랬듯이 저 **위대하신 분** 앞에서 허세를 부렸기 때문이다. 그때 이후로 너는 끝난 것이다. 그래서 너를 집어삼키고 (실재하지 않는) 어둠으로 만들어 (너를) 끝내 버리는 천상의 빛으로서 존재하는 것이, 바로 "**브라만이 나다**"라는 상相(진아眞我)이다.

3. 오, 아상我相이여! 네가 행하는 악은 한이 없다. 다른 사람들보다 너를 높이고 찬양하는 것을 그만두지 않으면 너에게 만족이란 없다. 너보다 남들을 낮추지 않으면 너에게 만족이란 없다. 너에게 어떤 이름을 붙여주어야 명성을 얻을까? 너에게 어떤 모습을 부여해야 네가 멋있을까? 너를 모두가 숭배할까? 너의 말에 다른 사람이 말없이 복종할까? 너를 능가하는 사람이 없다고 남들이 말하는가? 이와 같이 너의 생각은 끝이 없다. 오호라! 너의 목숨은 얼마나 하찮은가! 그런데도 네가 생각하는(열망하는) 것이 얼마나 많은가! 네가 행하는 악이 얼마나 많은가! 이런 너의 생각들과, 남들과 너를 구별하는 것 속에 너의 행복이 있다고 너는 착각해 왔다. 이 모든 것은 너에게 적합한 것이 아니다. 왜인가? 그와 같이 생각하는 다른 사람들도 그것을 얻을 권리가 있지 않은가? 수천만 명의 많은 사람들에게 얻을 권리가 있는 것 중에서 너의 몫이 얼마나 되겠는가? 사정이 이러하니, 너도 모두를 지배하려고 생각하는 헛된 의도를 가져서는 안 된다. 그로 인해 너 자신에게 해를 끼칠 뿐 아니라, 남에게도 해를 끼친다. 나의 우정 어린 충고를 들으라. 네가 철천지원수로 여기는 그는 진실로 너의 친구이다. 너를 진정 선하고 위대한 존재로 만들어 주는 방법을 그는 알고 있다. 그가 있는 곳으로 귀의[순복]하라. 너를 적으로 여기지 않고 자비로 대하는 것이 저 "**브라만이 나다**"라는 상相이다.

4. 저 "브라만이 나다"라는 상相을 네가 얻어서 귀의한다면, 그것이 너를 어떤 위대함 속에 두는 즐거움을 만나게 될지, 지금은 네가 아무리 애를 써도 알 수 없다. 내가 아무리 말해 주어도 너는 알 수 없다. (그것은) 네가 그것을 추구해 들어가서 그것을 얻을 때, 너 자신의 체험으로 알아야 할 대상이다. 그는 자신의 상태로 너를 올려주는 것 말고는 어떤 하찮은 상태에도 너를 두지 않을 것이다. 그러니 너의 상태에 대해서는 조금도 의심하지 말고, 귀의하라. 귀의하는 그 순간부터 너에게 즐거움이 나타나지 않는다면, 즉시 돌아서라. 우유를 마시는 경험에서는 마시기 시작할 때부터 그 맛을 즐기고 결국 배고픔의 해소라는 지극한 만족감이 생겨나듯이, 네가 그에게 귀의할 때부터 즐거움, 곧 저 귀의[순복]의 열매인, 즐거움과 괴로움이라는 분별이 없는 **지고**의 **지복**을 얻는다. 따라서 의심할 바 없이 네가 얻기에 적합한 대상은 저 "브라만이 나다"라는 상相이다.

5. 그에게 귀의한 뒤에 그대의 새로운 이름은 무엇일까? 그대의 이름 외에 달리 아무 이름도 없다. **베다**가 찬양하며 그대를 주목한다. 세상 사람들이 칭송하며 그대를 주목한다. 종교들의 희유한 가르침 모두가 그대의 이름이다. 그럴 때 그대의 형상은 무엇인가? 일체가 그대의 형상이다. 그대의 형상 없이는 누구에게도 형상이 없다. 사원들 안에 안치된 숭배 받는 **시바** 신상이 그대이다. 베다에서 비유로써 설하는 것들이 곧 그대이다. 사원의 축제와 잔치가 그대를 위한 것이다. 그대의 힘은 어떤 것일까? 그대의 친존에서 세계가 움직인다. 각 사물이 각기 그렇게 알려지는 것도 그대에 의해서이다. 간단히 말해서 만물이 그대를 찬미하며, 그대의 존재를 증언한다. 이야말로 그것들이 해야 할 일이다. 이런 상태가 찾아올 거라고는 그대가 꿈도 꾸지 못했을 것이다. 지금 시작하라. 아만我慢(abhimana)을 버려라. 그대가 오기를

학수고대하는 것이 "브라만이 나다"라는 상相이다.

6. 그대는 꿈에서 깨어나고 싶은가, 아니면 꿈속에 그대로 있고 싶은가? 꿈속에서 보는 것들이 얼마나 오래 가겠는가? 졸림과 잠을 버려라. 깨어나라! 그대의 현출물들을 버리지 않고 보면서 왜 헛된 상상들을 하고 있는가? 그대의 현출물을 보는 자가 누구인지 그대가 살펴보라. 그대 안에서 일어나고 그대 안에서 가라앉는 것들을 버리지 않으면서 미혹되지 말라. 깨어나라! 이러한 꿈보다 그대의 깨어남이 더 낫다는 것을 그대가 깨어나는 순간 알게 될 것이다. 일어나라! 그대의 깨어남을 보며 기뻐할 때를 기다리는 것이 "브라만이 나다"라는 상相이다.

7. 그대의 꿈이 중단되는 것을 두려워해서는 안 된다. (깨어나기만 하면) 바로 이 꿈을 잘 보게 될 것이다. 하지만 이때는 그대가 미혹된 상태로 그것을 바라볼 필요가 없다. 더욱 분명하게, 웃으면서 그대의 꿈을 보게 될 것이다. 그것이 그대에게 하나의 재미있는 장면일 것이고, 부담이 없을 것이다. 그대의 꿈은 (그대의) 생각(의식) 속에 있던 것이 형태를 취해 나타난다. 깨어나면 그대의 꿈을 꿈으로만 알고 본다. 꿈을 생시로 여기는 저 미혹이 그대에게 있을 수 없다. 꿈을 꿈으로만 보라. 그렇게 하기 위해 그대가 도달해야 하는 것이 이 "브라만이 나다"라는 상相이다.

8. 그대의 이익을 위해 이런 말을 한 것이지, 나에게 그것이 무슨 이익이 있겠는가? 믿고 해보다가 이익이 없을 때 돌아서야 하지 않겠는가? 수많은 위대한 분들의 충고도 쓸데없다고 배척한다면 내가 어떻게 도와줄 수 있겠는가? 이보다 더 높은 상태는 없다. (그것은) 그대에게 이익이다. 그대를 통해서 다른 사람들에게도 이익이다. 그대의 아상을 지금 이 문제에서까지 보여서는 안 된다. 행하라! 그대 자신의 인격이 곧 "브라만이 나다"라는 상相이다.

9. 어이, 아상我相이여! 세상의 모든 것에 네가 노예가 되어 있고 고통을 받는 것을 보라! 너의 상태가 얼마나 가련한지! 모두가 너를 적대한다! 네가 "나에게만"이라고 말할 때, 다른 사람들도 모두 "나에게만, 나에게만"이라고 말한다. 네가 "나야말로 대단하다"고 말할 때, 그들은 "왜인가? 우리야말로 그렇다"고 말한다. 너 외에는 다른 모든 사람이 너를 적대시한다. 그들이 야기한 번뇌들 때문에 너의 망상은 백만 배로 늘어나기만 한다! 어떤 분[스승]에게 귀의하여 높은 상태를 얻어야 하지 않겠는가? 너의 모든 적들이 너를 존경하며 친구가 될 것이다. "모든 것은 당신의 것이오"라고 그대가 말해주면, 모두가 그대의 친구일 것이다. 그런 정도의 고매함을 그대에게 하사할 수 있는 분이 있으니, 그가 곧 "브라만이 나다"라는 상相이다.

10. 내가 한 마디만 하겠다. 이것은 나의 아상 때문에 하는 말이 아니다. 이것은 내 임무의 하나이다. 나의 이익과 그대의 이익을 위해 내가 이 말을 하는 것이 아니다. 모두의 이익을 위해서 하는 말이다. 진리란 곧 "브라만이 나다"라는 상相이다.

은총의 광대한 빛, 초월적 자비시여,
저희를 보호하소서!

평안! 평안! 평안!
옴 따뜨 사뜨

영원한 삶에 관하여

"진아를 잊어버리는 것이 **죽음**이고, 그것을 기억하는 것이 삶이다. 그대는 영원한 삶을 바란다. 왜인가? (상대성 속의) 현재의 삶이 견딜 수 없기 때문이다. 왜 그런가? 그것은 그대의 참된 **성품**이 아니기 때문이다. 그대는 진실로 순수한 **영**靈(Spirit)이다. 그러나 그대는 그것을 한 몸과 동일시하는데, 그 몸은 마음의 한 투사물—객관화된 생각—이고, 마음 또한 그 순수한 영에서 나온 것이다. 단순히 몸을 바꾸는 것은 아무 이익이 없다. 에고가 새로운 몸으로 옮겨갈 뿐이기 때문이다. 더욱이 삶이란 무엇인가? 그것은 (의식으로서의) 존재이며 그것이 곧 **그대 자신**이다. 그것이 참된 삶이며, 그것은 (시간을 넘어서) 영원하다. 몸 안의 삶은 조건 지워진 삶이다. 그러나 그대는 **조건 지워지지 않은 삶**이다. 만약 '나는 몸이다'라는 관념이 죽으면, 조건 지워지지 않은 삶으로서의 그대의 참된 성품을 회복하게 될 것이다."

― 스리 라마나 마하르쉬

옮긴이의 말

  이 책은 구판인 『불이해탈』(2007)을 전반적으로 개정하고 『리부 기타의 핵심』을 새로 번역하여 합본하면서 제목을 『불이해탈의 등불』로 한 것이다. 본서를 구성하는 여섯 가지 텍스트는 라마나 마하르쉬가 생전에 종종 인용하고 헌신자들에게도 읽어보라고 권장한 책이거나 그런 책의 요약본이라는 공통점이 있다. 모두 비이원적 베단타(Advaita Vedanta) 텍스트인데, 원전이 타밀어로 된 것은 남인도의 헌신적 색채도 일부 가미되어 있다. 텍스트들 중 『소루빠 사람』을 제외한 다섯 가지는 라마나스라맘에서 단행본 소책자로 나오고 있지만, 『리부 기타의 핵심』은 1984년에 처음 출간된 비교적 최근의 저작이다. 『소루빠 사람』의 영역본은 데이비드 가드먼 씨가 2004년 라마나스라맘의 「마운틴패스」에 처음 게재한 뒤, 2012년에 공역共譯 형태의 단행본으로 출간하고 2016년에 개정한 것이다.

  각 텍스트는 나름의 개성이 분명하다. 『불이각등』은 전통적인 지知의 길을 다루고 있으며, 매우 논리적이고 명쾌한 문답을 통해 깨달음의 조건과 진아탐구를 통한 진아체험, 그리고 최종적 해탈의 과정을 잘 요약하고 있다. 여기서 진아체험은 불가佛家에서 말하는 견성見性, 최종적 해탈은 성불成佛과 같다. 『해탈정수』도 비슷한 내용과 맥락이며, 『불이각등』과 같은 관념, 같은 논리 구조를 보여주는 곳들이 많다. 『해탈정수』의 원본은 수세기 전 옛 타밀어로 운율에 맞추어 지은 운문체인데, 산문으로 옮긴 영역본은 문장의 순서나 어휘, 혹은 분량에서 원문과 다소 차이가 있다. 우리의 번역에서는 어순이나 어휘 등에서 타밀어판을 일부 반영했다. 『요가 바시슈타 요지』와 『리부 기타의 핵심』은 비이원론의 압권인 『요가 바시슈타』와 『리부 기타』의 핵심을 요약한 것으로, 그 자체로도 훌륭한 텍스트이다. 『요가 바시슈타』는 방대한 분량이어서 축약판이 따로 있고, 거기서 다시 핵심만 뽑은 것이 이 『요가 바시슈타 요지』이다. 『리부 기타의 핵심』은 『리부 기타』의 산스크리트 원전을 의역한 타밀어판을 다시 가려 뽑아 영역한 것으로, 산스크리트어본을 번역한 판본들과는 장과 절의 편성에서부터 차이가 있다. 이것은 원전의 충실한 요약이라기보다는 마치 『리부 기타』에 대한 하나의 독창적 주석처럼 읽힌다. 이는 말하자면 '마하르쉬의 가르침' 관점에서 재해석된 『리부 기타』라고 볼 수 있겠는데, 이 심오한 경전을 마하르쉬의 가르침에서 길어낸 언어들로 한결 구체적이고 풍부하게 풀어내고 있다. 그에 이은 『소루빠 사람』은 진아를 깨달은 진인의 고준한 안목을 제자와의 문답 형태로 초연하게 들려준다. 이 텍스트의 영역본(제2판)은 '머리말'에서 저자 소루빠난다와 그 제자 따뚜와라야의 일화들을 자세하게 소개하고 있으나, 우리는 본문에 더 집중하기 위해 머리말을 일부 생략하여 간추렸다. 끝으로 『모두가 하나다』는 『엘람 온드레』라는 타밀어 제목으로 널리 알려진 저작으로, 만물이 근원적으로 둘이 아님을 '깨달은 자'의 안목으로 서술하고 있다. 이 저작은 라마나스라맘의 영역본이 널리 읽히지만, 타밀어 원문과 대조하면 의역이 많아서 원문의 느낌이 잘 다가오지 않았다. 그래서 영어판을 참조하면서 대부분의 문장을 타밀어판에 더 가깝게 새로 옮겼는데, 원문의 의미를 분명하게 파악하지 못한 곳에서는 영어판에 의지했다.

이런 저작들을 읽는 것은 진리의 가르침을 듣는 '**청문**聽聞'의 단계라고 할 수 있다. **청문**의 주안점은 **실재**와 비실재(현상계)의 분별, **실재**를 깨닫기 위한 수행의 과정과 실제, 그리고 수행을 성취했을 때의 상태에 대해 올바른 이해를 얻는 것이다. 사람들의 시작 없는 '무지無知'는 매우 뿌리 깊은 것이기에, 이런 가르침을 반복적으로 들어서 기존의 그릇된 관념들을 철저히 교정할 필요가 있다. 그 과정이 성숙되어 흔들림 없는 이해와 확신을 얻으면 '성찰省察'의 단계로 넘어가며, 이때는 청문 단계에서 흡수한 개념과 이론이 명상수행의 실천 속에서 점차 체득된다. 성찰의 단계는 그릇된 관념을 해체하거나 올바른 관념을 건립하는 성찰적 명상과 "나는 누구인가?" 같은 물음에 의한 탐구로 이루어지며, 이것은 결국 직접지, 곧 직접적인 진아체험으로 끝난다. 그런 다음 '일여내관一如內觀'을 통해 원습原習을 없애는 과정이 필요하다. 왜냐하면 성찰에서 얻는 지知는 원습들의 장애로 인해 동요되고 상실될 수 있으므로, 그 지知를 확고히 붙들고 진아에 안주하는 수행으로 원습을 근절해야만 완전한 해탈을 얻을 수 있기 때문이다(이는 선가禪家에서 말하는 '돈오점수頓悟漸修'와 같은 관념이다).

이것이 비이원적 베단타 전통에서 말하는 '지知의 길'이며, 마하르쉬 이전의 비이원론 수행자들은 대체로 이런 틀을 따랐다고 볼 수 있다. 그래서 예전의 성찰 단계에서는 "이건 아니다, 이건 아니다"라는 몸·마음 등과의 동일시 부정이나 "나는 브라만이다", "내가 그것이다"와 같은 실재와의 동일시 관법觀法, 그리고 "나는 누구인가? 이 세계란 무엇인가?", "이 진아는 누구인가? 그것은 어디 있는가?" 같은 탐구의 방식을 사용하기도 했는데, 이런 것을 통틀어 '진아탐구(atma-vichara)'라고 하였다. 본서의 『불이각등』과 『해탈정수』에 나오는 '진아탐구'는 이 전통적 방법을 가리키며, 『리부 기타의 핵심』에서도 그런 흐름을 읽을 수 있다. 『요가 바시슈타 요지』에는 "나는 누구인가?"라는 단순한 형태만 나오며, 구체적 방법에 대한 설명은 없다. 라마나 마하르쉬는 이런 성찰의 과정을 "내가 있다"는 느낌을 붙드는 자각과 그 자각에 기초한 "나는 누구인가?"의 탐구[진아탐구 또는 자기탐구]로 명료하게 구체화하여, 지知의 길을 진일보시키셨다.

지知의 길은 탐구라는 마음의 작용을 이용해 마음을 소멸하고 이 세계와 윤회라는 환幻을 극복하는 길인데, 마음으로써 마음을 소멸하는 것이 어떻게 가능하며, 마음과 세계가 소멸된 상태인 해탈 혹은 깨달음의 실체는 무엇인가? 그에 대한 모든 답이 본서에서 두루 설해지고 있다. 여기서 우리가 주목해야 할 것은, 환幻과 실재를 꿰뚫는 본질로서의 의식이라는 개념이다. 왜냐하면 세계라는 환幻이 창조되는 바탕이 곧 의식이고, 세계를 타파하고 실재로 돌아가는 힘도 의식에서 나오기 때문이다. 실로 세계 자체가 '브라만' 혹은 '진아'라고도 불리는 이 의식에 지나지 않는다. "순수한 의식만이 실재한다." 우리의 참된 성품인 진아는 일체에 편재하는 광대무변한 '의식의 허공'이며, 그것은 우리의 내면에서 단 하나의 근원적 생명으로서 약동하기에 '심장'으로도 불린다. 즉, 우리의 실체는 심장 속에 무한한 공간으로 존재하며 빛나는 의식인 것이다. 이 의식의 빛남이 다생에 누적된 원습의 힘에 의해 가려지는데, 이것이 바로 깨달음을 망각시키는 마야의 '은폐'이다. 따라서 깨달음이란 그 은폐를 제거한 본래적 상태일 뿐, 우리가 새롭게 성취하거나 어디서 가져오는 것이 아니다. 이것을 올바르게 이해하는 것 자체가 의식의 빛남이며, 탐구의 첫걸음이다.

우리는 이 빛나는 의식을 가지고 의식으로서의 자기 자신을 탐색함으로써—즉, 자기탐구를 통해서—궁극의 실재에 이를 수 있다는 것이 이 책의 핵심 메시지이다. 실재인 진아는 "불변의 존재"이자 "순수한 의식"이며, "스스로 빛을 발하는 자각", 곧 "내가 있다"이다. 진아에 이르는 최상의 경로가 바로 여기에 있다. 즉, "내가 있다"는 존재의 자각을 부단히 붙들고 "나는 누구인가?"를 탐구하는 것이 그것이다. 오랜 세월에 걸쳐 수많은 진인을 배출한 유서 깊은 '지知의 길'이 이렇게 우리 앞에 있다.

2022년 8월 옮긴이 씀